손자병법

손자병법

노태준 譯解

홍신문화사

■ 머리말

전략 · 전술 및 국가 경영의 비결이 담긴 서(書)

　손자(孫子)는 기원전 6세기경 중국 춘추시대 제(齊)나라의 병법가(兵法家)이다. 본명은 손무(孫武)인데 존칭으로 손자라고 한다.
　그는 오(吳)나라 왕 합려 밑에서 절도와 규율 있는 군사를 양성하고, 고대 중국의 전쟁 체험의 집대성으로 일컬어지는 병서(兵書) 〈손자〉를 저술하였다.
　그에 대해서는 2000 수백 년 전의 옛날 일이고, 또 당시의 중국은 크고 작은 제후국들의 패권 다툼으로 시끄러웠으며, 더욱이 오늘날까지 남아 있는 사서(史書)도 적기 때문에 여러 가지로 불확실한 부분이 많다. 우선 생몰연대가 분명치 않고 그가 쓴 병서에 대해서는 전국시대 진(晉)나라 때 벼슬한 그의 후손 손빈(孫臏)이 지었다는 설도 있고, 삼국시대 위무제(魏武帝)인 조조가 편찬하였다는 설도 있다. 어떤 사람들은 아예 손자라는 인물이 실재하지 않았다고 주장하기도 한다. 그것은 당시의 일을 기록한 〈좌전(左傳)〉이란 사서에 손자의 이름이 전혀 나타나 있지 않은 사실에 근거를 둔 주장이다.
　그러나 〈좌전〉은 주로 당시의 재상이나 중신들의 일만을 기록한 책이므로, 손자 같은 일개 병술가(兵術家), 곧 실무가(實務家)가 등장하지 않았다는 것만으로 그가 실존 인물이 아니라는 증거는 타당하지 않다.

　전략·전술의 법칙에 기준하여 상세히 설명한 병서 〈손자〉는 유교 사상의 '인의(仁義)'를 근본이념으로 하였다. 나아가 전략·전술뿐만 아니라 제후(諸侯)의 내치(內治), 외교(外交), 국가 경영의 비결, 승패의 비기(秘機), 인사(人事)의 성패 등에 대해서도 비범한 견해를 나타내고 있다. 동시대 오자(吳子)의 병법과 더불어 대표적인 것으로 전해지는 손자의 뛰어난 병법은 후세의 무장(武將) 사이에 널리 이용되었다. 명문(名文)으로도 잘 알려진 〈손자〉는 일찍이 우리나라에도 소개되어 애독되었으며, 조선시대에는 한때 역과 초시(譯科 初試)의 교재로 쓰이기도 하였다.

　오나라 왕 합려의 후대로 전군의 장(將)이 되어 총지휘를 맡은 손자는 그 전략·전술을 총동원하여 서쪽으로 초(楚)나라를 격파하고 영성을 점령하였으며, 북쪽으로는 제(齊)와 진(晉)나라를 굴복시켜서 그 이름을 사해에 떨쳤다. 〈손자〉는 총 13편으로 이루어져 있는데 이 책은 그중 한 구절도 빠뜨리지 않고 원문을 실은 다음 그에 대한 한역 및 풀이, 그리고 주(註)와 해설을 실었으며, 경우에 따라서는 적절한 예화를 곁들여서 독자가 이해하기 쉽도록 하였다. 〈손자〉는 핵무기가 등장하는 현대전은 물론이고 평상시의 사회생활, 인간관계에도 중요하게 응용될 수 있는 책이다. 그러므로 자신 있는 인생, 승리하는 삶을 원하는 사람은 반드시 한 번 읽어보기를 바란다.

역자 씀

머리말 _ 4

시계편(始計篇) · 9
- 인생은 경쟁의 마당이다

작전편(作戰篇) · 45
- 싸우기 전에 생각하라

모공편(謀攻篇) · 67
- 상대의 의도를 알아채라

군형편(軍形篇) · 85
- 소리를 죽이고 준비하라

병세편(兵勢篇) · 113
- 상대의 허점을 찌른다

허실편(虛實篇) · 141
- 주도권을 잡으려면

군쟁편(軍爭篇) · 173
- 의표를 찌르는 기습 전법

차 례

구변편(九變篇) · 193
 - 기에 임하고 변에 응한다

행군편(行軍篇) · 219
 - 적의 내정을 확인하라

지형편(地形篇) · 261
 - 부하를 분기시키는 법

구지편(九地篇) · 283
 - 극한 상태에서의 대처법

화공편(火攻篇) · 327
 - 공격의 방법을 연구하라

용간편(用間篇) · 341
 - 정보를 살펴서 쓰는 법

■ 일러두기

- 원문 해석에서 대화체나 책명은 따로 부호를 사용하지 않았다.
- 원문 해석에서 정확한 문장을 기술하기 위해 쉼표나 조사를 달리 사용하기도 하고 앞뒤 문맥을 바로잡아 두는 경우도 있었다.(※전체적인 뜻을 중요시함)
- 註에서 '누구 曰'은 해석과 풀이와 중복되어 따로 해석을 하지 않았다.
- 註에서 책명이 분명한 경우 따로 부호를 사용하지 않았다.
- 해석에서 대화체나 인용문은 부호를 사용하지 않았으며, 풀이에서 대화체는 " "로, 인용문은 ' '로 통일하였다.
- 편집상 원문 앞에 숫자를 삽입하여 본문 해석 부분을 참고하도록 해두었다.
- 책명은 부호〈 〉로 통일하였다.

시계편(始計篇)

- 인생은 경쟁의 마당이다

시계편은 병법의 기본인 〈손자〉 13편의 총론에 해당한다. 시계란 최초의 근본적인 계획이라는 뜻이다. 전쟁에 대비하는 다섯 가지 기본 요건을 제시하고 있다. 이 기본 요건 중에서 어느 쪽이 더 우수한가를 분석·검토하기 위한 일곱 항의 비교기준을 설정해 두고 있다.

1// 孫子曰 兵者는 國之大事로서 死生之地요 存亡之道이니 不可不察也라

병(兵): 병력, 즉 싸우는 전사(戰士)의 뜻으로도 쓰인다. 그밖에 무기나 전비, 전력이라는 뜻이 있고, 때로는 크게 전쟁의 뜻으로도 쓰인다. 여기서는 전쟁을 뜻한다.

1

병(兵)은 나라의 대사인데 사생(死生)의 땅이요, 존망의 길이니 살피지 않을 수 없다.

| 풀이 | 전쟁은 많은 사람들의 생사가 걸린 중대한 사태이다. 뿐만 아니라 나라가 계속 존속하느냐 멸망하느냐 하는 갈림길이 되는 문제다. 그러므로 신중하게 생각하지 않으면 안 된다.

| 해설 | 첫 문장은 전쟁에 대한 손자의 철학을 뚜렷하고 명쾌하게 밝힌 것이다. 현재 세계 각국이 평화를 유일한 최고의 가치로 삼으며 전쟁을 피하는 방법을 찾는 것도 결국 전쟁이 사생지지(死生之地)이고 존망지도(存亡之道)라는 것을 알고 있기 때문이다.

그런데도 오늘날 나라마다 군비를 늘리는 데 혈안이 되어 있다. 예링이 쓴 책 〈권리를 위한 투쟁〉에서도 그 까닭을 찾아볼 수 있다. '법의 목적은 평화이고, 그것을 달성시키는 수단은 투쟁이다. 법이 불법측에서 침략해 오는 데 대하여 각오를 하지 않으면 안 될 동안에는—그리고 그것은 이 세상이 존재하는 동안 끝없이 계속될—법은 투쟁을 피할 수 없다. 법의 생명은 투쟁이다. 모든 국민의, 국가 권력의, 계급, 개인의 투쟁이다.'

법의 목적은 평화이다. 평화에 이르는 수단은 투쟁의 형태를 취한다는 것이다. 그리고 이 세상이 존재하는 동안은

시계편 • 11

투쟁은 계속된다고 하였다.

　이렇듯 커다란 약속에 얽매여 있는 전력이므로 손자의 소위 '살피지 않을 수 없다.'는 말은 꼭 기억해야 할 것이다.

2

　그러므로 이를 경영하는 데는 5사(事)로써 하고, 이를 비교하는 데는 7계(計)로써 하여 그 실정을 찾는다.

2// 故로 經之以五事하고 校之以七計하여 而索其情이라

| 풀이 | 전쟁은 국가의 중대사인데 국내적으로 다섯 항목에 대하여 충분히 헤아리고, 대외적으로는 일곱 사항을 잘 계산하여 양쪽을 비교 검토, 그 우열을 알아야 한다.

| 해설 | 여기서는 때의 기운을 타고 섣불리 일을 일으켜서는 안 되며, 무엇보다도 중요한 것은 기본 조사라는 것을 강조하고 있다. 조사해야 할 것이 무엇이냐 하는 점에 대해서는 5사(事)와 7계(計)로 간추리고, 그 내용은 다음 항목에서 설명하고 있다.

3

　첫째는 도(道)요, 둘째는 하늘이요, 셋째는 땅이요, 넷째는 장수요, 다섯째는 법이다.

3// 一曰道요 二曰天이요 三曰地요 四曰將이요 五曰法이라

| 풀이 | 먼저 생각해야 할 것은 도의·도덕이다. 둘째는 하늘의 기상이고, 셋째는 지리(地利), 즉 지리적 조건의 이로움이다. 넷째는 통솔하는 총지휘자를 선정하는 것이고, 마지막으로 법제·조직·규율이다.

| 해설 | 전쟁은 대의명분의 유무가 문제이기 때문에 먼저 도의·도덕을 세우는 것이 무엇보다 중요하다. 사리사욕을 앞세워 억지로 명분을 덧붙여서는 안 된다. 이것을 기업에 적용할 때 상도(商道)에 맞는지 맞지 않는지, 또 여러 사람의 공동 이익에 도움이 되는지 되지 않는지 하는 것이 먼저 선행되어야 한다. 이를테면 전쟁의 목적이 사회복지를 위한 것인지 아닌지 판단하는 것이 아니라 사회복지를 위하여 반드시 필요한 일인지 아닌지가 문제인 것이다.

핑계 없는 무덤이 없다는 말처럼 무슨 일이든 핑계를 갖다 대면 일리가 있게 마련이다. '승즉장군(勝則將軍)'이란 말이 있다. 법도 질서도 없는 혼란시대에 생긴 말이 아닌가 한다.

전쟁은 많은 사람들에게는 무고한 피해를 끼치게 된다. 그런데 전쟁은 소수인이 한정된 시간 동안 일으키는 일이므로 그것을 참고 견디면 훨씬 더 큰, 막대한 손해를 갚고도 남을 만한, 아니 그 몇 배의 보답이 돌아오는 것이라면 좋다. 사회 정의에 입각하고 있다는 점이 도(道)이다.

다음은 하늘이다. 이것은 중국 고대 철학에서 발생한 우주 법칙, 즉 만상을 지배한다는 음양설(陰陽說)에 따른 것이 아닌가 생각된다. 하지만 이 경우는 더 좁게 해석하여 천상·기후라고 보아도 좋다.

인간이 생물인 이상 기상에 크게 지배를 받는 것은 불가피하다. 크게 해석하면 자연법칙을 경시해서는 안 된다는 말이 된다. 도에 버금가는 중요한 사항이다. 손자의 의도를 충분히 헤아릴 수 있는 말이다.

물론 손·오(孫·吳) 시대의 천체 관측은 현대의 우수한 기상학에서 보면 유치하기 짝이 없다. 하지만 현대 기업가들이 태양 흑점의 소장(消長)에 관심을 가지고 있는 사람은 아마 적을 것이다. 그래서는 안 된다. 기업가의 필수조건으로 기상학에 대한 지식을 갖추는 것인데 이 점을 말한 것이 하늘이다.

셋째는 땅이다. 이것 또한 중요한 지식으로, 간단히 말하면 지리를 안다고 해석해도 좋다. 산악이나 구릉의 분포, 평지의 넓고 좁음, 하천이나 바다의 관계, 서·남북의 방위 등 지리학적인 조건이나 시설, 건조물, 상주집산(常住集散)하는 인구의 밀도, 교통 등의 조건, 또 그들 상호간의 관계 등 인문지리학적인 지식, 또는 지반의 강약, 지질, 토지 등 지질학적인 점에 대해서도 충분한 조사 연구가 필요하다.

넷째는 장수이다. 이 장수란 총지휘자·총대장을 말할 뿐만 아니라 기업에서는 회장·사장·중역·간부사원·공장장 등 모든 부하와 협력자를 거느리고 있는 조직의 장(長)을 뜻한다.

다섯째의 법이란 법제를 말한다. 곧 규칙, 질서를 가리킨다. 올바른 질서가 없는 곳에서는 원활한 운영을 바랄 수 없다. 올바른 질서란 모든 활동을 속박하는 것은 절대로 아니다. 그것을 조장시켜서 일정한 궤도에 올려놓고, 혼란을 방지해 주는 것이다. 조직이란 활동력을 뜻한다.

이상이 자기편의 조건을 열거한 5사(五事)이다. 도·하늘·땅·장수·법, 이것이 병서 〈손자〉의 머리말이요, 법론이다. 5사에 대하여 상세하게 설명을 덧붙여 보기로 한다.

4

4// 道者란 令民與上同意하여 可與之死하고 可與之生하여 而不畏危也라

도(道)란 백성으로 하여금 위와 더불어 뜻을 같이하여 이와 함께 죽고, 이와 함께 살게 하여 위험을 두려워하지 않게 하는 것이다.

| 풀이 | 도의란 국가적으로 볼 때 국민이요, 사업에서 볼 때 조직에 참가한 모든 사람들의 판단을 일치시킨 일심동체인데 죽음도 삶도 행복도 불행도 모두 공동 목적을 향하여 전진시키는 것이다. 거기에는 명령을 받아 마지못해 움직이는 행동은 없다. 또한 일의 성패나 자기의 진퇴에도 절대 불안을 품는 일이 없을 것이다.

| 해설 | 안위흥망(安危興亡)의 갈림길에 서게 되었을 때 대개 약속이나 한 듯이 '거국일치의 상하 마음을 하나로 해서'라고 떠들어댄다. 그러나 이것은 일관된 도의, 즉 모든 사람에게 충분히 납득할 수 있는 올바른 도의의 근본이 없

기 때문이다.

제2차 세계대전을 일으킨 일본이 패망하게 된 가장 큰 원인은 일본 군부가 명분을 저버리고 제멋대로 싸우다가 제멋대로 진 것이다. 그런 까닭에 일반 국민들은 우리는 알 바가 아니라는 관념을 가지고 있었다.

도(道)는 같이 살고 같이 죽는다는 각오로 조금도 두려움이 없는 것이다.

5
하늘이란 음양·한서·시제이다.

5// 天者란 陰陽寒暑時制也라

한서(寒暑): 기후에 의한 온난·한냉.
시제(時制): 시(時)는 음양·한서, 제(制)는 시에 적응시켜서 그것을 이용하는 것.

|풀이| 날이 새면 밝은 아침이 되고, 날이 저물면 어두운 밤이 되며, 풍우가 몰아치면 어둡고, 쾌청한 날은 환하고 밝다. 음양이란 이와 같은 명암에 인간이 어떻게 좌우되는가 하는 데 대해서 가볍게 보아서는 안 된다는 뜻이다.

다음의 한서란 글자 그대로 기후에 의한 온난·한냉을 말한다. 혹은 더 크게 보아 그것들을 포함시킨 사시(四時)의 기후 변천이란 뜻으로 해석해도 좋다.

시제란 이상의 음양·한서를 시(時)로 보고, 이것에 적응시켜서 이를 이용하는 것이 제(制)라고 보는 해석도 있는 듯하다. 그러나 이것을 지구가 태양을 축으로 공전하는 시간 365.24219일을 1년으로 하고 하루를 24시간, 1시간을 60분할하여 분·초로 하는 시간의 제약이란 뜻으로 해석해도 좋다.

　중국에서는 태양을 중심으로 하지 않고 달의 운행을 중심으로 한 태음력제(太陰曆制)를 이용했으므로 손자가 생각하였던 시제는 훨씬 다른 것이었는지도 모른다. 그러나 현재로서는 전혀 문제될 게 없다.

| 해설 | 근대 산업에서는 음양·한서를 통풍·채광·냉난방 시설과 같은 것으로 분류하여 인공적·인위적인 조작을 하게 되었다.

　물론 이것은 작업 능률과 사무 능률을 올리기 위해 음양·한서를 인체에 적응하도록 조절하기 위한 것으로 이해된다. 이러한 조절은 그 직장 내에 한정된 것인데 한 걸음만 밖으로 나가면 곧 형편(조건)이 달라진다.

　생물은 자연 환경에 순응하도록 되어 있다. 그런데 이렇게 인위적으로 만들어진 환경에도 순응할지 자못 의문이다. 분명한 것은 짧은 시간에는 불가능하다는 사실이다. 인위적인 환경이 자연에서 멀어지면 멀어질수록 그것에 동화되는 시간은 길어지기 때문이다.

　그 동안은 인위적인 것과 자연이 뒤섞인 환경에 따라 생활하지 않으면 안 되고, 그 양쪽 다 적응하는 생리적인 조절이라는 것도 어느 정도 연구가 필요하다. 그러므로 근대에서는 '천(天)'이라는 것을 두 가지 형태로 해석해야 할 것이다.

　최후의 시제(時制)라는 것도 이를 시간의 제약이라고 해석한다면 노동 시간과 생산 능력이라는 문제로까지 확대·발전하게 된다. 혹은 정책적으로 노동 인구와 고용이라는 점까지 포함하게 될 것이다.

6
땅이란 원근·험이·광협·사생이다.

| 풀이 | 땅은 멀고 가까운 지역, 또는 거리나 간격을 말하며, 험이는 험조하거나 평활한 장소를 말한다. 그리고 광협은 넓거나 좁은 토지를 말하며, 사생은 사지(死地)와 생지(生地)를 뜻하는 것이다.

| 해설 | 원근·험이·광협까지는 범론(汎論)에 해당되는 것으로 앞서 해석한 대로 지질학적인 지식이다. 하지만 단지 학문적·학술적인 지식에서 끝나서는 안 된다.
  그것이 사지로서 나아갈 수도 없고 물러설 수도 없어서 마침내 죽음을 결판내어야 할 결전(決戰)의 땅인지 혹은 생지(生地)로서 기사회생의 땅인지를 충분히 활용하여 판단하는 것이 무엇보다도 중요하다.
  말하자면 이것이 땅에 대치하는 육감이라고 할 것이다.

6// 地者란 遠近險易廣狹死生也라

원근(遠近):거리나 간격, 혹은 멀고 가까운 지역.
험이(險易):지형·지세가 가파르고 험한 땅이나 넓고 평평한 땅.
광협(廣狹):좁거나 넓은 토지.
사생(死生):죽은 땅과 살아 있는 땅을 뜻하는 것.

7// 將者란 智信仁勇嚴
也라

달도(達道):고금동서를 통해
행해져야 할 도덕, 오륜의
도이다.

7

장수란 지·신·인·용·엄이다.

┃풀이┃관리·주무(主務)·통솔을 담당하는 사람은 먼저 그 일에 대한 깊은 지식이 필요하고, 다음은 신의인데 신의의 근본은 성실이다.

그 다음은 인(仁)이다. 인은 도덕의 추기(樞機)이며 인생의 달도(達道)라고 하는데, 쉽게 말하면 자비심을 베푸는 애정이다.

용(勇)은 용기·용맹심인데 어려움에 부딪쳤을 때 굴복하지 않는 투혼이다. 끝으로 장수로서의 엄함이다. 일시적인 타협을 용서하지 않는 마음속 계율의 엄중함을 말한다.

┃해설┃하연석(何延錫)이란 사람이 말하기를 "지(智)가 아니면 적을 요량하여 기(機)에 응하지 말아야 한다. 신(信)이 아니면 아랫사람을 가르쳐서 이끌지 말아야 한다. 인(仁)이 아니면 무리를 이끌어서 사(士)를 위무하지 말아야 한다. 용(勇)이 아니면 꾀를 써서 싸움을 하지 말아야 한다. 엄(嚴)이 아니면 강(强)으로 굴복시켜서 무리를 다스리지 말아야 한다. 이 5재(五才)를 완전히 하는 것이 장수의 기본이다."라고 하였다.

이는 장수가 갖추어야 할 다섯 가지 자격 조건이다. 이 조건 중에 하나만 빠져도 모든 통솔은 뜻대로 되지 않는다. 또 그중 하나만이 뚜렷하게 뛰어나도 곤란하다. 이 다섯 가지가 원만하게 서로 관련짓고 혼연일체가 되어 하나의 인격으로서 작용하지 않으면 안 된다.

다섯 가지 조건 중에는 모순되어 서로 반발하는 것도 있다. 이를테면 지와 용이다. 하룻강아지 범 무서운 줄 모른다는 말이 있듯이 모른다는 것은 강한 것이다. 또 지나치게 알고 있기 때문에 빨리 결단을 내리지 못하는 경우도 종종 생긴다. 그러나 모르기 때문에 강한 것은 진정한 용기가 아니다.

또 인과 엄은 간혹 양립하기 어려운 경우가 있다. 그러나 어떠한 부정에 대해서도 관대(寬大) 이외의 태도를 취하지 못하는 것을 올바른 인이라고 볼 수 없다. 넓게 보는 엄은 그대로 인으로 통하는 것이다.

8

법이란 곡제·관도·주용이다.

| 풀이 | 이 법의 항에서 곡제(曲制)·관도(官道)·주용(主用)이란 자구(字句)에는 여러 가지 설이 있다. 해석도 많은데 곡제의 곡(曲)은 상세하다는 뜻을 나타내는 위곡(委曲)의 곡과 같다. 즉, 군대의 대·중·소의 세밀한 편성과 그 명령 계통이란 내용을 지니고 있다고 해석해도 좋다. 관도는 그 곡제, 즉 조직 편성의 병력 계통이다. 넓게 풀이하면 복무 규율까지도 포함된다. 주용은 군대에서 쓰는 병기·탄약,

8// 法者란 曲制官道主用也라

곡제(曲制): 곡은 상세하다는 뜻.
관도(官道): 복무 규율 및 조직 편성의 병력 계통이다.
주용(主用): 군대에서 사용하는 각종 물건.

식량 등인데 기업으로 말하자면 자재·공구·용도품에 해당된다.

| 해설 | 곡제는 기업체의 본사·지사·사업장, 부·과·계와 같은 조직이다. 때로는 한 사업체 안에서 그 업무 분담의 세력권으로 분쟁이 생기고, 책임을 회피하는 사태가 일어날 수 있다. 또 당연히 있어야 할 부서의 설치를 소홀히 했기 때문에 예측하지 못한 손실을 불러오는 경우도 있고, 마음에 들지 않는 부서에 배치되어 멀거니 눈을 뜨고 헛된 시간과 수고를 낭비할 때도 많다. 그리고 명령 계통이 무시되어 거쳐야 할 곳을 거치지 않고 껑충 뛰어넘어갈 때도 있다. 그렇게 되면 책임의 소재가 애매모호하게 되는 일도 생긴다. 그와는 반대로, 계통이 지나치게 번거로우면 상부의 지시가 도중에 희미해지거나 바뀔 수 있으며, 전달이 늦어질 수도 있다.

이와 같은 일들은 곡제가 불완전한 데서 일어나는 것이다. 따라서 군(軍)이나 기업체가 그 실력을 충분히 발휘하여 활동할 수 있는지에 대한 것은 곡제가 적당한지 부적당한가에 따라서 다를 수가 많다.

9

9// 凡此五者는 將莫不聞이리라 知之者는 勝

무릇 이 다섯 가지는 장수가 들어서 알지 못하는 자가 없을 것이다. 이를 아는 사람은 승리하고, 모르는 사람은 승리하지 못한다.

하고 不知者는 不勝이라

| 풀이 | 다섯 가지, 즉 도(道)·천(天)·지(地)·장(將)·법(法)에 대한 것을 장수가 된 사람이 모를 리는 없을 것이다. 이것은 당연한 상식이지만 그 참뜻을 알고 있는지에 따라 승패가 좌우된다. 그것을 진정으로 알고 있는 사람은 승리하고, 겉으로만 알 뿐 참된 이론을 체득하지 못한 사람은 승리를 얻을 수 없다.

| 해설 | 여기까지 읽은 독자들은 마음속으로 '뭐야, 뻔한 얘기만 장황하게 늘어놓고 있구나.' 하고 생각할는지 모른다. 그러나 진리는 언제나 평범한 곳에 있는 법이다. 〈손자〉의 병법이라고 해서 무슨 기상천외한 것이 있을 것이라고 생각한 사람들은 낙담을 할지도 모른다. 그러나 〈손자〉의 진면목은 갈수록 그 깊이를 드러낸다.

　'장수로서 들어서 알지 못하는 자는 없다. 이를 아는 사람은 승리하고, 모르는 사람은 승리하지 못한다.' 하고 솔직하게 갈파하고 있다.

　'알고 있다. 이해하고 있다.'는 것과 뼛속까지 그 진리가 새겨져 있어서 이 법칙에서 어긋나지 않는 행동을 하는 것과는 큰 차이가 있다. 이처럼 골수에 새겨져 있는 것을 근성이라고 한다. 지식을 행동에 옮기는 사람과 그저 지식만 머릿속에 가지고 있는 사람이 서로 맞붙었을 때 과연 어느 쪽이 강할까. 어느 쪽이 강한지는 두말할 나위 없다.

10// 故로 校之以計하여
而索其情이라

10

그러므로 이를 비교하는 데 계(計)로써 하여 그 실정을 찾는다.

| 풀이 | 이에 필요한 다섯 가지 조건이 완전히 갖추어져 만족할 만한 상태라고 판단되면 앞으로 설명할 일곱 가지 조건에 맞추어서 적과 아군의 우열을 자세하게 비교 검토한다. 그렇게 하면 실전에 참여하지 않더라도 그 승패를 알 수 있다. 적어도 미리 결단을 내릴 수 있는 대략의 짐작은 할 것이다.

| 해설 | 이 조항은 별로 장황한 설명이 필요치 않다. 이제까지 말한 5사(五事)를 살펴보면 그것이 실마리가 되어 실제로 어느 정도의 능력이 될지 앞으로 말할 일곱 가지 항목과 비교하여 음미·검토해 볼 수 있을 것이다.

'그 실정을 찾는다.'에서 실태를 추정할 수 있다. 이 경우 경쟁상대를 목표로 하여 논하고 있는데, 다음 항의 7계에서는 다소 생각하는 바를 수정해야 할 필요가 있을지도 모른다. 그러나 이 상대를 새로운 사업 계획으로 적용해 보는 것 또한 재미있을 것이다.

11// 曰主孰有道인가 將

11

말하자면, 주(主)는 어느 쪽이 더 도의적인가, 장수는 누가 더 능한가, 천지는 누가 더 얻고 있는가, 법령은 누가 더 잘 운용하고 있는가, 병중(兵衆)은 누가 더 강한가, 사졸은 누가 더 훈련되어 있는가, 상벌은 누가 더 공명한가, 나는 이로써 승부를 안다.

孰有能한가 天地孰得인가 法令孰行인가 兵衆孰强한가 士卒孰練한가 賞罰孰明한가 吾以之知勝負矣라

| 풀이 | 일곱 가지 항목은 전부 피아(彼我)의 비교 검토이다. 주(主)는 원문에서 임금이라는 뜻인데 주체라고 생각해도 좋을 것이다. 특히 기업에서는 사업의 주체를 가리킨다. 그 두 가지의 주체를 비교해 보아서 어느 쪽이 보다 더 도의적인가를 판단하는 것이다.

주(主): 임금 혹은 주체로 풀이할 수 있다. 여기서 주체는 사업의 주체나 지도자를 가리킨다.

병중(兵衆): 말탄 병사, 즉 가장 낮은 지위를 가진 사람들로 현장 실무자들을 일컫는다.

다음에는 지도자·통솔자를 비교해 보고 어느 쪽이 더 유능한 사람이 많은지 그 충실도를 비교하고, 천상(天象)·지상(地象)의 조건은 과연 어느 쪽이 보다 유리한가를 검토한다.

정해진 법칙은 그 옳고 그름에 따른 적응도 보는데 어느 편이 더 잘 지켜지고, 운용되고 있는가를 비교해 본다.

다음은 병중(兵衆)으로 현장 실무자들의 소질 문제이다. 어느 쪽이 보다 더 훈련되어 있고, 기술적으로 우수한지 자세한 관찰이 필요할 것이다.

그리고 이들 실무자들에 대한 상벌, 급여, 대우는 어느 쪽이 타당하며, 불평불만이 있는지 없는지, 있다면 어느 쪽이 더 강한지 하는 것이다. 이 정도로 피아의 검토가 된다면 실전을 벌일 필요도 없이 승패는 손바닥을 들여다보듯 분명해진다.

| **해설** | 경쟁의 적수라는 것을 상정하지 않고, 그 상대를 새로운 사업이라고 해석하여 그 일을 이상적으로 완성하는 데 필요한 조건이 어떠한지 판가름할 때 이 7계를 해당시켜서 현재의 자기 실력과 비교하면 좋다. 일이 시작되기 전이기 때문에 미래에 대한 것은 추정이나 억측 외에 다른 판단 방법이 없다.

그러나 그 측정이 불확실하거나 이쪽 5사(五事)에 대하여 정도 이상으로 평가가 된 것은 안 된다.

바둑의 필승 격언에 '~겠지 수를 쓰지 말라.'는 것은 이렇게 되겠지 하는 수를 쓰지 말라는 말이다.

아마도 이렇게 되겠지, 자세하게 조사하는 것이 귀찮으니 대략 이렇게 되겠지, 하는 '~겠지'는 좋지 않다. 이 관찰은 어디까지나 과학자와 같은 냉엄함·면밀함·주도함이 필요하다. 또 5사 7계는 주식투자를 할 경우에도 적용되리라고 생각한다. 대개의 경우 과거의 숫자적인 것, 외적인 조건과 그 사업이 관련되는 점에만 한정하여 판단 자료를 구하려 들지만 이제까지 말한 도·천·지·장·법의 5사에 걸친 상세한 관찰이야말로 극히 중요한 것이 아닌가 생각된다.

사업체가 과거에 가지고 있던 숫자가 반드시 그 실체를 설명한다고 볼 수는 없다. 그 숫자는 그때까지의 과거 5사의 적합성을 나타내는 것으로서 반드시 현재 또는 장래의 적합성을 나타내고 있지는 않기 때문이다.

12

장수가 나의 계를 듣고 이를 쓰면 반드시 승리할 것이다. 그렇게 되면 나는 그에게 머무를 것이다. 장수가 나의 계를 듣지 않고 이를 쓴다면 반드시 패할 것이다. 그렇게 되면 나는 그에게서 떠날 것이다.

12// 將이 聽吾計하고 用之면 必勝이라 留之라 將이 不聽吾計하고 用之면 必敗라 去之라

| 풀이 | 이 조항에는 지(之)자가 네 군데 나온다. 이 4개의 지(之)는 첫 자인 장(將)의 대명사라고 해석해도 좋다. 그러므로 이 문장은 손자가 말하는 계략을 잘 듣고, 그것을 이해하고 실천에 옮기는 장수라면 반드시 승리를 거둘 수 있다. 즉 사업은 성공한다. 따라서 〈손자〉의 병법은 그러한 사람 밑에 머물러서 언제까지나 도움을 줄 수 있다는 것이다.

지(之): 장(將)의 대명사로 풀이될 수 있다.

그러나 만약 〈손자〉의 계략에 동조하지 않는 통솔자에게 일을 맡겨두면 반드시 실패할 것이며, 그러한 사람에게는 전혀 조언을 하지 않겠다는 말이다.

| 해설 | 이 조항은 읽기에 따라서는 손자가 스스로 자기를 선전하는 느낌이 풍기지만 손자 자신을 강조한 것이다. 자기의 계략을 듣는 장수 밑에는 머무르나 그렇지 않은 사람 밑에서는 머물고 싶지 않다는 마음을 말한 것이라고 해석할 수 있는데, 앞에서 말한 문의대로 받아들이는 것이 좋을 것이다.

길가의 돌이나 잡초도 보는 시각에 따라 다르고 생각하기에 따라서는 여러 가지로 응용될 수가 있다. 따라서 이와

같은 병법·전략도 그 진의를 헤아려서 자기 것으로 만들지 않으면 100권의 책이라 하더라도 소용이 없을 것이다.

13

13// 計利以聽이면 乃爲之勢하여 以佐其外라

이(利)를 헤아려서 듣는다면 이것이 곧 형세를 이루어서 그로써 그밖의 것을 도울 것이다.

| 풀이 | 이해(利害)를 꾀한다는 것은 군사의 근본이다. 그 근본정신이나 원칙을 바르게 이해하고 자기 것으로 만들 수 있다면 그것을 확대 해석할 수도 있고, 어느 것에나 응용할 수도 있는 것이다.

| 해설 | 이 조항은 진의를 바탕으로 하는 것이 얼마나 중요한가를 역설한 것이다. 지금까지 이 문구는 여러 가지로 해석되어 왔으나 전 조항과 함께 진정으로 이해하는지, 표면의 자구만을 맹신하는지에 따라 병법을 살려 쓸 수 있느냐 죽여 버리느냐의 갈림길이 된다고 풀이하는 것이 좋을 듯하다.

일단 진의를 찾는다면 어떠한 사태에서도 망설임 없이 해석되어 하나의 태세를 갖추게 된다.

그리고 태세가 갖추어지면 전혀 다른 장면에 우연히 부딪치는 일이 있다 하더라도 같은 방식으로 밀고 나아갈 수 있다.

또한 응용을 살려서 잘못이 없는 운영도 할 수 있는 것이다. 가장 중요한 것은 진수에 투철해지느냐 아니면 투철하지 않느냐에 달려 있는 것이다.

14

세(勢)란 이(利)로 인하여 권(權)을 제하는 것이다.

14// 勢者란 因利而制權也라

| 풀이 | 권이란 권변(權變), 즉 임기응변을 말한다. 왕도(王道)·권도(權道)라고 해서 왕도는 원칙대로의 방법이고, 권도는 지름길로 그 응용 변화의 방법을 뜻한다. 하나의 커다란 태세, 이를테면 사물의 진수를 알게 되면 응용·변화하는 형세에 부딪쳐도 자유롭게 처리할 수가 있다.

권(權):저울의 추. 즉 사물의 경중을 저울질하는 일을 말한다.

| 해설 | 여기까지 시계편의 총론이고, 이제부터는 각론이다. 서론에서는 5사 7계(五事七計)의 진면목과 작전의 기본을 자기 생활의 골육으로 체득하는 것이라고 강조하였다.
 이것은 사람을 죽이는 전쟁에서 이론과 작전 병법은 물론 기업에 적용시켜서 충분히 구사할 수 있는 이론이다. 여기서 이치는 오직 하나이며, 그 하나는 사물의 진수이다.

15

병(兵)이란 궤도이다.

5// 兵者란 詭道也라

궤도(詭道):궤(詭)는 사(詐)와 같은 뜻인데 속인다는 말이다. 궤도란 속이는 방법, 즉 속임수를 뜻한다.

| 풀이 | 이 문구를 글자 그대로 해석하면 싸움이란 적을 속이는 것이 본질이라는 뜻이 된다. 이것은 다소 온당치가 않다. 이 말이 글자대로 해석되고 이해되어, 제7장 군쟁편 제6절에 있는 '병(兵)은 사(詐)로써 서고' 라는 자구와 비교하여 〈손자〉의 병법은 기만작전이 본위라는 평가가 내려진다.

그러나 이와 같은 해석을 취하면 전 조항 '권(權)을 제한다.' 라고 말한 것에 이르기까지 일련의 문구 분위기와는 달리 갑자기 문장의 비약이 있게 되고, 또한 '첫째는 도(道)이다.' 라고 설파하기 시작한 주장에서 빗나가게 되기 때문에 앞뒤 흐름이 달라진다.

그러므로 여기서는 권을 제하고, 기(機)에 임하여 변(變)에 응할 수가 있다는 손자의 주장을 뒷받침하는 것으로서 그 실례를 보이는 것이라고 해석해야 한다. 따라서 '싸움 또는 사업이란 외곬으로 나가는, 정석 그대로 전개되는 경우란 없는 것이므로 당치 않은 변모된 형태로 나타나는 수가 많은 것이다.' 라는 뜻이 된다.

| 해설 | 이 문구만을 독립시켜서 받아들이고, 적의 뒤통수를 친다거나 야습·기습을 병법의 상도(常道)라고 보는 사람이 있는데 그것은 잘못이다. 다만 그러한 적을 만났을 경우, 약속이 틀리다고 항의를 해도 통용되지 않으므로, 뒤까지 생각해서 그와 같은 역수전법(逆手戰法)을 당하더라도 바로 대응할 만한 응용의 재능을 가지고 있어야 한다는 이

야기이다.

〔예화─줄거리〕 한신(韓信)이 장이(張耳)와 군사 수만 명을 이끌고 동으로 진격하여 정경(井徑)을 내려와 조(趙)나라를 공격한다는 말을 듣고 조의 왕 성안군(成安君) 진여(陳餘)는 20만 명의 군사를 정경 입구에 집결시켰다. 그러자 광무군(廣武君) 이좌거(李左車)가 성안군을 설득하러 갔다.

"한(漢)나라 장군 한신은 서하(西河)를 건너 위(魏)나라 왕을 사로잡고, 하열(夏說)도 사로잡았으며, 최근에는 알여(閼與)에 유혈을 가져왔다고 합니다. 그런데 이번에 장이를 보좌관으로 삼아 조나라를 항복시키려 하고 있습니다. 그들은 승승장구 나라를 멀리 떠나 싸우고 있으므로 그 예봉은 무적의 기세를 보이고 있습니다. 그러나 천 리나 되는 먼 곳에서 양식을 수송하므로 병사들은 군량이 부족하여 전군이 제대로 먹지도 못하고 있다고 합니다. 그런데다 정경의 길은 수레가 열을 짓지 못하고 말도 줄을 잇지 못할 만큼 험한 길이니, 양식은 반드시 뒤를 대지 못할 것입니다. 부디 저에게 기습부대 3만 명을 내려주십시오. 간도에서 적의 수송선을 끊겠사오니 성안군께서는 도랑을 깊게 파고 누를 높여서 진(陳)을 굳게 하고 교전하지 마십시오. 그러면 적은 전진해도 싸움을 할 수 없을 뿐만 아니라, 후퇴도 불가능하게 될 것입니다. 우리 기습부대가 퇴로를 끊어 들에 약탈하는 자가 없게 해놓으면 10일도 못 가서 한신·장이 두 장수의 머리를 휘하로 가지고 올 수 있습니다. 부디 저의 계략에 유의해 주십시오. 그렇지 않으면 두 장군에게 포로가 되고 말 것입니다."

〔예화〕 정의감에 사로잡히면 싸움에는 진다.
병(兵)이란 궤도이다〔兵者詭道也〕.

성안군은 유학자였다. 언제나 정의군을 칭하고 사모(詐謀)나 기계(奇計)를 쓰지 않았다.

"병법에 적의 10배면 이를 포위하고 두 배면 싸우라는 말이 있다. 지금 한신의 군이 수만 명의 군사라 칭하고 있으나 실제는 수천 명에 지나지 않는다. 거기다 천릿길을 행군해 온 병사들은 이미 피로에 지쳐 있을 것이다. 이러한 적까지도 피하고 공격하지 않는다면 이후 더 큰 적이 나타났을 때는 어떻게 할 것인가. 또 만일 그와 같이 한다면 제후들은 나를 겁쟁이 취급을 하고 수시로 공격해 올 것이다."

성안군은 광무군의 계책을 받아들이지 않았다. 얼마 후 한신의 군이 공격하자 조의 군사는 성에서 나와 싸우다가 과연 크게 패하고 성안군은 저수(泜水) 근처에서 전사하였다.

정의의 군은 사모·기계를 쓰는 것이 아니라는 성안군의 신념은 그런 대로 존경할 가치가 있다. 그러나 정의란 그저 기계를 쓰지 않는 것만이 아니다. 더욱이 정의의 전쟁이 있다면 어떠한 기계를 써서라도 그 전쟁에 이기지 않으면 안 된다.

아무튼 성안군의 고사(故事)는 '적의 10배면 이를 포위하고 두 배면 싸운다.'라는 손자의 말을 교조주의적으로 신봉한 어리석음과 구구한 기계에 신경을 쓴 정의의 형해화(形骸化)에 대한 통렬한 풍자가 되었다.

물에 빠진 개를 때려서는 안 된다는 것을 제창한 임어당(林語堂)에 대하여 노신(魯迅)은 말하기를 "물에 빠진 개는 반드시 때려서는 안 되는 것이 아니라, 오히려 크게 때려야 한다."라고 하였다. 성안군의 정정당당한 전투 정신은 전쟁과(그것은 반드시 전쟁만이 아닐 것이다.) 전혀 관계가 없는 것이다. 오직 투철한 판단과 단호한 결단만이 필요하다.

16
그러므로 능하게 할 수 있으나 능하지 못한 척 보인다.

16// 故로 能而示之不能이다

| 풀이 | 일련의 궤도작전의 실례가 계속되는데 그중 '지(之:이것)'란 글자는 전부 상대편이란 뜻으로 해석해 주기 바란다.

지(之):여기서는 상대편이란 뜻으로 해석하는 것이 옳다.

 이 조항은 능력의 실태를 상대에게 명확하게 보이지 않는다는 뜻이다.

| 해설 | 비근한 보기를 들면 상인들 사이의 오가는 인사말은 '재미가 어떤가?', '형편없다.' 라는 말이다. 이것은 장사하는 사람들의 생활 기조로 능하게 잘하면서도 능하지 못한 척 보이는 단적인 증거가 아닌가 한다.

17
쓰고 있더라도 쓰지 않은 것처럼 보인다.

17// 用而라고 示之不用이다

| 풀이 | 비록 어떠한 방법을 적용할 생각을 가지고 있더라도 결코 그 기미를 밖으로 드러내 보이지 않는 것이다.

| 해설 | 앞의 조항이 능력의 비익(秘匿)을 나타내는 것이라면 이것은 전술의 비익을 나타내는 것이다. 이는 방침의 비익으로 여러 가지 복잡한 방법이 사용된다. 예를 들면 하나의 새 상품을 만들려고 할 때, 이와는 무관한 혹은 역방향의 것을 각 부처로 보내어 제작·견적을 의뢰하는 것이다. 또 그와 같은 불필요한 견적 의뢰를 요란하게 선전하는 방법까지도 취해지고 있는 것과 같다.

18

18// 近而示遠하고 遠而示之近하라

가까우나 멀게 느끼고, 멀지만 가깝게 느낀다.

| 풀이 | 가깝고 멀다는 것은 거리에 대한 말이다. 사실은 가까이 있으면서도 멀리 있는 듯 가장하고, 실제는 멀리 있으면서도 그 소재를 상대에게는 가까이 있는 것처럼 느끼게 한다.

| 해설 | 속도에 대한 개념이 없었던 시대에 거리는 그대로의 거리로서 먼 곳은 멀고, 가까운 곳은 가까웠음에 틀림없다. 그러나 현대에는 거리의 원근이란 시간과 정비례하지 않는다.

현대에는 원근의 문제는 능력 문제와 결부된다. 수송기관의 속도 능력이란 것과 상승적인 관계를 맺으므로 훨씬 복잡해졌다고 보아야 한다. 따라서 이 조항의 기만책도 이

중으로 복잡한 판단을 필요로 한다.

19
이롭게 하여 유인한다.

19// 利而誘之라

| 풀이 | 작은 이익을 주어서 상대를 유혹한다. 이는 전체적인 큰 이익을 손에 넣기 위한 수단으로서 어느 정도의 이익을 나누어 상대에게 주는 것이다.

| 해설 | 이 문구는 예로부터 많은 사람들의 입에 오르내리던 말이다. 더욱이 악용이 되면 증회(贈賄)니 오직(汚職)이니 하는 불명예스러운 것이 된다. 리베이트(지불 대금의 일부를 사례금으로 지불자에게 주는 것)니 뇌물이란 것이 성행하는 현대 사회에서는 〈손자〉의 병법이 지나치게 적용되는 시대이기 때문에 더 이상 해설이 필요가 없을 듯하다.
  그러나 이것도 좀더 크게 보면 '대욕(大慾)은 무욕(無慾)과 같다.'는 말이 암시하듯, 커다란 이익을 얻으려면 독점의 욕심을 버리고 이를 가급적 분산시키는 것이 사업을 지혜롭게 하는 핵심이다.

20
혼란시켜서 취한다.

20// 亂而取之라

란(亂):교란시키는 것. 즉 상대를 혼란시켜 공략하는 궤도의 핵심으로 이해하면 옳다.

| 풀이 | 상대방의 약점을 노리고 배후에서 교란의 손을 뻗쳐 상대방을 혼란시킨 다음에 기회를 틈타 공략한다는 뜻이다.

| 해설 | 교란전술이다. 최근에는 공작대라는 이름으로 특별 업무를 주고 특별 교육을 시켜서 전문적으로 하는 실정이다. 궤도의 핵심이라고 할 만하다.

상대를 혼란시키는 것에는 상대의 약점에 집중적으로 공격을 퍼붓는다거나 어느 한 부분에 대하여 균형된 세력을 극단적으로 무너뜨리는 기발한 공격을 준비하여, 그곳으로 상대가 말려들 때 제2의 부분에 공격을 가하는 것이 있다. 이에 대응하는 태세가 정비되기 전에 또다시 새로운 제3의 지점으로 돌격을 개시한다.

이들 공격은 전부 그 지점에 대한 돌파작전이 아니라 적이 대응하는 태세를 갖추는 데 분주하도록 만들어서 혼란을 일으키게 하는 것이 목적이다. 그러므로 공격은 가급적 예상 밖의 지점에 숨쉴 틈도 주지 말고 계속 퍼부어야 한다.

21// 實而備之라

실(實):충실하다는 것. 이를테면 상대편에 대한 내용이나 나의(이쪽) 내용을 충실

21
실하면 대비한다.

| 풀이 | 이 조항은 '실하면 대비한다.' 와 '실하게 하여 대비한다.' 는 두 가지의 해석을 할 수 있다. 실하다는 것은 충

실하다는 말이다. 전자는 상대편이 내용적으로 충실해 있을 때는 이쪽도 그에 대비하여 대등한 세력을 기를 필요가 있다는 뜻이고, 후자는 적에 대한 대비란 이쪽의 실력을 충실하게 하는 것이라는 뜻이다.

| 해설 | 두 가지 해석이 성립되는 것 같지만 그 어느 쪽도 궤도라고 볼 수는 없다. 그래서 손자가 말하려고 하는 것은 상대가 팽팽하게 기세를 올리고 있을 때는 이와 대적하는 것을 일단 중지하고 오히려 한걸음 물러나 서서히 형세를 관망하면서 이쪽 태세를 정비하는 데 전념하라는 것이 아닌가 생각한다.

말하자면 일종의 허탕작전이라고나 할까. 언제나 정면충돌만이 능사가 아니라고 말한 것인지도 모른다. 혹은 대단한 호경기 때는 그 기세를 타고 움직일 것이 아니라, 조용히 대비하는 데 힘을 쓰는 편이 오히려 좋다는 뜻이다.

22
강하면 피한다.

22// 强而避之라

하게 하는 것을 뜻한다.

| 풀이 | 강하다, 약하다 하는 것은 서로간의 힘을 비교하는 문제이다.

상대가 자기 측보다 우세하다고 판단하였을 때는 격돌을 피해야 한다.

| 해설 | 이 조항에서 연상되는 사람은 대중소설이나 서부 영화에서 악한으로 취급되는 무뢰한이다. 무뢰한의 생활 태도는 약한 자를 못살게 하는 것인데, 약한 자는 울며 겨자먹기 식으로 그들의 비위를 맞춘다.

이같은 처세관을 가지라는 것은 절대로 아니다. 상대편이 강한 시기에 놓여 있거나 강한 부서에 있을 때는 되도록 기를 올리고 부딪치지 말라는 말이다. 교묘하게 받아넘겨 허탕을 치게 하는 솜씨를 터득하라는 뜻이다.

23// 怒而撓之라

23

성나게 하여 소란하게 만든다.

| 풀이 | 어떤 경우에는 '화나게 하여 휘게 하고'라고 해석하기도 한다.

이렇게 풀이하면 분격한 양상을 더욱 과장하여 상대를 쩔쩔매게 하거나 머뭇거리게 한다는 뜻이 된다. 본문대로 풀이하면 상대방을 자극하여 화나게 하고 판단이나 행동에 과오를 유발시킨다는 뜻이 된다.

| 해설 | 두 가지로 해석하는 법을 보였으나 모두 화를 내는 쪽이 지는 법이라는 심리를 이용한 것이다.

속설로서 믿을 수 없는 말이라고 하더라도 화를 내면 덮어놓고 덤벼들어 전후의 사정을 잃기 쉬운 법이다. 상대가

평정을 잃고 있는 상태에서 이쪽이 냉정하게 판단한다면 승부는 뻔하다. 그러므로 모략을 써서 상대를 화나게 하는 것은 궤도로서 당연하고도 중요한 수단이다.

24
낮게 하여 교만하게 만든다.

24// 卑而驕之라

| 풀이 | 낮게 한다는 것은 저자세로 나간다는 말이다. 이쪽에서 저자세로 나가면 적은 반드시 실제보다 허세를 보여 교만해지기 쉽다는 것이다.

| 해설 | 섭외·절충 등에 자주 쓰이는 수법이다. 이쪽에서 고개를 숙이고 나가면 상대는 아무래도 거만스러워지게 마련이다. 따라서 이쪽을 얕보게 되어 경계심이 허술해진다. 결국 발돋움을 하면 몸의 균형이 흔들리게 되는 것과 같다. 또한 겸양이 미덕인 경우도 있으나 필요 이상의 겸양은 때로는 작위적인 것이 되기 쉽기 때문에 그르칠 수도 있다.

25
안일하면 수고롭게 만든다.

25// 佚而勞之라

| 풀이 | 상대가 평온·안일하게 지내고 있을 때는 뭔가 일

을 꾸며서 바쁘게 만들어 기진맥진하게 한 후에 공격해야 한다는 말이다.

| 해설 | 평범한 말 같으나 잘 음미해 보면 깊은 뜻이 숨어 있다. 상대방의 사업이 일정한 궤도에 올라 극히 순조롭게 운영되고 있을 때는 싸움을 해도 승산이 있을 수 없다. 그러나 필히 싸워야 할 때는 어떻게든 술책을 써서 아주 바쁜 상태로 몰아넣고 적당히 지쳐버렸을 때 기회를 잡아야 할 것이다.

구체적인 전법으로 말하면 저쪽도 찌르고 또 이쪽도 찌르고 하여 눈코 뜰 새 없이 만든다. 물론 쉴 새 없이 계속 행동하지 않으면 효과가 없는 것은 뻔하다. 예를 들어 상대의 판매망 등에 큰 문제는 되지 않으나 그렇다고 해서 그냥 버려둘 수는 없는 문제를 일으키는데 이는 귀찮은 일을 수없이 발생시키는 것이다. 그것도 한 곳이 아니라 지속적으로 사방에 사건을 발생시키도록 한다. 한걸음 더 나아가 원료 공급선을 교란시키거나 인접지에까지 손을 뻗쳐서 문제를 일으킨다. 종업원을 충동질하는 등등 수단과 방법은 얼마든지 있다. 그러한 소동을 상대방이 지칠 때까지 계속한다. 그리고 약해진 틈을 타서 정면에서 공격을 하는 것이다.

26// 親而離之라

26

친밀할 때는 떼어버린다.

| 풀이 | 국제간의 모략에 자주 쓰이는 이간전법(離間戰法)이라는 것이다. 상대편의 조직이 평화롭고 서로 보조가 잘 맞고 있을 때는 그 사이에 불화가 될 원인을 만들고, 협동 보조를 취하는 적과 적이 있을 때는 그 사이를 이간시킨다는 것이다.

친(親):나와 상대방이 보조가 잘 맞고, 또 상대방 형편이나 조직이 아무 탈 없이 움직이고 있는 것을 뜻한다.

| 해설 | 상대편에 고립·분열을 일으키는 작전이다. 그러나 결합이 단단하지 않은 상태에서 섣불리 건드리면 오히려 이 쪽에서 당하기 쉽다. 대개의 경우 '아니 땐 굴뚝에 연기 나랴.'는 식의 방관을 하기 쉬우나 아니 땐 굴뚝에서 연기가 나는 경우가 많다. 그러므로 재빨리 그 모략의 출처를 탐지하여 꺼버리지 않으면 수습할 수 없는 상태가 되고 만다. 결국 적의 계략에 빠지게 되는 셈이다. 개인의 일상생활에도 성격적으로 이와 같은 수법을 쓰려는 사람이 있다는 것을 염두에 두어야 한다.

27
그 대비함이 없는 것을 공격하고, 그 불의를 찌른다.

27// 攻其無備하고 出其不意하라

| 풀이 | 상대가 방심을 하거나 깔보고 대비를 허술하게 하는 틈이 엿보일 때는 지체하지 말고 그곳을 공격한다. 이는 상대가 설마하고 생각하고 있는 곳이나 그때를 노려서 허를 찌르는 것이다.

| **해설** | 이것은 언제나 상대의 동정을 자기 손바닥을 보듯 잘 알고 있어야만 비로소 시작할 수 있는 기습전술이다. 인원 관계, 전비, 자본력 관계 등에서 깊이 관찰하면 상대방의 약점이 있는 법이다. 평상시에는 보이지 않더라도 무엇인가 상대에게 동요가 있구나, 하고 느껴질 때는 뜻하지 않은 약점이 드러나는 법이다. 아무리 완벽하다 하더라도 자신도 모르는 약점이 하나 둘은 반드시 있는 법인데 그곳을 찌르는 것이 중요하다.

수비하는 측에서 보면 어떠한 약점도 없는 완전함을 지니는 것이 제일이다. 그러나 부득이한 경우에는 우선 그러한 점에 대하여 교묘하게 위장하는 데 만전을 기할 필요가 있다. 약점이란 태세에만 있는 것이 아니라 시간적인 예측, 지리적인 판정, 진로의 방향 등 계획 설정에도 있는 법이다. 그것을 역으로 찌르는 것이 '그 불의를 찌르는' 의표작전이다.

28

28// 此는 兵家之勝으로 不可先傳也라

이는 병가의 승리로서 먼저 전해서는 안 된다.

| **풀이** | 앞에서 열거한 12가지는 어느 것이나 궤도(詭道)의 전법이다. 적에게 승리를 얻을 수 있는 방법인데 상대가 어떻게 나올 것인가 하는 예측은 불허하는 것이다.

이밖에도 여러 가지 기발한 책략은 그때그때 정세에 따라 나오기 때문에 미리부터 상대가 어떻게 할 것인가는 단

언할 수 없는 일이다.

| 해설 | 이와 같은 궤도작전을 아무런 준비도 없이 정면으로 당하고 보면 그야말로 쩔쩔매게 된다. 그렇다고 해서 그것을 미리 전수할 방법은 없다. 그것을 예측할 수 없으므로 궤도작전이라고 할 수 있다. 만약 이쪽 행동을 예측당한다면 궤도라고 할 수는 없는 것이며, 동시에 그리 무서운 효과도 낼 수 없는 것이다.

따라서 최초에 말한 기본이 되는 5사 7계가 중요하다. 생각건대 이것을 충분하게 터득하는 것 이외에는 별다른 방법이 없다. 이것을 손자는 강조하고 싶었던 것이 아닌가 한다. 이 병서가 세상에 나온 이래 2000 수백 년 동안 궤도가 손자의 진수라고 생각되어 왔는데 이와 같은 해석은 잘못된 이론일지도 모른다.

그러나 문맥이나 문의로 미루어 이렇게 해석을 하지 않으면 앞뒤 이치가 맞지 않는 데가 있다.

29

무릇 싸우지 않고도 묘산(廟算)하여 승리하는 자는 산(算)을 얻는 것이 많다. 아직 싸우지 않고도 묘산하여 승리하지 못하는 자는 산을 얻는 것이 적다. 산이 많으면 승리하고 산이 적으면 승리하지 못한다. 그런데 하물며 산이 없다면 어찌 하랴. 내 이로써 이를 보면 승부를 알 수 있다.

29// 夫未戰而廟算勝者는 得算多也라 未戰而廟算不勝者는 得算少也라 多算勝이고 少算不勝이라 而況於無算乎야 吾以此觀之면 勝負見矣라

묘산(廟算):묘는 정부, 산은 계산을 뜻한다. 즉 정부의 계획을 뜻함. 현지군이 아니라 최고 수뇌인 조의(朝議)에서 조사·연구·논의·검토한 결과 나오는 공산(公算)을 말하는 것.

┃풀이┃ 전쟁을 시작하기 전의 궤상론(机上論)에서도, 그 계산에 오인이나 실수만 없다면 충분한 산출 방법에서 뛰어난 쪽이 승리를 얻을 확률이 높은 법이다. 만약 싸우기 전의 검토 방법에서 상대보다 뒤지는 점이 있다면 확실한 승리를 얻기 힘들다. 이때는 승리의 확률이 높은 쪽이 실전에서도 승리를 얻는 경우가 많고 확률이 낮은 쪽이 승리를 얻기 힘들다.

더욱이 아무런 공산도 없고 확실한 숫자도 얻지 못한 채 막연히 '되겠지.'라는 요행만을 바란다면 참패는 분명한 사실이다. 손자는 실전의 추이 같은 것은 전혀 보지 않더라도 그 승패의 귀결은 분명하므로, 이 최초의 검토만으로도 단언을 내릴 수 있다는 것이다.

┃해설┃ 실전에 부딪친 다음에 비로소 깨닫고 이럴 리가 없다며 후회해도 아무 소용이 없다. 작은 승패는 운에 좌우될지 모르나 전쟁에서 소장(消長)이란 반드시 있는 법이다. 그러나 대국(大局)의 승패는 공산이 많은 쪽이 갖게 되는 것이다.

시계편을 다시 한 번 총괄하여 사업에 적용시켜 보면 사업에서는 무엇보다도 계획성이 없어서는 안 된다는 점이다. 모든 점에 걸쳐 자세하게 검토해 보고 모든 것을 합리적으로 처리하면 사업은 성립된다.

첫째, 먼저 검토할 것은 사회적인 필요성의 유무이다.

둘째, 셋째는 그 시대, 세태에 대한 필연성의 유무이다.

넷째, 수뇌자의 역량이나 자격이 완전한지 여부이다.

다섯째, 조직과 사업 방침, 운영 방법의 적정 여부이다.

이상이 5사(五事)에 해당된다. 다음에는 그 실제 운영에 있어서 수뇌의 경영 지식을 평상시 경영과 비상시 경영의 둘로 나누어서 평상시 사업의 본체를 빈틈없이 파악하고, 비상사태는 어디서 어떠한 형태로 나타날지 모르므로 어느 정도 기본 원칙이란 것을 잡고 자유자재로 응용할 수 있는 실력을 충분히 길러두어야 한다.

지금까지 나열한 것들을 잘 실천해 옮긴다면 대체로 성공하리라 생각한다. 나아가 이하 제13편까지 이 기본 원칙에 해당되는 여러 가지 실례와 이론의 해설이 전개되기 때문에 이해하기 쉬울 것이다.

작전편(作戰篇)

- 싸우기 전에 생각하라

이 편(篇)에서는 전쟁을 하는 데 거액의 비용이 드는 것을 강조하고 있다. 이것을 감당할 수 있어야만 전쟁을 할 수 있다는 것이다. 또 전쟁은 빈틈없는 전략으로 오래 끄는 것보다 다소 졸렬해도 빠른 것이 좋고, 군수품이나 군량은 적의 것을 빼앗아야 한다는 것 등을 강조하고 있다.

1// 孫子曰 凡用兵之法은 馳車千駟 革車千乘 帶甲十萬 千里饋糧하면 則內外之費 賓客之用 膠漆之材 車甲之奉이 日費千金하고 然後十萬之師擧矣라

치거(馳車):속력이 빠른 전차를 말한다.
사(駟):전차 1대를 4마리의 말이 끌므로, 치거 1000대를 끄는 4000마리의 말이라는 뜻.
혁거(革車):병기·탄약·양식 등을 운반하는 수송차.
대갑(帶甲):중무장을 한 병사를 일컫는다.
교칠(膠漆):무기나 무장의 보수용으로 쓰는 아교와 옻〔漆〕 등의 보수 재료.

1

무릇 군사를 쓰는 법은 치거 1000사, 혁거 1000승, 대갑 10만 명에 천 리의 군량을 먹이면 곧 내외의 비용, 빈객의 쓰는 것, 교칠의 재료, 거갑의 받듦이 하루에 천 금의 비용이 있은 후에 10만 명의 군사를 일으킬 수 있다.

| 풀이 | 군사를 동원시키려면 4마리의 말이 끄는 전차가 1000대, 치중차(輜重車)가 역시 1000대, 갑주로 중무장을 한 병사가 10만 명이 필요하다.

그리고 전장까지 천 리나 되는 먼 거리를 탄약, 양식을 수송할 필요가 있을 때는 국내의 물자 보급도 계산에 넣고, 인접국 등에서 군사(軍使)나 원조하는 사절들이 올 것도 생각해야 하기 때문에 그에 충당할 비용도 계산에 넣는다.

또 교칠 같은 보수 자재와 각종 비용 등 하루에 천 금의 경비가 있어야만 10만 명의 군대를 동원할 수가 있다는 말이다.

| 해설 | 모두가 당시의 국내전의 규모로 산출한 인재, 자재, 경비의 견적이다.

여기서 우리들이 얻을 것은 아무것도 없다. 단 여기서 빈객용이란 대목을 매우 중요하게 취급하는 것은 그 시대의 습관을 말하는데 이는 현대 기업의 생존방식에서도 무시할 수 없다.

2

그 싸움을 함에 있어서 승리가 오래 걸리면 곧 병(兵)이 둔해져서 날카로움이 꺾인다.

| 풀이 | 마침내 전쟁이 벌어졌을 때 장기간 계속 공격을 한 후에 겨우 승리를 얻는다면 그때는 이미 군사의 피로와 병비의 소모로 정예의 기운이 둔해지고 힘찬 공격력이 무디어진다는 말이다.

| 해설 | 10대 10의 실력으로 쌍방이 싸움을 시작했다면 그 공격력은 비슷하다. 그러나 숫자는 똑같아도 병비나 병력에 따라 크게 달라진다. 노병 10만 명과 장병 10만 명의 싸움이라면 장병의 승리가 뻔하다.

능률이 좋은 기계 설비, 새로운 생산 방식, 기술, 언제나 새로운 활동력으로 기운차게 움직이는 종업원이나 경영 관리자를 가진 기업체와 그 반대로 노후한 설비, 구태의연한 생산 방식, 언제나 그대로인 기술, 의욕을 상실한 종업원을 가진 기업체를 비교하면 거기에는 상당한 거리가 있다.

활동체란 언제나 신선하면 신선할수록 강하다. 오랜 사업 활동 후 일정한 안정을 얻었을 경우, 거기에는 이미 위기가 싹트고 있다고 생각해야 한다.

2// 其用戰也에 勝久면 則鈍兵挫銳라

승구(勝久): '승리를 얻더라도 오래 걸리면'이라는 해석과 '승(勝)은 임(任)과 같은 뜻으로, 즉 지구(持久)'라는 두 가지의 해석이 있는데, 여기서는 전자를 취한다.

3// 攻城이면 則力屈이라 久暴이면 則國用不足이라

구폭(久暴): 군대를 먼 국외로 파병하여 고생시키는 것.
국용(國用): 국가 재정.

3

성을 공략하면 곧 힘이 약화된다. 오랫동안 군대가 밖에 나가 있으면 곧 나라 재정이 부족해진다.

┃풀이┃ 성을 공격할 때는 특히 소모가 심하다는 것을 각오해야 한다. 방어가 튼튼한 곳을 공략하면 이쪽의 총력을 다 소모시킨다고 생각해야 한다. 그것이 원정일 때는 본국의 경제력까지도 위험에 빠지게 된다.

┃해설┃ 상대가 한 진영을 고수하고 있다. 어떠한 특정 사업이나 생산품을 유일하게 독점하고 있는데 그것을 공략하였을 경우, 만약 성공한 직후라면 상당한 힘의 소모가 따른다. 그리고 그 사업이나 생산이 이쪽에서 이미 해오던 경영과는 크게 다를 때, 그 공략에 긴 세월이 필요하다면 이쪽의 주체였던 경제력이 허술해지기 쉽다. 이러한 때야말로 특히 조심을 하지 않으면 뜻밖의 사고를 당하게 된다.

4

4// 夫鈍兵挫銳하고 屈力殫貨하면 則諸侯乘其弊而起라 雖有智者라도 不能善其後矣라

무릇 병(兵)이 둔화되고, 정예가 꺾이고, 힘이 굴하고, 재물이 다하면 제후는 그 폐를 틈타 봉기할 것이다. 비록 지혜로운 자가 있다 하더라도 그 뒤를 능히 좋게 수습하지 못한다.

| 풀이 | 병사가 피로하여 정예함을 잃고 전투력이 약해지면 경제력도 곤궁해진다. 이 시기야말로 가장 위태로운 때인데 제후들이 피폐한 틈을 타서 공격해 올 위험이 크다. 이쯤 되면 아무리 지혜로운 자가 있다 하더라도 사태 수습은 쉽지 않은 것이다.

| 해설 | 실력을 넘어 힘을 소모해 버리는 오랜 공방전이란 승리를 해도 참다운 승리가 되지 못할 때가 많다. 사업의 경쟁 상대는 언제나 한 사람만이 아니다. 호시탐탐 나를 노리는 늑대나 이리는 어디에든 있는 법이다. 더욱이 이쪽이 피로해 있을 때는 자칫하면 평소 문제를 삼지도 않았던 순한 양에게조차도 혼이 나는 어처구니없는 사태가 일어날 수도 있다.

힘이 다할 때까지 싸운다는 것은 감정적으로는 비장함이 있을지 모르나 책략으로서는 절대로 취할 것이 못 된다. 만약 그러한 상태로 빠져들면 평소에 아무렇지 않았던 사소한 일도 뜻대로 되지 않는다. 이때는 그 어떤 나약한 적군들의 공격도 방어하지 못하고 갑자기 파국에 떨어지고 만다.

아무리 유능한 사람이 있어도 이렇게 된 파국은 구할 도리가 없다. 주위에서 퍼붓는 공격을 견디어내면서 다시 자세를 수습한다는 것은 극히 어려운 일이다.

또한 유력한 성(城)을 손에 넣었더라도 전혀 그것을 활용할 수 없는 그림의 떡이 되고 말기 때문에 안타까운 한숨만을 삼키게 된다.

5// 故로 兵聞拙速하고
未睹巧之久也라

5

그러므로 병(兵)은 졸속을 듣고 아직 교묘함이 오래됨을 듣지 못하였다.

| 풀이 | 이미 결정을 내려서 시작한 싸움은 계속해서 새로운 공략법이 나오기를 기다리며 질질 끌 것이 아니라, 시위에서 화살이 떠난 이상 주저 말고 밀고 나아가지 않으면 안 된다.

여러 가지로 수단과 방법을 바꾸어 가면서 계속해도 공격법이 효과가 없다고 손을 멈추며, 다른 새로운 방법을 생각하거나 다시 그것이 신통치 않다고 또 다른 수단을 찾으면 안 된다.

그와 같이 시간을 끄는 공격으로 성공한 경우는 한 번도 없었다는 말이다.

| 해설 | 말할 나위도 없이 이것은 미리 충분한 조사와 준비, 실력을 전제로 하고 있다는 것을 잊어서는 안 된다.

'병은 졸속을 위주로 한다.'는 것은 유명한 말이지만 이제까지 손자가 말해 온 것이 전제가 되어야 비로소 살아나는 말이다. 그런데 갑자기 이 일만을 독립시켜서 이용하려고 하면 잘못을 범하게 된다.

이것을 쉽게 풀어서 말하면 빠를수록 유리하다는 말이 되나, 이 빠른 것이 무작정 밀고 들어가는 빠른 것이어서는 절대로 안 된다.

이 조항에서 손자가 말하려고 하는 것은, 신중하게 검토한 뒤에 승산이 있다고 판단하여 시작한 싸움은 그 세부에 다소 고려해야 할 점이 있다고 생각되더라도 가급적 초지관철하듯 밀고 나아가 장기전이 되지 않도록 하라는 것이다. 이는 장기전을 벌이면 승리를 얻었다 하더라도 그 뒤가 문제가 된다는 말이다. 다음 조항에서도 이것을 반복해서 설명하여 경계를 하고 있다.

6

무릇 싸움을 오래 끌면서도 나라에 이로움이 있는 경우는 아직 없었다. 그러므로 군사를 쓰는 해로움을 다 알지 못하는 자는 군사를 쓰는 이로움을 다 알 수가 없는 것이다.

6// 夫兵久而國利者는 未之有也라 故로 不盡知用兵之害者는 則不能盡知用兵之利也라

| 풀이 | 무리한 장기전을 감행하여 그것으로써 나라가 이익을 얻었다는 사례는 아직 없었다. 전쟁을 함으로써 생기는 폐해를 제대로 알고 있지 못한 자는 반대로 전쟁을 함으로써 얻어지는 참다운 이익이 어떠한 것인지 모르는 자라고 해도 무방할 것이다.

| 해설 | 전쟁이란 자기가 손해를 보고 상처를 입기 위해서 하는 것은 아니다. 결국 아무런 소득도 없는 싸움을 한다는 것은 어리석기 짝이 없다. 충분한 이익이 남는지 어떤지를 미리 생각해 보아야 한다.

싸움을 걸어놓고 이쪽이 손해를 볼 것이라는 계산을 정밀하게 하지 못하는 자는 결과적으로 손에 넣을 수 있는 이익의 셈도 알지 못한다는 이치가 될 것이다. 목적을 잃어버린 전쟁은 전쟁이 아니다.

가끔 형편이니, 불가피한 상황을 앞세우는데 그것은 일종의 핑계에 지나지 않는다. 상당히 치밀하게 전후 사정을 파악한 다음이 아니면 경솔하게 사업을 일으켜서는 안 된다. 도중에 그야말로 이럴 수도 없고 저럴 수도 없게 된다면 아무것도 아니다. 눈앞의 이익만을 생각해도 그것은 마치 이익이란 것에 대하여 눈을 감고 있는 것과 같다는 말이다. 사슴을 쫓는 자가 산을 보지 않는다면 쫓을 수 없을 것이다. 우리 속담 중에 '떡 줄 놈은 생각도 안하는데 김칫국부터 마신다.'는 말을 우습게 생각하면 안 된다. 가령 떡을 얻지 못하더라도 힘껏 준비는 해둘 필요가 있다.

7

군사를 잘 쓰는 자는 역(役)을 재적(再籍)하지 않고, 양식을 세 번 싣지 않는다. 비용은 나라에서 취하고 양식은 적에 의지한다. 그러므로 군식은 족해진다.

|풀이| 군사를 잘 운용하는 자는 전쟁 도중에 같은 군사를 재징집하지 않는다. 만약 재징집한다면 그것은 처음부터 전쟁 계획에 허술한 점이 있음을 나타내는 것이다.

7// 善用兵者는 役不再籍하고 糧不三載라 取用於國하고 因糧於敵이라 故로 軍食可足也라

역부재적(役不再籍):역은 병역, 적은 병적. 병역은 두 번 다시 병적에 오르지 않는다. 즉 전쟁 중에 같은 군사를

국외로 군대를 파병하였을 경우 본국에서 바다를 건너고 먼 국경을 넘어 선편·차편으로 3회 이상 양식을 수송하게 되어서는 안 된다. 용도품이나 병기·탄약류는 반드시 본국에서 수송해야 하지만, 양식은 적지에서 자급자족할 준비가 되어 있어야 한다. 왜냐하면 대량의 보급은 자국민을 먹여야 할 식량을 소모시키는 결과가 되기 때문이다.

자국의 수요를 줄이는 식량 보급은 결코 충분한 것이 될 수 없다. 군의 식량이 풍부하지 않으면 만족한 싸움은 계속되지 않으므로, 그 점에서도 미리 충분한 조사가 필요하다는 말이다.

재징집하지 않는다는 뜻.
양불삼재(糧不三載):국외로 파병시켜서 전쟁을 할 때, 그 군량은 갈 때와 올 때 두 번에 그쳐야지 장기전으로 세 번 이상 수송을 하게 해서는 안 된다는 말.
용(用):무기를 비롯한 군용품.

| 해설 | 이야기가 상당히 구체적으로 전개된 것 같다. 이것을 사업에 견주어 생각해 보면 앞에서 말한 바와 같이 군사는 언제나 새롭고 정예하지 않으면 안 된다. 그러기 위해서 병(兵)을 얻는다는 것은 갱신이므로 좋기는 하나, 동일인을 다시 징집한다는 것은 근본적으로 의미가 성립되지 않는다.

한 번 정리한 직원을 사정이 달라졌다고 하여 다시 채용한다는 것은 무리이다. 하기야 객관적 정세에 따라 그와 같은 사정을 고집할 수 없는 경우도 있겠으나 원칙적으로 '병(兵)은 재적하지 않는다.' 는 말을 잊어서는 안 된다.

'비용은 나라에서 취하고 양식은 적에 의지한다.' 는 것은 기재 시설에 요하는 비용은 자본금으로 충당해도 좋으나, 경비는 그 새로운 사업에서 나오는 수입으로 치르라는 말이다. 또 '양식은 세 번 싣지 않는다.' 는 것은 초기에는 경상비 지출이 자본금에서 나가는 것이 불가피하나 언제까지 그렇게 반복된다면 그 재정은 건전하다고 볼 수 없다.

이 계획은 엄밀하고 정확하게 하여 군식(軍食), 즉 종업원의 급여가 허술해지지 않도록 해야 한다. 약간 억지 해석일지는 모르지만 진리는 상식에 해당되는 법이다.

8

8// 國之貧於師者는 遠輸라 遠輸卽百姓貧이라

나라가 군사로 인하여 가난해짐은 멀리 수송하기 때문이다. 멀리 수송하면 백성이 가난하다.

| 풀이 | 나라에서 파병한 원정군에 대하여 만족한 급여를 지급할 수 없는 것은 나라와 파병지의 거리가 멀기 때문이다. 아주 먼 원정군에게 병기와 양식을 수송하다 보면 나라 전체가 곤궁에 빠진다는 것이다.

| 해설 | 새로 개척을 하려는 일, 또는 공략하려는 사업이 과거의 사업 경험, 입지 조건, 설비, 기타의 점에서 지나치게 특이한 것이라면 모든 이익·급여 등이 뜻대로 되지 않게 마련이다.

'이 일만 성공하면 만사가 해결이 되니까 그때까지만 참자. 곤란하겠지만 피차 조금만 더 기다리자.' 라는 말을 경영자들은 자주 사용하지만 이것은 근본적으로 잘못된 일이

다. 왜냐하면 그것은 그 사람에게 무리가 있기 때문이다. 무리는 여러 사람을 곤경에 빠뜨리는, 그 사업체의 피폐를 뜻한다.

9

군사에 가까운 자는 귀하게 팔린다. 귀하게 팔리면 곧 백성의 재력이 마른다. 재력이 마르면 곧 구역이 급해진다.

｜풀이｜ 전쟁과 밀접한 관계가 있는 물자의 가격은 수급 관계로 높아진다. 가격이 오르는 것은 다시 전체 물가에 영향을 끼치므로 직접 전쟁에 관계가 없는 서민의 호주머니에도 영향이 미친다. 따라서 경제 사정이 나빠지므로 자연히 세금도 뜻대로 부과되지 않아 무리한 징수를 하지 않을 수 없게 되는 것이다.

｜해설｜ 무리를 감행하거나 허술하게 사업하여 드러나는 궁핍한 상황을 설명한 것이다. 전쟁에서는 물가 등귀나 세금 징수라는 형태로 나타나지만, 이것이 사업체일 경우에는 재력의 여유가 없어지기 때문에 상품의 무리한 가격 등귀 또는 품질 저하에 따르는 실질상의 가격 인상으로 나타난다. 이 현상은 반대로 난매 등 부자연스런 환금을 서두르게 된다.

또 무리한 차입을 거듭하여 신용 상태를 저하시키는 수

9// 近於師者는 貴賣라 貴賣則百姓財竭이라 財竭則急於丘役이라

귀매(貴賣):비싸게 파는 것. 즉 물가가 등귀하는 것을 뜻한다.
재갈(財竭):돈이 귀해지거나 없어지는 것.
구역(丘役):당시의 조세 부과 제도였던 정전법(井田法)에 의하여 노동력을 세(稅)로 지출하였던 노역을 말한다.

도 있다. 그리고 부당한 지불 연기, 장기 지급 어음을 발행하게 되며 부자연스런 노동 강화를 감행해야 할 사태까지 일어나게 된다. 이것은 발돋움을 하며 몸의 중심이 비틀거리고 있는 형상이라고 할 수 있는데, 이 조항은 그와 같은 궁핍상을 묘사하고 있다.

10

10// 力屈財殫中原이면 內虛於家이고 百姓之費는 十去其七이라 公家之費는 破車罷馬하고 甲胄弓矢 戟楯矛櫓 丘牛大車는 十去其六이라

중원(中原):자웅을 결정짓는 큰 싸움터.
구우대거(丘牛大車):정전법의 공전(公田)에 비치하는 소로, 전쟁에는 이것을 징발하여 큰 수송차를 끄는 데 이용하였다.

중원에서 힘이 다하고 재력이 다하면 안으로는 집이 비고, 백성의 비용은 7할이 허비된다. 공가의 비용은 차가 파괴되고 말은 피로하며, 갑옷·투구, 활·화살, 갈라진 창과 방패와 세모창과 큰 방패, 구우대거(丘牛大車)는 6할이 허비된다.

| 풀이 | 중원은 자웅을 결정짓는 큰 전쟁터이다. 멀고 먼 전쟁터로 보내는 보급이 여의치 않게 되면 백성의 힘도 기진맥진하여 재원이 궁핍해지고, 웬만한 집안의 곳간은 텅비게 된다. 이리하여 서민의 소득은 전쟁으로 인하여 7할 가까이 없어져버린다. 한편 국가 경제도 소모가 커서 중요한 전차는 파괴되고 말도 지쳐서 병들며, 장비·탄약·무기 등과 수송차, 그리고 이를 끄는 소도 약 6할 정도가 쓸모없이 되어버린다.

| 해설 | 장기 원정전의 궁핍한 상태를 설명한 것으로, 특

히 여기서 주목되는 점은 전대(戰隊)의 피폐도보다는 백성의 곤궁도의 비율이 다소 높다는 점이다. 즉 일반 백성이 먼저 곤경에 빠진다는 사실을 암시하고 있다.

11

그러므로 지혜로운 장수는 힘써 적에게서 먹는다. 적의 1종을 먹는 것은 아군의 20종에 해당하며, 기간 1석은 아군의 20석에 해당된다.

| 풀이 | 지혜로운 장수나 지도자는 가능하면 적지에서 적군의 식량을 활용하는 데 힘쓰는 것이다. 적의 1종을 활용하는 것은 자국에서 수송하는 20종의 분량과 같고 콩깍지나 볏짚 120근은 자국의 2400근에 해당한다.

| 해설 | 이 조항도 실례이므로 별로 해석이 필요치 않을 것이다. 다만 적지에서 조달하는 자급자족은 자국 생산의 20배에 해당하는 것이므로, 지혜로운 지도자는 가능하면 자국이 곤궁에 빠지지 않도록 노력한다는 말이다. 20배라는 숫자의 근거는 없다. 아마도 손자가 실전에서 얻은 경험에 따라 산출한 숫자일 것이다.

　새로운 일을 시작할 경우에 거기서 생기는 이익금으로 그 사업이 경영된다면 경상이익이나 자본금에 손을 대어 그 사업을 운영하는 것에 비하여 20배의 경제력과 같다는 것

11// 故로 智將務食於敵이라 食敵一鐘은 當吾二十鐘이라 萁稈一石은 當吾二十石이라

종(鐘):양(量)의 단위로 1종은 6석 4두.
기간(萁稈):기는 콩깍지, 간은 벼나 보리짚. 즉 짐승의 먹이를 말하는 것.
석(石):근량(斤量)의 단위로 1석은 120근. 마량(馬糧)의 양이다.

이다.

 이제까지의 실례적인 숫자를 해석하는 데 있어서도 제1장 시계편의 '무릇 이 다섯은…… 장수가 듣지 않음이 없다…… 이를 아는 자는 승리하고…….'에서 병법의 기본이 되는 진수를 익히고 읽으면 충분히 배울 점이 있고 활용할 길이 있다고 생각한다.

〔예화〕 **식량은 상대편에게서 탈취하여 쓰라.**
지혜로운 장수는 힘써 적에게서 먹는다. 적의 1종을 먹는 것은 아군의 20종에 해당한다〔智將 務食於敵 食敵一鍾 當吾二十鍾〕.

〔예화-줄거리〕 한 무제(漢武帝)의 원정(元鼎) 4년에 남월(南越)에서 반란 기세가 보였다. 무제는 장삼(莊參)에게 군사 2000명을 주어 남월을 토벌시키려고 하였다. 그러나 장삼은 2000명의 병력으로는 아무것도 할 수 없다고 하며 사퇴해 버렸다. 그러자 겹현(郟縣)의 장사인 한천추(韓千秋)가 자진하고 나서서 말하였다.

 "그렇게 조그만 나라는 용사 200명이면 충분합니다. 소신이 정복하고 오겠습니다."

 무제는 기뻐하며 한천추에게 명하여 군사 2000명을 데리고 남월의 국경을 넘게 하였다. 남월로 들어선 천추의 군사는 몇 군데 작은 마을을 격파하자 의기양양해졌다.

 남월의 장수 여가(呂嘉)는 일부러 길을 내주고 양식 보급도 방해하지 않으며 한천추의 군을 유인했다. 원정군으로서는 식량 보급이 가장 머리를 썩히는 일이다. 이미 휴대 식량은 다 떨어지고 대규모의 보급부대도 없이 진격해 온 한천추의 군은 계략인 줄도 모르고 신이 나서 양식을 보급하면서 전진하였다. 그런데 남월의 수도 번우(番禺)까지 40리밖에 남지 않은 지점에서 갑자기 여가의 군에게 포위 공격을 받아 전멸되고 말았다. 양식 보급에만 마음을 쓰느라고 전투 준비를 허술하게 하였던 것이다. 여가는 '적에게서 탈취하여 먹으라.'는 〈손자〉의 병법을 역이용한 것이다.

이 소식을 들은 무제는 크게 노하여 원정 5년에 근위사령관인 노박덕(路博德)을 복파(伏波) 장군에 임명하고, 열후(列侯)의 봉작을 맡고 있는 상훈국에 딸린 무관 양복(揚僕)을 누선(樓船) 장군에 임명하여 죄인 및 강회(江淮) 이남에 속한 해군을 합하여 10만 명을 이끌고 남월을 토벌하라고 명하였다.

원정 6년 겨울에 누선 장군은 정예병을 이끌고 공격을 개시하였다. 누선 장군의 공격은 날카로워 심협(尋陜)을 함락시키고 이어서 석문(石門)을 격파한 후 수많은 남월의 배와 식량을 획득하였다. 이 식량의 획득으로 누선 장군의 부대는 보급 문제를 거의 해결할 수 있었다. 따라서 병사들은 배가 터지도록 먹고 원기백배, 힘차게 전진하여 남월군의 예봉을 꺾고 약속한 지점에서 복파 장군의 부대를 기다렸다. 그 병력은 수만 명을 남기고 있었다.

복파 장군은 죄수부대를 인솔하고 전진하였으나, 양식 보급이 시원치 않아 고생을 거듭하다가 약속 기일에 늦고 말았다.

누선 장군의 부대와 합류하였을 때는 1000여 명의 병력밖에 남지 않았다. 두 부대는 군사를 합쳐 전진하였으나 배부르게 먹고 충분히 휴식한 누선 장군 부대의 행군이 빨라 한걸음 앞서 번우에 도착하였다.

번우에서는 여가의 군이 성에 의지하여 방비를 굳히고 있었다. 먼저 번우에 도착한 누선 장군은 공격하기 좋은 동남쪽에 진을 쳤으며, 늦게 도착한 복파 장군은 서북쪽에 진을 치고 교전을 기다렸다.

잠시 후 날이 저물자, 누선 장군은 맹공을 가하여 남월의 전위 부대를 격파하고 불을 질러서 성을 태웠다. 성의 서북쪽에 진을 치고 있던 복파 장군의 군은 병력이 겨우 1000여 명으로 극히 허술하였으나, 이미 남월까지 복파 장군의 용명이 선전되어 있는데다 날이 어두운 덕택으로 적은 병력이 탄로가 나지 않았기 때문에, 성 안의 여가의 군도 복파 장군의 진을 공격하지 않고 누선 장군의 군하고만 교전하였다.

누선 장군은 더욱더 역공을 하여 적을 불태웠으므로, 성 안의 적은 그날 새벽에 모두 항복하였다. 또 탈주하였던 여가도 복파 장군의 부대에게 잡혔다.

이렇게 하여 남월은 평정되었으나 그 공으로 복파 장군은 급료가 증액되었을 뿐이고, 누선 장군은 장양후(將梁侯)에 임명되었다. 이 논공행상의 차이는 결코 누선 장군이 뛰어나고 복파 장군이 못하였기 때문이 아니다. 단지 누선 장군은 심협·석문을 격파하고 뜻밖의 대량의 양식을 손에 넣게 되었기 때문에 보급 문제를 해결한 데 있었고, 복파 장군은 보급에 애를 먹었다는 점에 있는 것이다.

12

12// 故로 殺敵者는 怒也라 取敵之利者는 貨也라

그러므로 적을 죽이는 것은 노여움이다. 적의 이(利)를 취하는 것은 재물이다.

| 풀이 | 싸움에서 재산이 차지하는 비중은 크다. 적을 살상

작전편 • 61

하는 전투 행위는 분노만으로도 상당한 성과를 올릴 수 있지만, 적의 이(利)를 역이용한다는 것은 그 전부가 이쪽의 이익이 된다는 뜻이다.

| 해설 | 아무런 이유도 없는 것에 까다로운 억지 이유를 붙이거나 터무니없는 허위를 조작하여 역선전을 하기도 한다. 또한 온갖 수단을 써서 아군의 화를 돋우는 방법이나 사소한 적의 실수를 2배, 3배로 과장하여 알리는 것 등은 국지적인 전투에서 승리를 얻을 수가 있을 것이다. 그러나 보다 중요한 것은 적의 자재·시설·재화를 빼앗아 역이용해야 한다는 말이다.

이 조항의 뜻을 두목(杜牧)이란 사람은 말하기를, "만인이면 만인이 다 같은 마음이 되어 똑같이 화를 낼 수는 없는 일로, 이쪽에서 책략을 써서 화를 돋우고 그 기세로 이끌어가는 것이다. 제나라의 장군 전단(田單)이 즉묵(卽墨)의 성을 지키고 있을 때, 적국인 연나라 사람을 충동질하여, 적에게 항복한 아군의 병사를 성 앞으로 끌어내게 하고 성병(城兵)들에게 보라는 듯 코를 자르고 매질을 하여 사체를 묻은 묘혈을 많이 파게 하였다는 것은 그 좋은 실례이다."라고 하였다.

이렇게 조작된 분노라도 충분히 적을 무찌를 힘이 될 수 있다.

그렇지만 그보다도 앞의 조항에서 말한 20배의 효용가치를 더 높일 수 있는 적의 물자를 빼앗아 활용하는 편이 손쉽다. 거기에 대한 방법이 다음 조항에서 설명된다.

[예화] 격한 노여움이 없으면 적을 죽이지 못한다.
적을 죽이는 것은 노여움이다[殺敵者怒也].

[예화-줄거리] 후한(後漢) 때의 사신 반초(班超)는 36명의 일행과 함께 넓은 사막을 지나 선선(鄯善)으로 갔다. 빈약한 숙사(宿舍)에 자리를 잡은 일행은 여독을 풀기 위하여 조그만 연회를 열고 술을 마셨다. 마시고 취하고 하는 동안에 누란(樓蘭)의 예를 잃은 대우에 화가 나기 시작하자, "나는 후한의 사신이다. 이와 같은 냉대가 어디 있단 말이냐." 하고 분에 차 있었다.

잠시 노여움을 반추하고 있는 동안에 그것이 점차 북받치더니 마침내 절정에 달하여 폭발하였다.

"지금 우리는 멀고 먼 변경에 있다. 이것은 오로지 큰 공을 세워 부귀를 얻기 위해서다. 그러나 이곳에 온 지 수일이 지났는데 누란의 왕은 예로 영접하려고 하지 않는다. 이것은 누란의 왕에게 적의가 있기 때문이다. 만약 우리들을 잡아 흉노에게라도 보내게 되면 우리들의 해골은 이 변경에 버려져 오랫동안 짐승의 밥이 될 것이다."

반초가 이렇게 말하자 모두들 한결같이 말하였다.

"지금 우리는 위급 존망의 땅에 있습니다. 이렇게 되면 죽으나 사나 명령에 따를 수밖에 없습니다."

이에 반초가 말하였다.

"호랑이 굴에 들어가지 않으면 호랑이 새끼를 얻을 수 없다. 어디 죽든 살든 한 번 해보자. 어둠을 틈타서 불을 지른 후 적을 공격한다. 그래서 적에게 이쪽 병력을 눈치채지 못하게 하면 적은 크게 당황할 것이다. 그렇게만 되면 섬멸할 수 있다. 여기 있는 적을 멸망시키면 큰 공이 된다."

밤중에 반초는 일행을 이끌고 적의 군영으로 갔다. 마침 큰 바람이 불고 있었다. 반초는 10명에게 큰 북을 주고 영사 뒤쪽에 매복시키며 말하였다.

"불길이 오르거든 곧 북을 울리고 큰 소리를 치도록."

그리고 다른 사람들에게는 대궁(大弓)을 가지고 문 양쪽에 은신하도록 하였다. 이어 반초는 바람을 이용하여 불을 질렀다. 불길이 오름과 동시에 북이 울리고 함성이 일어났다. 적병은 놀라서 우왕좌왕하다가 전부 타죽고 말았다. 이렇게 하여 반초는 누란을 정복하고 한나라에 복속시켰던 것이다.

이것은 전 생애를 통하여 서역 경영에 애를 쓰고, 타카라만 사막 주변 오아시스 국가를 차례차례 정복하여 한나라에 복속시킨 반초의 계략이었는지도 모른다. 그러나 단 36명으로 누란의 군사를 죽이기에는 격한 노여움이 필요했을 것은 틀림없다.

13

차전에서 적의 전차 10승 이상을 얻으면 그 먼저 얻은 자를 상주고, 그 정기를 바꾸어 달고 전차를 섞어 타게 하며, 졸은 좋게 대우한다. 이것을 일러 적에게 이기고 강함을 더한다고 하는 것이다.

13// 車戰得車十乘以上이면 賞其先得者하고 而更其旌旗하고 車雜而乘之하며 卒善而養之라 是謂勝敵而益强이라

| 풀이 | 전차전에서 적의 전차 10대 이상을 노획하였을 때는 누구보다도 먼저 노획한 공로자에게 상을 주어 모두를 격려한다. 그리고 전차에 달린 적의 기를 아군의 것으로 바꾸어 단다. 이렇게 하여 외관을 아군의 것과 동일하게 한 다

음에는 아군의 전차대에 편입시킨다. 그리고 그 전차에는 아군을 태운다. 전차에 타고 있던 적병은 좋게 대우하여 아군으로 만들어버린다. 이것이야말로 승리를 얻는 것일 뿐만 아니라, 이로 인하여 아군을 보강시키는 이중 승리를 취하게 되는 것이다.

| 해설 | 적의 이(利)를 취하는 구체적인 한 보기이다. 여기서는 물자를 역이용하는 것뿐만 아니라, 사람의 역이용도 설명하고 있다.

졸(卒)은 가장 계급이 낮은 병졸로 때로는 직접 싸우지 않는 현장의 노무자를 가리킨다. 이러한 병졸들을 잘 대우해 주어 자기편으로 만들고 적의 힘을 감퇴시키면 그만큼 아군의 세력은 강해지기 때문에 이중 효과를 얻을 수 있다는 것이다.

그리고 전장 심리라고나 할까, 적을 죽이는 1대 1의 전투, 한걸음 빗나가면 이쪽이 생명을 잃게 되는 위험을 부채질한다는 점에도 귀를 기울일 만한 내용이 있다.

한편, 약탈을 장려하고 있는 것은 당시 싸움의 관습인 듯 다소 이해가 가지 않는 점도 있으나, 이 관습은 전쟁의 불문율로 현대전에도 충분히 남아 있어서 평화 때의 질서는 뿌리째 뽑혀 버리고 전혀 이질적인 행동이 횡행하는 것을 일컫는 듯하다.

이 점만은 아무리 생각해 보아도 현대 산업전에는 그대로 적용될 수 없는 이론이다.

그러나 무모한 강도적 태도가 아니라 좀더 본질적인 적의 힘을 이쪽으로 끌어들여 이용하는 수단은 충분히 연구할 필요가 있다고 생각한다.

14

그러므로 군사를 아는 장수는 백성의 사령이요, 국가 안위의 주인이다.

14// 故로 知兵將은 民之司令이요 國家安危之主也라

| 풀이 | 싸움이란 것을 알고 이해하는 장수는 백성의 생사나 국가의 안위를 한 손에 쥐고 있다고 해도 지나친 말이 아니다.

| 해설 | 이 조항에서는 통솔자나 주재자의 책임의 중대함을 설명하고 있다. 경영자는 사업 경영의 본질이란 것에 투철하지 않으면 안 되고, 사소한 손실과 이익에도 그것이 경영 실체에 얼마만큼 관련이 있는지 없는지를 판단하여, 언제나 대국을 잘못 보지 않도록 해야 한다. 종업원의 생사를 한 손에 쥐고 있고, 사업체가 성하느냐 쇠하느냐 하는 것도 모두 그 사람에게 달려 있다는 뜻이다.

반복되는 이야기이지만 병법의 근본 뜻을 뼛속 깊이 새기고, 정확한 판단과 운영에 주의를 기울이지 않으면 안 된다. 이러한 여러 가지 태도나 방법은 이쪽의 무기가 됨과 동시에 언제나 상대방에게도 같은 효력을 나타내는 것이다.

모공편(謀攻篇)

- 상대의 의도를 알아채라

모공은 모계(謀計)로써 적을 굴복시킨다는 뜻이다. 이를테면 외교전이다. 여기서는 전쟁은 전투를 하지 않고 적국을 굴복시키는 것이 가장 좋은 방법이라는 점을 강조하고 있다. 그리고 무력전의 승산은 적을 알고 자기를 아는 일이다. 이렇게 되면 백 번 싸워 백 번 이길 수가 있다는 것이다.

1// 孫子曰 凡用兵之法은 全國爲上하고 破國次之라 全軍爲上하고 破軍次之라 全旅爲上하고 破旅次之라 全卒爲上하고 破卒次之라 全伍爲上하고 破伍次之라

전국위상(全國爲上):전은 온전, 국은 적국, 즉 적국에 손상을 입히지 않고 온전한 채로 굴복시키는 것이 상책이라는 뜻.
군(軍):여(旅)·졸(卒)·오(伍)는 모두 적군을 말하는 것. 손자 시대의 병제로는 병사 1만 2500명을 군이라 하고, 여는 군을 5등분한 2500명, 졸은 100명, 오는 5명을 말한다.

1

무릇 군사를 쓰는 법으로는 나라를 온전하게 함을 상(上)으로 하고, 나라를 파하는 것은 그 다음이다. 군사를 온전하게 함을 상으로 하고, 군사를 파하는 것은 그 다음이다. 여를 온전하게 함을 상으로 하고, 여를 파하는 것은 그 다음이다. 졸을 온전하게 함을 상으로 하고, 졸을 파하는 것은 그 다음이다. 오를 온전하게 함을 상으로 하고, 오를 파하는 것은 그 다음이다.

| 풀이 | 전쟁에 있어서 최선의 방책은 상대국을 멸망시키는 것이 아니라, 그대로 존속시켜서 이쪽의 지배하에 두는 것이다. 상대국을 쳐부수어 재기 불능케 하는 것은 불가피할 경우에 쓰는 차선책이다.

같은 방법은 실전에 들어갔을 경우에도 해당된다. 군이 상대라면 그 집단 병력을 고스란히 아군으로 만드는 것이 최상책이다. 이를 격멸시키는 것은 그 최상책이 도저히 이루어지지 않을 경우에 쓰는 수단이다. 여·졸·오·등 세 부조직에 대해서도 마찬가지이다.

| 해설 | 상대의 숨통을 완전히 끊어서 붕괴시켜 버리고자 하였을 때, 그것을 성취할 때까지 힘의 소모는 그만큼 크기 때문에 이쪽도 온전하지는 못하게 된다. 될 수만 있다면 쌍방이 손상을 입지 않고 나라든 군이든 오(伍)에 이르기까지 그 규모에 따라 이쪽 지배하에 두도록 노력하는 것이 가장

좋은 방책이다.

  끝까지 철저하게 때려 부순다는 것은 한때의 기세로 무심코 해치워버리고 싶은 심정을 뜻하는 것이지만, 최고의 전투 방법은 싸우지 않고 목적을 달성하는 것이다. 그러나 그것이 불가피할 경우에는 차선책으로 상대를 쳐부수도록 한다. 이 점을 그냥 보아 넘겨서는 안 되겠다.

  이 이론을 생산품에 비유시켜 보자. 우수한 생산품으로 현재에도 상당한 성과가 있으나 시대의 기호에 뒤지는 점이 발견되었을 경우, 이것을 모두 폐기하고 전혀 다른 새 상품을 만들어내는 것보다는 시대에 맞는 것들을 조사·연구하여 어떠한 점이 시대성에 맞는지 그 특징을 찾아서 재래의 제품에 응용하는 것이 최선책이다. 그러나 그 방법으로는 경쟁이 심해 채산이 맞지 않는다면 부득이 새로운 것으로 전환한다는 차선책을 생각해도 좋을 것이다.

  쟁탈전을 연출하지 않으면 안 될 호적수와 공방전을 개시할 경우에 그 공략 방법으로서 이 이론을 적용하는 구체적인 방법은 자세히 설명할 필요가 없을 것이다. 군·여 이하의 조직 구성을 상대방의 실정에 적용해 보면 좋다. 여러 가지 응용이 있겠으나 이론적으로 이질적인 것을 말의 느낌만으로 경솔하게 해석해 버리는 것은 피해야 한다.

2

그러므로 백전백승은 선의 선이 아니다. 싸움을 하지 않   2// 是故로 百戰百勝은

非善之善者也 不戰而
屈人之兵이 善之善者也
라

고 남의 군대를 굴복시키는 것이 선의 선이다.

| 풀이 | 백전백승(百戰百勝)이란 누구나가 다 만만세를 외치는 일이다. 하지만 그렇다고 최상의 승리 방법은 아니다. 한 방의 대포도 쏘지 않고 상대를 굴복시키는 방법이 훨씬 만만세를 외칠 만한 승리인 것이다.

| 해설 | 이겼다 하고 기뻐하는 것은 실로 진정한 승리라고 볼 수 없다. 군대를 교전시키지 않고 상대방을 자기편으로 만들어버리는 것이 진정한 승리라는 뜻이다.

상대를 진정으로 자기편을 만들어버리는 것은 국부적인 것이 아니라 전체의 밑바닥에 있는 진수이며, 국부적인 부분에 대해서도 모방이 아니라 그 진가에 의하여 오는 것을 잡아서 활용하는 것이라야 한다. 속담에 '장마다 꼴뚜기가 있는 것은 아니다.' 라는 말이 있는데, 문제는 장마다 꼴뚜기가 있고 없는 것이 아니라 왜 장에는 꼴뚜기가 있는가, 하는 것이다. 그것이 꼴뚜기를 찾는 가장 중요한 선의 선이 아닌가 한다.

3// 故로 上兵은 伐謀하고 其次伐交하고 其次伐兵이라

3

그러므로 상병은 꾀를 치고, 그 다음에는 사귐을 치고, 그 다음에는 군사를 친다.

| 풀이 | 용병술에서 최상의 방법은 적의 계략을 간파하고 그것을 쳐부수는 것이다. 그 다음에는 상대를 고립시키기 위하여 적의 친교국으로 하여금 관계를 끊도록 이간책을 쓰는 것이다. 그리고 비로소 적의 군대를 치는 공략전으로 돌입하는 것이 순서가 된다.

상병(上兵):최상의 전쟁 방법.

| 해설 | 싸우지만 손에 피를 묻히지 않으려면 상대의 전략을 탐지하는 것이 첫째다. 속의 속까지 꿰뚫어 보아야 한다. 소극적인 전법 같으나 이것이 적극적인 최상의 전법이다. 다시 말하면 기선을 잡는 것이다.

상대의 배후 세력을 앞질러서 눌러버리는 일이 중요하다. 다음에는 원조하는 힘의 근원을 끊어버린다. 상대가 완전히 고립무원의 상태에 빠진다는 것은 곧 전투력을 상실하는 큰 타격이 될 것이다. 경제적 · 물질적인 원조도 그렇지만 심리적인 고립감이나 불안감 등은 실로 큰 작용을 할 것이다.

그 후의 제3단계가 비로소 군대를 동원하여 공격하는 것이다. 군대를 동원할 때까지는 2단계의 목적이 충분히 달성되어 이젠 무슨 일이 있어도 좋다는 각오가 서 있어야 한다. 그만큼의 노력을 한 뒤가 아니면 쉽게 군대를 움직여서는 안 된다. 이것은 그대로 경영에도 적용된다.

4// 其下攻城인데 攻城之法은 爲不得已라 修櫓轒轀하고 具器械가 三月而後成이라 距闉又三月而後已라 將不勝其忿하고 而蟻附之하여 殺士卒三分之一하고도 而城不拔者면 此攻之災也라

노(櫓):큰 방패.
분온(轒轀):성을 공격하는 병거(兵車)로서 오늘날의 사다리차·크레인과 같은 것.
거인(距闉):거인(巨闉)이라고도 쓰는데, 흙을 쌓아 올려서 성벽에 올라갈 수 있도록 고속도로와 같은 길을 만드는 것.
의부(蟻附):개미떼처럼 기어오르는 것.

4

그 하(下)는 성을 치는 것인데 성을 치는 법은 불가피하기 때문이다. 노와 분온을 수리하고 기계를 비치함이 3개월 후에 이루어진다. 거인 또한 3개월 후에 그친다. 장수가 분노를 이기지 못하고 이에 의부하여 사졸 3분의 1을 죽이고도 성을 함락하지 못하면 이는 공략의 재앙이다.

| 풀이 | 하책(下策)은 성을 공격하는 전투에서 더 이상 어찌할 수 없을 때 쓰는 공격법이다. 성을 공격하는 전투에 쓰기 위하여 분온의 정비나 개수, 기타 기계·도구류의 준비만 해도 3, 4개월은 걸린다.

성벽에 진입하기 위한 길을 만드는 것만 하더라도 적의 바로 앞에서 하는 방대한 토목공사이므로 그 완성에도 또 3, 4개월은 걸린다. 물론 상대가 대비하고 있는 곳을 공격하는 것이므로 저항도 상당히 강할 것이다. 이에 좀이 쑤셔 성벽으로 개미떼같이 군사들을 돌진시켜서 공격하려면 병력의 3분의 1 정도는 손실을 입을 각오가 필요하다. 이만큼의 희생을 치러도 성을 함락시키지 못한다면 말이 아니다. 이 역시 성을 공격하는 전투에서는 공격군으로서 조건이 나쁘기 때문에 하책인 것이다.

| 해설 | 성이란 수비 태세가 완벽하다고 보아야 한다. 공성(攻城)이란 공격으로서는 가장 불리한 조건인데 도저히 어떻게도 할 수 없는 불가피한 경우에만 쓰는 방법이다. 성

을 공격하려면 만전의 태세와 특수한 도구를 준비해야 하며, 그것을 준비하는 데 드는 비용이 필요하다. 특히 준비에 걸리는 시간은 군사를 오랫동안 전쟁터에 머무르게 해서는 안 된다는 원칙에 위배되는 점이다.

더욱이 참다못해 육탄의 투입 작전이라도 쓰게 된다면 어마어마한 희생이 강요되는데 어느 쪽으로 보나 불리한 전법이다.

이 공성전을 우책(愚策)이라고 생각하는 점에서 배울 수 있는 것은, 견고한 방비 태세가 되어 있는 상대에게 싸움을 건다는 것은 손해라는 점이다. 싸움이 장기화되는 것은 무엇보다도 금물이다. 특히 물량작전이나 장기전은 극히 부득이할 경우가 아니면 피하는 것이 유리하다.

그렇다고 전쟁은 반드시 편하게 싸우는 것만이 아니다. 손자 시대에는 그야말로 한순간의 방심도 허용하지 않는 배후의 여러 세력이 득실거리고 있었기 때문에 이 점이 강조되고 있다는 것을 참고할 필요가 있다.

그러나 피할 수만 있다면 피하는 것이 유리하다는 것은 유명한 전술가 클라우제비츠도 말하고 있다.

"요새중략전이란 전국(戰局) 전체의 승부가 어느 쪽으로 기우느냐 하는 막다른 골목에 다다랐을 시기에는 공격하는 측에 불리하여 그 위기를 더하게 할 위험이 있다. 요새 공격만큼 병력을 소모하는 것은 없다……."

5// 故로 善用兵者는 屈人之兵하되 而非戰也라 拔人之城하되 而非攻也라 毁人之國하되 而非久也라 必以全爭於天下라 故로 兵不頓而利可全이라 此謀攻之法也라

5

그러므로 군사를 바르게 쓰는 자는 적의 군사를 격파하되 싸우는 것이 아니다. 적의 성을 함락시키되 공격하는 것이 아니다. 적국을 격파하되 지구전은 하지 않는다. 반드시 온전함으로써 천하를 다투기 때문에 군사를 둔하게 하지 않고 이익을 온전케 하는 것이다. 이것이 모공법이다.

|풀이| 그러므로 전쟁을 잘하는 자는 상대의 전력을 격파시키지만 실전은 하지 않는다. 부득이 공성전을 할 필요가 있더라도 정면에서 수법대로의 공성전은 하지 않는다. 상대국을 여지없이 때려 부수어도 장기전으로 끌지 않는다. 필연적으로 서로 손상을 입지 않도록 천하를 다투는 것이다. 이것이야말로 진정한 지능전이라고 할 수 있다.

|해설| 싸움이란 요컨대 지능전이 최고이다. 조우전(遭遇戰)이나 요새전은 최후의 수단이라는 것이다. 싸우려는 기세를 보이면서도 싸우지 않고, 공격하려는 기세를 보이면서도 공격하지 않는다. 이것이야말로 고등전술 중의 고등전술이다.

6// 故로 用兵之法은 十則圍之고 五則攻之며 倍則分之고 敵則能戰之

6

그러므로 용병법은 10이면 곧 이를 포위하고, 5이면 곧 이를 공격하며, 두 배일 때는 곧 이를 나누고, 필적하면 곧

능히 이와 싸우며, 적으면 곧 능히 이를 지키고 그렇지 않으면 곧 능히 이를 피한다. 그러므로 소적이 굳게 지키면 대적이 사로잡히게 된다.

며 少則能逃之고 不若則能避之라 故小敵之堅이면 大敵之擒也라

| 풀이 | 마침내 실전이 전개되었을 때의 용병법(用兵法)은 아군의 병력이 적의 10배가 된다는 것을 알았을 때는 전면 포위작전을 취하는 것이 좋고, 약 5배 정도라면 정면공격을 해도 좋다.

다음에 배면 나누고…… 란 대목은 두 가지 해석이 따른다. 적과 같은 수의 병력을 정면에 배치하고 나머지 병력으로 우회작전을 취하여 협공한다는 뜻인데, 주세력을 둘로 나누는 공격법을 취한다는 것이다.

다음에 필적하면…… 이란 대등하다는 것으로, 이럴 때는 전력을 다하여 힘껏 싸운다. 만약 이쪽 병력이 적다고 볼 때는 일단 공격을 중지하고 방어전에 역점을 두고 시간을 버는 방법을 취하는 것이 좋다.

불약(不若)이란 힘이 부족함을 느꼈을 때라는 뜻으로, 도저히 승산이 없다고 판단되면 교묘하게 몸을 돌려서 절대로 충돌하지 않도록 해야 한다. 이러한 경우에는 병력을 굳혀서 방어전을 하려고 하면 그야말로 적의 계략에 빠져서 중과부적으로 생포되고 말 것이다.

| 해설 | 싸울 때마다 상대의 병력과 이쪽 병력의 차이를 자세하게 검토하고 비교해 보아 그 균형에 따라 쓰는 전법

도 각각 달라진다는 것을 설명하고 있다.

　포위 섬멸전은 10배 이상의 병력이 있어야 비로소 가능한 것이고, 정공법으로 승리하려면 5배의 병력일 때 시도하는 것이 상당히 이치에 맞는 방법이라고 생각된다. 서로가 대등한 힘일 때는 보통 공격 방법으로 확실한 승리를 기대하기 어렵다. 단순하게 생각하면 상대편보다 다소라도 강하면 그것으로 승리할 것이라고 판단하기 쉬운데, 결코 그렇지가 않다.

　적의 2배 세력이 있어도 1대 2가 되는 것이 아니다. 상대의 주력 방향을 둘로 나누고 1대 2의 관계를 두 개 합쳐서 2대 4의 형태로 하지 않으면 안 된다. 힘을 나누면 2분의 1씩이 되는 것이 아니라 더 약해진다. 그때 비로소 승산이 생기는 것이다.

　필적할 때는 능히 이와 싸우고…… 라는 말은 그 다음에 나오는 '능히 지키고', '능히 피한다' 는 능(能)과 같이 전력을 다한 역전(力戰)을 말하는 것으로, 가능한 범위에서 최선을 다한다는 의미를 가지고 있는 듯하다. 혹은 비슷한 승부라면 승패 같은 것은 논할 여지가 없다. 오직 무작정 벌이는 혈전이란 뜻일지도 모른다.

　이와 같은 의미의 능이므로 이쪽 병력이 적을 경우는 모든 능력을 다하여 오직 삼십육계 도망치는 것으로 해석해야 하고, 승산이 없을 때는 적의 눈에 띄지 않도록 하는 것이 최선을 다하는 셈이 된다. 서투르게 결속을 굳게 하여 방루에서 버티면 대적(大敵)의 포로가 될 뿐이라는 것이다.

이 조항의 병력 10배니 5배니 하는 비교 기준을 그대로 사업에 해당시킨다는 것은 도저히 불가능한 일이다. 배율의 비교가 어떻든 보통 생각하는 숫자보다 훨씬 큰 실력의 차이가 아니면 절대로 확실한 승산은 없다는 것이다.

7

무릇 장수는 나라의 보(輔)이다. 보가 주도하면 나라는 반드시 강하고, 보에 틈이 생기면 나라는 반드시 약하다.

7// 夫將者 國之輔也라 輔周則國必强이고 輔隙則國必弱이라

| 풀이 | 보(輔)란 수레바퀴의 양쪽 차축을 버티는 덧방나무이다. 여기서는 나라를 차체(車體)로 비유하여 군주를 차축, 군을 수레바퀴, 장을 보로 비유하고 있다.

장이란 나라로 보면 차의 덧방나무와 같은 것이다. 그래서 덧방나무가 완전하여 차축에 적합하면 반드시 나라는 강할 것이다.

이 말은 지휘관과 군주 사이의 호흡이 일치되어 있으면 군(軍)인 수레바퀴가 원활하게 움직인다는 뜻이다.

또 보와 차축 사이에 틈이 생겨서 맞물림이 덜컹거리면 그 차, 즉 나라는 반드시 약하다. 병력의 수레바퀴가 원활하게 회전하지 않기 때문이다.

| 해설 | 여기서는 사업주와 경영 당사자의 관계에 대한 설명이라고 보아도 좋다. 간부들간의 호흡, 특히 사업주와 총

지휘자에 해당하는 사람 사이의 호흡이 맞지 않으면 톱니바퀴의 이가 맞지 않듯 사업 전체가 순조롭게 작동되지 않는다. 덜컹거리는 차와 같다는 말이다.

8

8// 故로 軍之以患於君者三이라 不知軍之不可以進하고 而謂之進하고 不知軍之不可以退하고 而謂之退라 是謂縻軍이라

그러므로 군주가 군에 대하여 근심을 끼치는 일이 셋 있다. 군이 나아가서는 안 됨을 알지 못한 채 진격을 명하고, 군이 물러서서는 안 됨을 알지 못하고 퇴각을 명한다. 이를 일러 군을 속박한다고 한다.

| 풀이 | 군주와 군의 관계에 있어서 군주의 마음가짐에 따라 군의 행동에 방해가 되는 것이 셋 있다. 당연히 진격해서는 안 될 경우에 진격을 명령하거나, 무슨 일이 있어도 한걸음도 물러서서는 안 될 경우에 퇴각을 요구하는 것이다. 이는 군의 고삐를 매어 행동을 자유롭지 못하게 속박하는 것과 같다.

| 해설 | 사장이나 총지배인, 공장장·영업부장들 사이에 의견의 불일치가 있으면 사업에서 방해가 되는 것이 세 가지가 있다. 현장 관계의 실정과 평상시에 간섭하지 않던 경영자 사이에서 가끔 벌어지는 일이다. 정세나 사내 사정으로 보아 적극적으로 일을 할 시기가 아닌데도 주주총회에 제시할 자료를 꾸미기 위해서라든가, 경제 정세의 사실 요

인, 기타 인적관계 때문에 사업 범위의 확장이나 숫자의 팽창을 꾀하는 요구가 제시되는 수가 있는 법이다.

또 사업이 궤도에 올라 있고 이에 따라 적극적으로 기반을 굳히기 위한 증원·확장·증산 등이 필요할 시기에, 이유 없는 불안감 혹은 정견(定見)이 없는 제3자의 견제에 솔깃해져서 좌절하는 지시를 내리는 수도 있는 것을 말한다.

9

삼군의 일을 모르고 삼군의 정사를 같이하면, 곧 군사는 망설이게 된다. 삼군의 권을 모르고 삼군의 소임을 같이하면 곧 군사는 의심한다.

9// 不知三軍之事하고 而同三軍之政者면 則軍士惑矣라 不知三軍之權하고 而同三軍之任하면 則軍士疑矣라

| 풀이 | 이 조항은 삼환(三患)의 제2에 해당하는 것이다. 군정 기구나 명령 계통을 무시하고 멋대로 간섭을 하거나 명령을 내리는 일이 있으면 정령(政令)이 두 갈래로 나뉘어져 큰 혼란을 빚게 된다. 전쟁이란 것은 때에 응하고 기에 응하여 계속 움직이고 있는 것인데, 그러한 움직임에 어두운 부서에서 실정에 맞지 않는 지시를 내리거나 방침이 전달된다면 현지군에서는 어떻게 해야 좋을지 모르게 된다. 이것은 실로 난처한 일인 것이다.

삼군(三軍):당시 중국의 군사 편성으로 상군·중군·하군의 삼군을 말하는 것. 한 군의 수를 1만 2500명으로 하였다.
동(同):간섭한다는 뜻.
삼군지정(三軍之政):군사 행정.
권(權):앞에서도 나왔지만, 권변(權變)이라 하여 임기응변의 대책을 세우는 것.

| 해설 | 여기서 손자가 말하고자 한 것은 사업 수행을 담당하고 있는 현장 기관과 최고 수뇌부 사이에서 자주 발생

되는 사건이다. 사실 현장 사람들은 현장에 익숙해져 있으므로 자칫하면 고등 정책의 판단에서 나온 혁신적인 개혁에도 좀처럼 동화하려 들지 않기 때문에 자신도 모르는 사이에 불평을 토로한다. 반항이 불가능하다는 것을 알고 있으면서도 늘어놓는 불만은 일종의 고집이겠으나, 이것은 의사전달이 부정확한 데서 생기는 것인 만큼 지금 설명하고자 하는 것과는 다르다. 절대로 혼동해서는 안 된다. 문제가 되는 것은 명령 계통의 혼란과 실정에 맞는 정확한 인식이다. 요컨대 기구의 문제점이다. 그리고 한 번 수립된 기구가 어디까지나 존중되지 않으면 중요한 지도적 지위에 있는 자는 들떠버리고 만다.

10

10// 三軍旣惑且疑면 則諸侯之難至矣라 是謂 亂軍引勝이라

인승(引勝): 인승이란 '적에게 승리를 초래하게 된다.'의 뜻과 '이쪽이 승리를 이끌거나 장기화시킨다.'고 해석하는 수도 있으나, 아무튼 피아의 승패에 작용한다는 뜻이다.

삼군이 이미 갈피를 잡지 못하고 의심하면 곧 제후의 난이 이르게 된다. 이를 일러 군을 어지럽게 하여 승리를 늦춘다고 한다.

| 풀이 | 군의 조직 내에 한 번 의혹이 생기면 호기 도래라고, 제3자인 복배(腹背)의 외적이 엄습해 들어오게 될 것이다. 이것은 군을 혼란시키고 약화시켜 승패에 큰 영향을 미치는 것이다.

| 해설 | 부국(部局)의 지도자가 들떠버려 다른 두 개의 방

책이 엇갈리면 전체에 중심이 없어지게 된다. 이러한 현상이 나타나는 기업에는 여러 가지 위기가 찾아온다.

통제가 어수선한 기업을 보면 각 부서의 팀장이 자기 임무에서 이탈해 버리기 쉬운 분위기가 목격되는 경우가 많다. 이것은 가장 두려운 일이다.

사업상 제후(諸侯)라고 볼 수 있는 것은 여러 형태로 엄습해 온다. 이것을 자기 손으로 맞아들이는 짓을 한다면 그 동안의 노력과 근면이 한 번에 허사가 되고 마는 것이다.

11

그러므로 승리를 아는 것에는 다섯이 있다. 같이 싸워야 할 것과 같이 싸워서는 안 될 것을 아는 자는 이긴다. 중과(衆寡)의 쓰임을 아는 자는 이긴다. 상하 욕을 같이하는 자는 이긴다. 우로써 불우를 기다리는 자는 이긴다. 장수가 능하고 군주가 제어하지 않는 자는 이긴다. 이 다섯은 승리를 아는 길이다.

11// 故로 知勝有五라 知可以與戰不可以與戰者勝이라 識衆寡之用者勝이라 上下同欲者勝이라 以虞待不虞者勝이라 將能而君不御者勝이라 此五者知勝之道也라

| 풀이 | 이제까지 설명한 것을 요약하면, 과연 승리를 거둘 수 있는지 아닌지를 미리 알 수 있는 방법은 다음 다섯 가지 조건에 따른다.

첫째, 서로 싸워도 좋은 상대인가 또는 싸움을 피해야 할 상대인가를 정확하게 판단하는 것이다. 둘째, 병력이나 군비의 대소에 응하는 용법을 정확하게 알아야 한다. 셋째, 위

에서 아래까지 목적이 무엇인가를 잘 알고 완전히 일치되어야 한다. 넷째, 충분한 경계 태세를 취하고 면밀한 계산에서 상대편의 허점이 나타나기를 조용히 기다리는 여유가 있어야 한다. 다섯째, 주장이 충분한 재능과 능력을 갖추고 있는데다 군주가 그 능력을 잘 알고 신임하여 간섭이나 지배를 하지 않아야 한다.

    이상 다섯 가지 조건을 완전하게 갖추고 있는 데 따라 승리를 예측할 수 있다는 뜻이다. 정확한 설명이 필요치 않으므로 해설은 생략한다.

12

12// 故曰 知彼知己면 百戰不殆라 不知彼而知己면 一勝一負라 不知彼不知己면 每戰必敗라

    그러므로 말하기를, 그를 알고 나를 알면 100번을 싸워도 위태롭지 않다. 그를 모르고 나를 알면 한 번은 이기고 한 번은 진다. 그를 모르고 나를 모르면 싸움마다 반드시 패한다.

| 풀이 | 상대편이 갖추고 있는 조건, 그 강약을 잘 알고 이쪽 실력을 충분히 헤아리고 난 뒤에 싸운다면 소위 백전백승할 수 있으므로 조금도 위태로움이 없다. 이에 반하여 자기 실력만을 알고 있지만 상대에 대한 조사·판단이 불충분하여 그 비교 검토가 허술하였을 경우의 개전(開戰)은 어느 때는 이기기도 하고, 어느 때는 지기도 한다.

    그러나 계산이 부족하여 상대편에 대한 것도 모르고 자

기편에 대한 것도 모르는 상태에서 주먹구구식으로 시작한 싸움은 싸울 때마다 패한다.

| 해설 | 이것이 모공편의 맺음말이다. 뒤집어서 생각하면 무엇에든, 어떠한 경우든 일관되는 필승법이란 없다. 모든 것이 상대에 따르고 이쪽에 따르므로, 그것을 충분히 검토하고 나서 시작하느냐 마느냐에 따라서 승패가 달려 있다는 것이다.

어떠한 승부를 하더라도 상대편의 현상도 구석구석 손바닥 들여다보듯 알고 난 다음, 이쪽과 비교 검토하여 패하지 않는 실력이 있다는 것을 확인한 다음에는 틀림없이 백전백승할 것이다.

그런데 자기편 진영에 대해서는 잘 알고 충분하다는 확신이 있어도 이것을 상대와 비교 검토한 후가 아니라면 그 판단이 맞는 때가 있고 틀리는 때도 있으므로 싸워보지 않고는 알 수가 없다.

때로는 이쪽 실력을 과대평가하는 점도 있고 상대를 얕잡아 보는 점도 있을 것이므로 결국 싸움을 해보면 대개 일승일패로 끝나기 쉽다. 운이 좋아 우세한 부분이 많으면 이길 것이고, 그것이 반대로 흐르면 상대에게 패하게 될 것이다 또 상대는 물론 자기 쪽도 모르면 백에 하나도 승산이 없다.

군형편(軍形篇)

-소리를 죽이고 준비하라

군형이란 군의 배치 형태를 뜻한다. 군의 힘을 최대로 발휘하는 것은 세력이다. 그리고 이 세력은 군의 배치 형태에 따라 강하거나 약하게 된다. 군의 행동은 개개인의 집합이 아니라 군이라는 한 집단의 일부분으로 개개인의 행동이 존재한다.

1// 孫子曰 昔之善戰者
는 先爲不可勝하고 以
待敵之可勝이라

불가승(不可勝):적으로 하여
금 가히 이기지 못하도록 한
다는 뜻.
대적지가승(待敵之可勝):가히
적에게 이길 수 있는 기회를
기다린다는 뜻.

1

  옛날의 잘 싸우는 자는 먼저 이기지 못하도록 태세를 갖추고 난 다음, 적에게 가히 이기기를 기다린다.

| 풀이 | 예부터 싸움을 잘하는 사람의 전법을 보면 적에게 승리를 주지 않도록 만반의 태세를 갖추어 놓는 것을 우선 중요하게 생각한다. 이렇게 충분히 정비해 놓은 다음 서서히 상대방의 태세에서 승리를 거둘 수 있는 틈이나 결점이 생기기를 기다리는 방법을 사용하고 있다.

| 해설 | 싸움이란 도검(刀劍)이나 포화(砲火)를 써서 결전을 하는 것이라고 생각하기 쉽다. 그러나 그것은 수준이 낮은 이야기이다. 가장 중요한 요건은 태세라는 것이다. 상대편에게 침범을 당하지 않도록 태세를 여러모로 검토하여 어디서 밀고 들어와도 한 치의 오차도 나타나지 않도록 해야 한다. 완전무결한 태세가 갖추어진 후에 비로소 싸워야 하는데, 이러한 준비가 없는 싸움은 있을 수 없다.

  물론 이 태세는 무기나 방비, 병사의 배치뿐만 아니라 식량, 무장, 탄약의 보급로, 기구의 정비, 목적의 철저와 일치, 의사의 소통 등 이제까지 열거해 온 여러 조건을 포함한 태세가 아니면 안 된다. 모든 것에 대하여 무엇보다도 먼저 이쪽 태세를 정비해야 하며, 다음으로 상대의 태세를 충분히 조사하여 손에 들고 보듯 샅샅이 알아야 한다. 그러나 이 두 조건이 완료되었다고 해서 바로 싸움으로 들어가는 것은 결

코 아니다. 서로간의 태세에 불균형이 생길 때까지 서서히 기다려야 한다는 것이다. 소위 대기 태세란 이러한 경우의 사정을 나타내는 말일 것이다.

이 점은 현대에도 통용되며, 사업 경영에 해당시켜 보아도 의미 있는 내용이다. 싸움이란 태세전에서 시작되는데 거기에 어느 정도 승패의 열쇠가 숨어 있는 것이다. 그러다 서로 태세의 균형이 무너지고 이쪽이 유리하다고 볼 때, 그때가 곧 싸움의 첫 화살을 날리는 시기가 될 것이다.

이때 중요한 것은 우리 집 돼지가 크게 보이거나 남의 집 돼지가 크게 보이는 식의 잘못된 판단이다. 그러므로 반드시 냉정한 과학자의 눈으로 판단해야 한다.

2

이길 수 없음은 나에게 있고, 이길 수 있음은 적에게 있다. 그러므로 선전하는 자는 능히 이기지 못하게 할 수는 있으나 적으로 하여금 아군이 반드시 이기게 할 수는 없다.

2// 不可勝在己고 可勝在敵이라 故善戰者는 能爲不可勝이나 不能使敵之必可勝이라

| 풀이 | 상대가 절대로 승리할 수 없다는 것은 모든 점에서 이쪽의 태세가 완전하기 때문이고, 동시에 이쪽이 승리할 가능성이 있는 것도 상대의 태세에 약점이 있고 또한 결함이 있기 때문이다. 그러므로 아무리 싸움에 능한 자라도 적에게 승리를 주지 않도록 이쪽 태세를 정비할 수 있는 완전한 준비는 취할 수 있으나, 상대를 공격하여 반드시 이길

수 있는 안성맞춤의 태세로 이끌어간다는 것은 어려운 일이다.

이미 자기 나라의 수비 태세가 튼튼하여 언제 어디에서 적의 침략이 있더라도 방어할 자신이 생긴 뒤에 이편에서 공세를 취할 수 있을 것이다. 그러나 자기 나라의 수비가 완벽한 때라고 해서 곧 남을 공격하라는 뜻은 아니다. 손자는 전쟁이란 부득이한 경우에 취하는 최후의 수단임을 주장하였다.

전투를 벌이지 않고 적을 굴복시키는 것은 최선의 방책이다. 그러나 어쩔 수 없이 전투를 해야 할 사태가 되더라도 함부로 싸움을 벌여서는 안 될 것이다. 싸움은 이겨야 하기 때문이다. 이기기 위해서 싸우는 것이다. 그렇기 때문에 적에게 빈틈이 생길 때까지 기다려야 한다. 적에게 빈틈이 보이거든 허를 찌르고 불의를 노려서 전격적으로 공격을 해야 한다. 기회가 오기 전에 경솔하게 싸움을 걸어서는 안 되지만, 기회가 왔을 때 어물어물하다가 때를 놓쳐서는 더욱 안 되는 것이다.

| 해설 | 승부란 전부 상대에게 달려 있는데, 그것을 받아들이는 태세의 선악이 제일의 의(義)라는 것이다.

그러나 이쪽은 세심한 주의로 만전의 태세도 취할 수 있으나, 상대의 태세까지 이쪽 마음대로 불완전하게 만든다는 것은 어려운 일이다. 받아들이는 태세, 즉시 수세(守勢)에 대해서는 자기 힘으로 어떻게든 보강할 수 있으나, 상대편

의 수세는 그대로의 모습, 그때그때의 형편을 대상으로 침착하고 날카롭게 관찰하여 그 강도를 측정하는 것이 승패의 근본이라고 손자는 말한다.

3

그러므로 승리를 미리 알 수는 있으나 그렇게 만들 수는 없다. 이길 수 없는 자는 지키고, 이길 수 있는 자는 공격한다. 지킴은 곧 부족하기 때문이요, 공격함은 곧 여유가 있기 때문이다.

3// 故曰 勝可知而不可爲라 不可勝者는 守也요 可勝者는 攻也라 守則不足이요 攻則有餘니라

| 풀이 | 관찰·측정이 근본의(根本義)라면 이길 것인지 질 것인지 알 수 있다. 그러나 이쪽이 이기도록 상대를 좌우할 수는 없는 일이다. 판단의 목적(짐작)은 어디까지나 있는 그대로의 현실을 직시하고 그것에 입각하여야 한다.

만약 상대의 태세가 충분하여 공격하는 힘과 수비하는 힘의 균형이 이쪽이 불리하다고 생각하였을 때는 일단 공격을 중지하고 지키는 데 전념하지 않으면 안 된다. 절대적으로 이쪽이 우세하다고 볼 때 비로소 공세로 나가는 것이다. 수세를 취한다는 것은 힘의 균형에 있어서 이쪽이 부족하기 때문이고, 공격으로 나아가는 것은 이쪽이 유리하기 때문이다.

| 해설 | 수세냐 공세냐, 이는 서로 힘의 균형에 따른 것으로서 열세라고 생각하였을 때는 서툰 책(策)을 써서 공격할 생각을 하지 말고 수세를 택한다.

새로운 발전은 과거의 업적, 즉 굳건한 바탕 위에 비로소 쌓아 올려진다고 생각해야 한다. 우선 발밑부터 튼튼하게 하라는 말이다. 새로운 발전에 필요한 역량을 세심하게 계산하여 반복 검토하되, 여력이 불충분하다고 생각되면 무리를 해서는 안 된다.

〔예화〕 상책 실행이 되지 않으면 의미가 없다.
승리를 미리 알 수는 있으나 그렇게 만들 수는 없다〔勝可知而不可爲〕.

〔예화-줄거리〕 당(唐)나라 측천무후(則天武后) 초기의 일이다. 서경업(徐敬業)이 강도에서 군사를 일으켜 왕가(王家)를 회복한다고 큰 소리를 치고 있었다. 서경업은 위사공(魏思恭)을 참모로 앉히고 그 책(策)을 물으니, 위사공은 말하였다.

"주상께서는 무후가 어린 군주를 유폐한 일 때문에 왕가의 회복을 결심하셨습니다. 싸움은 졸속을 위주로 합니다. 곧 회북(淮北)으로 건너가서 스스로 대군을 이끌고 동도(東都)로 진격해야 합니다. 산동의 장병들은 주상께 근왕(勤王)의 뜻이 있음을 알면 반드시 죽음을 각오하고 종군해 올 것입니다. 그렇게 하시면 해를 가리키고 때를 새기듯 천하는 반드시 평정될 것입니다."

서경업은 그 말대로 따르려고 하였다. 그러자 설장(薛璋)이 참견을 하고 나섰다.

"금릉(金陵) 땅에는 왕의 기운이 일찍부터 나타나 있습니다. 더욱이 그 땅은 대강(大江)의 험준함이 천연의 요새를 이루고 있어, 스스로를 지키는 데 충분합니다. 부디 우선 상윤(常潤) 등의 고을을 공략하여 왕패의 업을 이룩하시고, 그 다음에 군사를 이끌고 북상하심이 가할 줄로 아옵니다. 그렇게 하신다면 물러섰을 때 돌아갈 곳이 있고, 앞으로 진격하면 무엇이든 이쪽의 이익이 될 것이니, 실로 양책(良策)이 아니겠습니까?"

서경업은 그럴듯하다고 생각하고 스스로 군사 4000명을 이끌고 강을 건너 남쪽의 윤주(潤州)를 공격하였다. 위사공은 그것을 보고 은근히 두기인(杜氣仁)에게 속삭였다.

"병의 기세란 통합을 해야지 분산을 해서는 안 된다. 이제 서경업은 힘을 모아 회하(淮河)를 건너 산동의 병을 이끌고 낙양으로 들어가야 하건만, 그것을 모르고 남쪽 윤주를 공격하니 이래서는 틀림없이 성공하지 못할 것이다."

과연 서경업은 패하고 말았다.

모든 싸움이란 긴밀한 조직력 위에 성립한다. 이를테면 반드시 승리를 한다는 좋은 계획이 있어도 전원이 그 계책이 의도하는 것을 파악하고 실현하는 데 힘쓰지 않으면 승리는 어림도 없다.

그러므로 손자는 말하였다. 이기는 방법을 알 수는 있으나 그것이 그대로 실행된다고는 말할 수 없다고.

4

잘 지키는 자는 구지 밑에 숨고, 잘 공격하는 자는 구천 위에서 움직인다. 그러므로 능히 스스로 보전하여 승리를 한다.

4// 善守者는 藏於九地之下고 善攻者는 動於九天之上이라 故로 能自保而全勝也라

| 풀이 | 지하로 숨는다는 말은 오늘날에도 자주 쓰이고 있

구지(九地):중국에서는 구(九)를 수의 극치로 생각하고 있다. 구천과 대칭하여 쓰고 있으나 구지는 지하의 가장 깊은 곳을 말하는 것.
구천(九天):일천(日天)·월천(月天)·수성천(水星天)·금성천(金星天)·화성천(火星天)·목성천(木星天)·토성천(土星天)·항성천(恒星天)·종동천(宗動天)의 구천이지만 여기서는 하늘의 가장 높은 곳이라는 뜻.

다. 이상적인 수비 태세란 마치 땅속으로 숨듯 일체를 교묘하게 숨겨버려 무엇 하나 뚜렷하게 나타내지 않는 것이다. 이상적인 공격 태세란 구천 멀리 높은 데서 움직이듯 상대가 대처하기 곤란하도록 어디서 공격해 올지 어림잡을 수 없는 공격 방법을 취하는 것이다. 상대가 대처하지 못할 정도의 공격이라면 승리가 확실한 것이다.

| 해설 | 이 조항에서는 현대 야구의 전술을 듣고 있는 것 같은 느낌이 드는데 확실히 일맥상통되는 점이 있는 듯하다. 다만 손자가 말하는 수비는 내놓고 하는 수비 태세가 아니라 수세라는 것이다. 공세와 수세를, 공격하는 힘과 이것을 받아 맞서는 힘이란 뜻으로 해석하지 말고, 후자는 반적극적인 소극 전술이라고 해석하는 편이 좋을 것 같다.

태세의 균형이란 저울로 달되 기울기에 따라 뚜렷하게 공격과 소극적인 반격 전법으로 나누고 있는 것이다. 기본적인 태세, 적에 대비하는 태세는 공격에도 반드시 필요하나, 그밖에 공세와 수세의 두 가지 태세가 있다고 주장하고 있는 듯하다. 불투명하여 헷갈리기 쉬운 듯한데, 이것을 충분히 식별해서 읽어야 할 것이다.

이것은 사업면에서도 마찬가지이다. 사업 내용의 충실도를 어림잡아 상대편 부문의 확장이라도 좋고 시장의 쟁탈전도 좋고, 싸워야 할 대상을 헤아리는 것이라고 생각해도 좋다.

심사숙고한 결과 이곳의 수세를 지켜야 할 곳이라고 판

단한다면 그곳에는 물샐 틈도 없을 만큼의 완전함을 기하여 수비 태세에 전념해야 한다. 또 일단 상대를 공격해도 좋다고 생각될 때는 구천 위에서 낙하하는 듯한 우세함을 가지고 단숨에 상대를 쳐서 무너뜨려야 한다. 실력이 백중한 상태에서 지느냐 이기느냐 하는 전쟁은 참다운 전쟁이 아니라는 말이다.

〔예화-줄거리〕 일단 공격을 개시한 뒤에는 철저하지 않으면 안 된다. 그 공격을 시작하는 때는 언제인가. 손자에 의하면 충분한 여유가 있은 후이다.

조(趙)나라의 북변(北邊)을 지키는 이목(李牧)이란 장군은 흉노가 공격해 오면 봉화를 신호로 삼아 주민이나 병사들로 하여금 가재도구를 가지고 성 안으로 피하게 하였다. 이에 병사들은 싸우려고 하지 않는 이목을 겁쟁이라고 생각하였다.

조의 왕도 이목을 문책하고 대신 다른 장군을 파견하였다. 그 장군은 크게 싸웠으나 잃은 것이 많았으며, 변경의 백성들은 농경 목축의 생업도 할 수가 없게 되었다. 그래서 다시 이목이 임명되었다. 이목이 여전히 흉노와 싸우지 않자 흉노도 이젠 이목을 완전히 겁쟁이라고 생각하게 되었다.

이목은 수 년 동안 병사들을 훈련만 시킬 뿐 실전에는 쓰지 않았다. 모든 병사들이 싸우기를 원하였으므로 병거 1300대, 기마 2000두, 공로가 있었던 용사 15만 명, 활의 명수 10만 명을 배치하고 대연습을 거행하였다. 그러나 이토록 큰 힘을 가지고 있으면서도 흉노의 소부대가 침입해 오면 여전히 싸우지 않고 성 안

〔예화〕 자신의 참된 힘은 숨겨두라.
잘 지키는 자는 구지 밑에 숨고, 잘 공격하는 자는 구천 위에서 움직인다〔善守者 藏於九地之下 善攻者動於九天之上〕.

으로 도망쳤다.

그러자 흉노의 왕 선우(單于)는 대군을 이끌고 단숨에 이목의 군대를 격파하려고 출격해 왔다. 이목은 많은 기진(奇陣)을 곳곳에 배치하여 좌우로 날개를 펴고 반격해서 흉노 10만여 기를 죽이고 드디어 선우를 패주시켰다.

이 전투에서 흉노는 많은 종족이 멸망을 당하고 혹은 전면 항복을 하여 그 후 10여 년 간 감히 조나라의 변경에 접근하지를 못하였다.

손자가 말한 "수비를 잘하는 사람은 대지 밑에 숨고, 공격이 능한 사람은 천계 위에서 행동하여 그 태세를 나타내지 않는다."는 것은, 이목과 같은 장군을 가리킨 것임에 틀림없다. 전력이 부족할 때 수비를 한다고 손자는 말하고 있다. 이목은 단 한 명도 손실당하지 않고 병사들을 온전히 하였으며, 훈련을 거듭시켜 드디어는 자발적으로 싸움을 원할 때까지 병사들을 길러놓았다. 민중들도 역시 가재도구를 잃는 일 없이 생업에 종사할 수 있었으니 병사도 백성도 힘이 충실하였던 것이다.

그 참된 힘은 흉노의 왕 선우에게는 보이지 않았다. 즉 천계 위에서의 행동이었다. 이목은 바람같이 참된 힘을 지상에 나타내어 이를 붕괴시킨 것이다.

5

5// 見勝不過衆人之所知는 非善之善者也라

승리를 보는 것이 중인이 아는 바에 지나지 않음은 선의 선이 아니다. 전쟁에 이겨서 천하가 선이라 함은 선의 선이 아니다. 그러므로 추호를 드는 것은 많은 힘으로 치지 않고, 일월을 보는 것은 밝은 눈으로 치지 않고, 뇌정을 듣는 것은 밝은 귀로 치지 않는다. 옛날 소위 선전하는 자는 승리하기 쉬운 것을 승리하는 자이다.

| 풀이 | 서로 구지(九地) 밑에 감추어 숨긴 수비 태세로 쌍방의 실력을 비교 검토한 후, 전쟁으로 돌입한다는 사전의 복잡한 작전이 있어야 비로소 승리를 획득할 수 있다. 따라서 누구의 눈에나 뚜렷하게 예견되는 승리라면 결코 손뼉을 치며 칭찬할 만한 것이 못되는 것이다.

또 악전고투 끝에 이겼다고 말하는 승전은 진정 훌륭한 승전이 아니다. 이것은 가벼운 솜털을 들어 올린 것이 대단한 완력이라 말할 수 없고, 달이나 해가 보였다고 해서 시력이 대단하다고 할 수 없다. 또 우렛소리를 들었다고 해서 예민한 청력이라고 보는 사람이 없는 것과 같은 것이다.

예로부터 전해 오는 말과 같이 진정한 의미에서의 선전이란 이겨야 할 것을 이긴 것이다. 결코 무리하게 이긴 것은 아니다. 이길 만한 준비와 이유가 있어서 쉽게 이긴 것만이 진정한 승리라고 할 수 있다.

| 해설 | 진정한 진리는 평범한 것에 있다는 데 공통되는 생각이다. 진정한 병법의 진리도 극히 평범한 사실에 기인하는 것이다.

세상의 평판만큼 믿을 수 없는 것이 없다는 점 또한 언급

戰勝而天下曰善은 非善之善者也라 故舉秋毫不爲多力이고 見日月不爲明目이고 聞雷霆不爲聰耳라 古之所謂善戰者는 勝於易勝者也라

추호(秋毫):가을에 나는 조수의 솜털을 가리키는 것으로 가볍다. 즉 불면 날릴 듯한 것을 말한다.

하고 있는 듯하다. '개가 사람을 물면 화제가 되지 않지만 사람이 개를 물면 그것은 화제가 된다.'라는 말이 있듯이, 상식을 뛰어넘은 그 무엇이 있어야만 화제가 되는데, 영웅이라 불리고 명장이라 불리는 사람들의 사적이나 전적 등은 어떠한 의미에서는 선의 선이 아닌지도 모른다.

선전하는 자는 승리하기 쉬운 것을 승리하는 자라는 말은, 주목할 만하다.

[예화] 눈에 비치는 것을 속속들이 통찰하라.
추호를 드는 것은 많은 힘으로 치지 않고, 일월을 보는 것은 밝은 눈으로 치지 않고, 뇌정을 듣는 것은 밝은 귀로 치지 않는다〔擧秋毫不爲多力 見日月不爲明目 聞雷霆不爲聰耳〕.

[예화-줄거리] 형가(荊軻)는 위(衛)나라 사람이다. 그의 조상은 원래 제나라 사람이었으나 위나라로 이주한 것이다. 위나라 사람은 형가를 경경(慶卿)이라고 불렀다. 그 후 그는 연(燕)나라로 옮겼다. 연나라 사람은 그를 형경(荊卿)이라고 불렀다. 형경은 독서와 격검(擊劍)을 좋아하여, 술(術)로써 위나라의 원군(元君)을 설득하였으나 쓰려고 하지 않았다.

형가는 일찍이 유차(楡次)를 지나다가 개섭(蓋聶)이란 사람과 검에 대하여 서로 논하게 되었다. 이윽고 개섭이 화를 내며 노려보자, 형가는 나가버렸다. 사람들이 형가를 다시 부르려고 하였으나 개섭이 말하였다.

"아까 검에 대한 논쟁을 하였는데 이상한 소리를 하므로 노려보았더니 나가버렸네. 이미 어디론가 가버렸을 테니 이 근처에는 없을 거야."

사람을 보내어 찾아보니 과연 형가는 이미 수레를 타고 유차에서 떠나버린 후였다.

한단(邯鄲)에서 머무르고 있을 때, 형가는 노구천(魯句踐)과

쌍륙놀이를 하다가 말다툼이 벌어졌다. 노구천이 화를 내며 소리치자, 형가는 말없이 도망쳐버리고 다시는 만나지 않았다.

연나라로 오자 형가는 축(筑)을 잘 치는 고점리(高漸離)·전광(田光)과 교제하였다. 형가는 술을 좋아하였기 때문에 매일 개백장·고점리 등과 함께 시장에서 술을 마셨다. 술이 거나해지면 고점리는 축을 치고, 형가는 그에 맞추어 노래하며 서로 흥을 내다가 감정이 고조되면 서로 부둥켜안고 엉엉 소리내어 우는 등 방약무인한 태도로 보냈다.

그 후 연나라 태자 단(丹)의 간청으로 형가는 진(秦)나라 왕을 암살하는 일을 맡았다. 전광은 스스로 목을 쳐 형가를 격려하였다. 그러나 진의 왕을 암살하기 위해서는 먼저 진의 왕에게 신용을 얻어서 면회를 하지 않으면 안 되었다. 형가는 목에 천 금과 만 호의 촌(村)이라는 상금이 걸려 쫓기고 있는 예전의 진나라 장수 번어기(樊於期)를 비밀리에 만났다. 그 목을 가지고 가서 신용을 얻으려는 생각에서였다. 번어기는 형가의 말을 듣자 그 자리에서 스스로 목숨을 끊었다. 번어기의 목을 손에 넣은 형가는 한 자루의 단검을 숨기고 노래를 부르며 역수(易水)를 건너서 진나라로 들어갔다.

바람은 고요하고 쓸쓸한데
역수는 차고도 차구나.
장사(壯士) 한 번 떠나면
다시 돌아오지 않는다.

과연 그 노래대로 형가는 다시 돌아오지 않았다. 홀로 진나라의 궁전으로 침입한 형가는 왕의 소매를 잡으면서 칼을 날릴 순간 실수를 하여 실패하고 말았던 것이다. 형가는 몸에 여덟 군데의 상처를 입고 살해되었는데, 죽기 직전에 고함을 질렀다.

"실패한 것은 놔두고 위협을 하여 침략당한 토지를 반환시킬 작정이었다."

그 후 천하를 통일한 진나라 왕은 시황제라 불리게 되었다. 시황제는 축을 잘 치는 고점리를 사랑하여 눈을 멀게 한 다음 측근에 두었다. 고점리는 축에 납(鉛)을 장치하여 시황제를 죽이려고 하였으나 뜻을 이루지 못하고 결국 시황제의 손에 죽고 말았다.

노구천은 형가가 진의 왕을 죽이려고 하였다는 말을 듣고 혼자 중얼거렸다.

"아아, 아까운 노릇이로다. 형가가 단검술을 익히고 있지 않았다니, 그것보다도 내게 사람을 보는 눈이 없었다는 건 이 무슨 실수냐. 이전에 내가 소리쳤을 때 형가는 아마도 나를 인간으로 취급할 수 없는 놈이라고 생각하였을 것이다."

형가의 인격을 통찰하지 못하였던 노구천의 안타까움은 대단하여 밤마다 눈을 뜨고 이를 갈았고, 머리를 쥐어뜯으며 안절부절못하고 괴로워하였다.

아무튼 형가나 고점리나 전광이 서로 그 인간 됨됨이를 통찰한 데 비하여 개섭이나 노구천은 단지 형가의 겉모양만 보고 그 인격을 판단한 데 지나지 않기 때문에 실수를 한 것이다. 그러므로 손자는 말하기를, "가을에 나는 솜털을 들어 올렸다고 해서 힘이 센 장사라고는 할 수 없다……."라고 하였다. 외형이 그 사람을 말해 주는 것은 아니기 때문에 그 형체 속에 들어 있는 것을 잘 통찰하지 않으면 안 될 것이다.

6

그러므로 잘 싸우는 자의 승리에는 지혜로운 이름도 없고, 용맹스러운 공도 없다.

6// 故로 善戰者之勝也
는 無智名 無勇功이라

| 풀이 | 진정하게 최선의 싸움을 하여 이기면 특별히 지장(智將)이니 명장이니 하는 소리도 듣지 않고 남다르게 용명을 떨치거나 공명을 상찬(賞讚)받지도 않는 것이다.

| 해설 | 이상적인 싸움을 하였을 경우에는 별로 평판도 얻지 못하고 이름도 타인의 입에 오르지 않으므로 극히 보통이라는 인상만이 남는지도 모른다.

사업 등에서도 묵묵히 눈에 띄지 않는 곳에서 끊임없이 노력하는 사람을 찾아볼 수 있다. 그러나 그 존재를 인식하고 잘 조사해 보면 완전무결한 노력이 있는데, 그러한 것이야말로 진정한 노력이다.

흐르는 물이 소란스러운 것은 얕은 여울이기 때문이다. 깊은 배려가 있는 노력에는 문제라는 것이 생기지 않으므로 눈에 띄지 않으나, 반대로 노력이 뚜렷하게 눈에 띄는 사람의 경우는 오히려 자기에게 어떠한 결함이 있기 때문이라고 말할 수도 있다.

7// 故로 其戰勝不忒이라 不忒者는 其所措必勝이라 勝已敗者也라

7

그러므로 그 싸움에서 이기는 것은 틀림이 없다. 틀림이 없는 자는 그 대책을 찾는 바가 반드시 이긴다. 이미 패배한 자에게 이기는 것이다.

| 풀이 | 전 조항까지의 방법으로 하는 전쟁이라면 이기는 것은 당연하다. 대책이 빗나가거나 계획이 벗어나는 일이 없으므로 반드시 이기게 된다. 왜냐하면 사실상 이미 지고 있는 상대에게 이기는 것이므로 당연한 일인 것이다.

| 해설 | 관전자가 손에 땀을 쥐는 승부란 결국 운동 경기 등 구경거리에 한정된 것이고, 진정한 전쟁은 결코 그와 같은 것이어서는 안 된다. 그러므로 빗나간다는 것은 있을 수 없다. 어느 모로 보나 틀림없이 지는 상대가 아니면 절대로 전쟁은 하지 않는다고 한다.

어떠한 의미에서는 이것은 약자를 괴롭히는 것과 같다. 괴롭힐 필요가 없는 상대를 괴롭힌다는 것도 불필요한 전쟁이다. 이러한 형식의 전쟁이야말로 허명을 얻기 위함일 뿐 진정한 용기가 필요한 전쟁이라고 할 수 없다.

8// 故로 善戰者는 立於不敗之地하여 而不失敵

8

그러므로 잘 싸우는 자는 불패의 땅에 서서 적의 패함을 잃지 않는다. 그러므로 승병은 먼저 이기고 나서 싸움을 구

군형편 • 101

하며, 패병은 먼저 싸우고 나서 승리를 구한다.

之敗也라 是故로 勝兵
은 先勝而後求戰하며
敗兵은 先戰而後求勝이
라

| 풀이 | 이상적인 싸움을 하는 자는 자기편이 완전무결한 태세를 갖추고 있기 때문에 조금도 걱정할 필요가 없으므로 오로지 상대만을 엿볼 수 있다. 따라서 적의 약점이 생기면 공격하여 이길 기회를 놓치는 법이 없는 것이다. 다시 말하면 이길 싸움은 충분히 이길 만한 태세와 요인 위에 서서 싸움을 시작하는 것이고, 지는 싸움이란 덮어놓고 싸움을 하여 그 싸움에서 이길 기회를 구하려고 하는 위험한 싸움이라는 말이다.

| 해설 | 여기서 쓰이고 있는 불패의 땅이란 반드시 지형에 한정된 뜻이 아니라 입장이라든가 형세를 두고 말하는 것이라고 생각된다.

흔히들 뜻하지 않았던 기승(奇勝)을 거두었다고 하는 것은 대개 우연히 운이 좋았기 때문이거나, 혹은 싸움에서 궁지에 몰린 쥐가 고양이를 무는 식으로 뜻밖에 적의 약점을 찌를 경우이다. 또는 손자가 말하는 이겨야 할 것을 이긴 것으로, 숨은 준비가 전혀 눈에 띄지 않았기 때문에 기승으로서의 결과만이 눈에 비친 경우이다.

역사상 그와 같은 경우도 몇 번 있었던 것은 사실이다. 또한 우리 주변에서도 간혹 보고 들을 수 있는 사건이다. 그러나 이것은 성공이라고는 말할 수 없을 것이다. 사람이 개를 물어야 이야깃거리가 된 것과 같은 식이므로 결코 정상적인 사건은 아닌 것이다.

〔예화-줄거리〕 춘추전국시대의 난세에서 800년 정도의 후세에 중국은 당(唐)나라의 고조(高祖)에 의하여 통일국가로서 안정기에 들어간다(기원7~10세기). 현장(玄奘)의 서유(西遊), 측천무후의 출현, 이백·두보·백낙천 등 문인의 배출과 문화가 꽃핀 시기였다.

당 고조에게 중용된 무인(武人) 가운데 이정(李靖)이란 사람이 있었다. 행군총독에 임명되어 형부상서를 받았으며, 서해도 행군 대총관에 기용되어 후에 위국공(衛國公)으로 봉해진 그는 이력에 알맞게 병법에도 능하였다.

그가 말하기를, "삼군의 총지휘관이 된 자는 정세를 꿰뚫어 볼 줄 알고 인화를 꾀하며, 심모(深謀)하면서도 원려(遠慮)가 있어서 천시(天時 : 기회)를 자세하게 파악하여 사람으로서의 길을 올바르게 걷는 자라야 한다. 만약 그렇지 못하면 변을 만나서 기(機)에 응하여 적과 상대할 수는 없을 것이다. 행군은 좀처럼 진행되지 않고 헛되이 헤맬 뿐 대책을 세우지도 못하여 갈팡질팡하니, 마침내 대오는 흩어지고 만다. 마치 풀을 푸르게 하기 위하여 열 탕에 넣거나 소중한 가축을 호랑이나 이리에게 먹히도록 쫓아내는 것과 조금도 다름이 없는 것이다."라고 하였다.

과연 6세기 후반 알타이 산기슭에서 일어나 몽고·중앙아시아 초원에 유목 제국을 이룩한 돌궐(突厥)을 격파하고, 산서(山西) 차하르의 유목민 토곡혼(吐谷渾)을 평정한 대장군다운 말이다. 정세를 충분히 꿰뚫어 보지도 못하고 이미 싸움으로 돌입해 버린

〔예화〕 승산 없는 싸움은 걸지 말라.
승병은 먼저 이기고 나서 싸움을 구하며, 패병은 먼저 싸우고 나서 승리를 구한다〔勝兵先勝而後求戰 敗兵先戰而後求勝〕.

후에 승리의 방책을 찾는 어리석음을 이렇게 경계하며 말한 것이다.

또 손자·오자(吳子)와 견주는 병법가 울료자(蔚繚者)도 이에 대하여 단언하기를, "반드시 이기는 싸움이 아니면 경솔하게 싸움을 말하지 말라. 공격해서 반드시 성을 함락시키는 것이 아니면 경솔하게 공격을 말하지 말라."라고 하였다.

밑져야 본전이라는 생각을 하고 아무런 승산도 없이 군대를 동원시켜서는 안 된다고 병법가들은 한결같이 말하고 있는 것이다.

9

군사를 선용하는 자는 도를 닦고 법을 보존한다. 그러므로 능히 승패의 정치를 잘한다.

9// 善用兵者는 修道而保法이라 故로 能爲勝敗之政이라

| 풀이 | 도·법이란 제1장 시계편에서 나온 도·하늘·땅·장수·법의 5사(五事) 중 도와 법을 말하는 것이다. 그리고 정(政)이란 갖춘다거나 이(理)를 바로잡는다는 것으로서 정치를 뜻하는 것이다.

여기서 설명이 다시 한 번 5사 7계의 근본이념으로 되돌아간다. 이상적인 싸움은 도의적인 점에서 결여되는 부분이 있는지 없는지를 반성하고, 다시 곡제(曲制)·관도(官道)·주용(主用)의 법에 미비점이 있는지 없는지를 재검토한다. 그럼으로써 승패라는 점에 대하여 착오를 일으키지는 않을 것이라는 말이다.

| 해설 | 군형과 태세의 좋고 나쁨은 요컨대 싸움의 근본이념을 적용시켜 재검토해 보아서 만사가 완비되어 있으면 적합하고, 미비한 점이 있으면 부적합한 것이 된다. 그러므로 싸우지 않고도 승산은 내 손아귀에 들어 있는 것이니, 군형 문제도 근본이념이 그 바탕이 되어 실제로 올바르게 행해지고 있는지 없는지에 맞춰지게 된다.

〔예화〕 간부는 솔선하여 몸을 닦으라.
군사를 선용하는 자는 도를 닦고 법을 보존한다. 그러므로 능히 승패의 정치를 잘한다〔善用兵者 修道而保法 故能爲勝敗之政〕.

〔예화-줄거리〕 장군 이광(李廣)은 농서군(隴西郡) 성기현(成紀縣) 사람이다. 그의 조상은 이신(李信)인데, 진(秦)나라의 장군이 되어 연(燕)나라의 태자 단(丹)을 추적하여 사로잡은 인물이다. 이광의 집안에는 대대로 궁술(弓術)이 전해 내려왔다.

한 문제(漢文帝) 14년에 흉노(匈奴)가 소관(蕭關)에 침입하였을 때, 이광은 종군하여 흉노를 공격하였다. 말 위에서 활을 쏘는 데 능하기 때문에 많은 적을 죽이고, 혹은 포로로 잡았다. 그래서 문제는 이광을 칭찬하였다.

"아까운 일이다. 그대가 고조황제 때 태어났더라면 문제없이 만호후(萬戶侯) 정도는 되었을 텐데."

또다시 경제(景帝) 6년에 흉노가 크게 일어나 상군(上郡)에 침입하였다. 경제는 만일을 염려하여 이광에게 총애하는 환관을 보호하도록 명하였다. 어느 날 100기 정도의 군대로 환관을 지키고 있는데 수천 기의 흉노가 있는 것이 보였다. 흉노가 이광 등을 보고 미끼로 생각하였는지 산 위로 올라가서 진을 치니, 이광이 인솔하고 있던 병사들은 놀라 도망치려고 하였다.

그러나 이광이 말하였다.

"우리들은 본대에서 수십 리나 떨어져 있다. 이러한 상태에서 100기 정도가 도망을 치면, 흉노가 뒤쪽에서 쏘아대므로 곧 전멸해 버릴 것이다. 그러나 가만히 있으면 흉노는 본대의 미끼라 생각하고 공격해 오지 않을 것이다."

이광은 100기를 이끌고 전진하여 흉노의 진에서 2리쯤 떨어진 곳에 정지한 뒤 말에서 내려 안장을 풀게 하였다. 병사들이 겁을 내자 이광은 다시 말하였다.

"저놈들은 우리들이 도망칠 줄 알고 있다. 그러니까 안장을 풀고 도망치지 않는다는 것을 보여서 미끼라고 생각하도록 하는 것이다."

과연 흉노들은 공격을 하지 않고 떠나버렸다. 이광은 말 위에서 활을 쏘는 데만 능할 뿐만 아니라, 병법에도 능하였던 것이다. 그리고 그는 청렴하였다. 은상이 하사되면 병사들에게 나누어 주었으며, 음식도 병사들과 같이 먹었다.

이광은 40여 년 간 2000석의 녹을 받았는데, 그가 죽었을 때 집에는 남아 있는 것이 거의 없었다. 그러나 재산에 대하여 말을 한 적은 한 번도 없었다. 그래서 동료인 장군 정부식(程不識)은 다음과 같이 말하였다.

"이광의 군은 격식을 차리지 않고 있다. 병사를 즐겁게 해주므로 다들 기쁘게 이광을 위하여 목숨을 내걸고 있다."

흉노는 이광의 지략을 겁내고, 병사들은 이광을 따르기를 기뻐하였다.

무제(武帝) 4년에 이광은 대장군 위청(衛靑)을 따라 흉노를 공격하였다. 그러다 우연히 길을 잃게 되어 대장군보다 늦게 전장에 나타난 일이 있었다. 이에 화가 난 대장군은 그것을 꾸짖고 기록계를 이광에게 파견하고 조사하여 보고할 것을 명하였다. 그러자 이광은 말하였다.

"내 부하들에게는 죄가 없다. 내 자신이 길을 잃은 것이다. 보고문은 내가 쓰겠다."

그리고 다시 부하들을 향하여 말하였다.

"성인이 된 후 흉노와 크고 작은 싸움을 70회나 해 왔다. 이번에 다행히도 대장군을 따라 출정하여 선우의 군사와 대치하게 되었는데, 돌아오다 보니 길을 잃고 말았다. 천명(天命)으로 생각할 수밖에 없다."

이광은 말을 마치자 스스로 목을 잘랐다.

이광은 길을 잃은 책임을 지고 법의 규칙을 명백하게 한 것이다. 이광의 군사들은 모두 소리내어 울었다. 백성들도 그 소식을 듣고 이광을 위하여 한없는 눈물을 흘렸다.

역시 길을 잃었던 우장군 조식기(趙食其)는 그 죄로 사형에 처해질 예정이었으나, 돈을 내고 평민이 되었다.

이광과 같은 장군이야말로 '병을 선용하는 자는 몸을 닦고 법을 지킨다.' 는 말에 걸맞는 모범인 장군일 것이다. 전쟁도 포함하여 모든 것은 인간 윤리 위에 존재하고 있는 것이다.

10

병법에서 첫째는 도(度), 둘째는 양(量), 셋째는 수(數), 넷째는 칭(稱), 다섯째는 승(勝)이다. 땅은 도를 낳고, 도는 양

10// 兵法은 一曰度 二曰量 三曰數 四曰稱 五

을 낳고, 양은 수를 낳고, 수는 칭을 낳고, 칭은 승을 낳는다.

| 풀이 | 병법에서 말하는 것은 다섯 가지가 있는데, 첫째는 원근을 재는 척도, 둘째는 물량을 재는 계량, 셋째는 많고 적음을 재는 계수(計數), 넷째는 비교 검토, 다섯째는 승패의 판단이라고 한다.

땅이란 전쟁터를 말한다. 전쟁터는 그 원근 광협을 잴 필요가 있고, 원근을 재면 그 높고 낮은 지형의 측량이 수반된다. 이것을 알면 다음에는 그 지형에 의한 병사의 수나 무기, 식량의 필요한 숫자가 나오고, 그 수가 상세하게 나오면 서로 비교 검토를 할 수 있다. 그 다음에는 승패를 추정할 수가 있는 것이다.

| 해설 | 근본이념을 바로잡은 후에는 숫자다. 될 수 있는 한 명확한 숫자가 모든 것의 기초가 되고, 거기서 승패가 결정될 수 있다. 2500년 전의 손자의 사고방식은 지극히 과학적이었다고 볼 수 있다.

이 점에 대하여 영웅 나폴레옹은 그의 수기에서 말하기를, "군의 병력은 기계학의 운동량과 같은 질량과 속도의 상승(相乘)이다."라고 하였다. 이것을 요약하여 말하면, 병은 계수(計數)라는 말이 될 것이다.

사업이 계수인 것은 말할 나위도 없다. 오직 그 계수는 돈을 벌려는 계수, 즉 얼마를 투자하고 얼마를 번다는 결과적

曰勝이라 地生度 度生量 量生數 數生稱 稱生勝이라

도(度):원래 뜻은 길이를 재는 것. 여기서는 지형의 장단을 계측한다는 뜻.
양(量):분량을 셈하는 것. 여기서는 전쟁터의 넓이를 계산하는 것.
칭(稱):저울질하는 것. 여기서는 전력의 우열을 비교 검토하는 것.

인 계수가 아니라, 기초 계수의 누적에서 결과적으로 나오는 것이라는 점을 잊어서는 안 된다. 그리고 그 밑바탕에는 5사(五事)의 근본 원리를 뚜렷하게 잡고 있어야 한다.

11

그러므로 승병은 일(鎰)로써 수(銖)를 비교함과 같고, 패병은 수로써 일을 비교함과 같다. 승자의 싸움은 적수(積水)가 천 길 골짜기로 쏟아져 내리는 것과 같은 형세이다.

11// 故로 勝兵은 若以鎰稱銖이고 敗兵은 若以銖稱鎰이라 勝者之戰은 若決積水於千仞之谿者形也라

일(鎰): 당시의 중량의 단위로서 24수가 1양(兩)이고, 24양이 1일이다.
인(仞): 길이의 단위로서 1인은 8척을 말한다.

| 풀이 | 승리를 약속받은 군 조직과 패전을 약속받은 군 조직 사이는 100원과 1만 원의 차이라고나 할까, 아주 큰 차이가 있으므로 싸움이 시작되면 댐의 물을 터서 깊은 골짜기로 떨어뜨리듯 숨 쉴 사이도 없이 공략해 버리는 것이 진정한 의미에서의 승전이라는 것이다. 이것이 참된 뜻에서의 군형이며 태세이다.

| 해설 | 별로 해석할 필요가 없는 결론이다. 어른이 아이를 상대하는 정도의 실력 차이는 있어야 한다는 것이다.

〔예화〕 싸움에는 자와 저울이 필요하다.
승병은 일(鎰)로써 수(銖)를 비교함과 같고, 패병은 수로써 일을 비교함과 같다〔勝兵若以鎰稱銖 敗兵若以銖稱鎰〕.

〔예화-줄거리〕 수나 일은 황금의 무게 단위이다. 더 자세히 말하자면 수수 100알의 무게가 수이고, 수의 480배의 무게가 일이다.

승리하는 군대와 패하는 군대는 저울에 달아보면 당연히 무게가 무거운 쪽이 이긴다는 뜻이다. 이 말은, 즉 병법에도 자나 저

울을 써야 한다는 것이다. 이를테면 앞에서 말한 바와 같이 전장의 넓이나 거리를 재고 그곳으로 투입할 물량을 계산하며, 동원해야 할 병사의 수를 정하고, 다시 적과 아군의 능력을 비교하여 승패의 결말을 계산하는 숫자의 필요성을 말하고 있는 것이다.

진(秦)나라 왕 정(政 : 후의 시황제)이 형(荊)나라와 싸우고 있을 때의 일이다. 그는 형나라를 공격할 생각을 하고, 장군 이신(李信)에게 어느 정도의 군사가 있으면 되느냐고 물었다. 이신은 수천 명의 군사로 연나라 태자 단(丹)을 추적하여 연수(衍水)에서 단을 사로잡은 용맹한 장수였다.

이신은 대답하였다.

"아마 20만 명은 있어야 할 것입니다."

진의 왕은 다시 왕전이란 장군에게 같은 것을 물었다.

"60만 명은 필요합니다."

왕전은 전에 조(趙)나라 왕을 항복시키고 조나라를 평정한 다음 다시 연나라를 공격하여 수도인 계를 평정한 노련한 장군이었다.

진의 왕은 두 사람의 대답을 듣고 생각하기를, '왕 장군은 늙었군. 겁이 많아. 그러나 이 장군은 용맹스럽다.' 고 하였다.

그래서 진의 왕은 이신과 몽염(蒙恬)에게 20만 명의 군사를 주었다. 두 사람은 크게 형군(荊軍)을 격파하였다. 그러나 두 사람의 군대가 서쪽으로 진군하여 성부(城父)에 이르렀을 때는 3일 동안 계속된 형나라 군의 공격으로 대패하고 말았다.

그리하여 다시 왕전이 출격하게 되었다. 60만 명의 군대가 온다는 말을 듣고 형나라는 온 나라의 군사를 동원시켜서 진을 막아내려고 하였다.

왕전은 도착하여 진을 친 후 지키기만 할 뿐 싸우려고 하지 않았으므로, 병사들은 마음껏 휴식을 취할 수 있었다. 어느 날 왕전은 부하들의 진중으로 사람을 보내어 병사들이 무슨 놀이를 하고 있는가를 조사시켰다.

"돌팔매질도 하고 뜀뛰기도 하고 씨름도 하면서 놀고 있습니다." 하니, 왕전은 "좋다!" 하고 큰 소리로 외쳤다. 그는 병사들의 심신이 모두 건전한 것을 확인한 것이다.

한편, 아무리 도전을 해도 싸우려고 하지 않는 진의 군을 보고 형의 군은 퇴각하기 시작하였다. 이때 왕전은 비로소 출격을 명하였다. 그렇게 하여 1년 후 형나라는 진나라에 평정되었다.

이 부분은 군형편의 총괄이다. 형(形)이란 말은 즉 태세라는 뜻이나 여기서는 눈에 보이는 형만을 말한 것은 아니다.

"수비를 잘하는 자는 구지(九地) 밑에 숨고, 공격을 잘하는 자는 구천(九天) 위에서 움직인다."라는 말과 같이 눈에 보이지 않는 형도 포함한다. 이 눈에 보이지 않는 무형의 형에 비중이 걸려 있다. 무형의 형이란 고정된 정적인 형이 아니라 무한한 변화를 안에 숨기고 있는 동적인 형이기 때문이다. 손자가 제6장 허실편에서 말하기를, "병사를 형(形)하는 극치는 무형에 이른다." 하고, "무릇 병의 형은 물과 같다."라고 말한 것은 이를 뜻하는 것이다.

예를 들면 바둑의 정석(定石)과 같다. 정석이란 무수한 실전 속에서 생겨나는 것으로서 앞으로도 무수하게 생겨날 가능성이 있다. 정석도 역시 각각 일정한 형을 가지면서 동시에 다음 한 수에 대하여 무한한 변화를 내포하고 있다. 초심자가 갓 배운 정석을 써서 참패하는 것은 눈에 보이는 형에만 골몰하고, 그 형이 안에 숨기고 있는 비약의 묘를 모르기 때문이다. 그로써 담담하게 놓인 바둑알이 어느 틈엔가 거대한 벽이 되기도 하고, 항거할 수 없는 힘을 가지고 일거에 덮쳐들기도 한다. 공격을 당하는 측에서 보면 눈깜짝할 사이의 일로서 정신이 들었을 때는 이미 지고 있는 것이다.

싸움에 이기는 자의 용병은 말하자면 가득 괸 물을 터서 천인의 골짜기로 떨어뜨리는 것과 같다. 이것이야말로 용맹의 형이다. 둑으로 막힌 물은 움직이지 않는다. 정(靜)의 상태이다. 결전을 앞두고 숨을 죽이고 있는 군대가 이것이다. 그 군대가 맹렬한 파괴력을 내포하면서 짐짓 유연히 휴양을 취하고 있다. 지휘관은 휘하의 군대를 그러한 상태로까지 이끌고 가는 것이다. 그 후에는 적의 허를 찔러서 돌격 명령을 내리면 된다. 이 군대가 정에서 동으로 움직이는 순간 굉장한 힘을 발휘하는 것이다.

그와 같은 움직임의 전기(轉機)를 내포하고 있는 정, 이 정의 상태를 형이라고 한다. 따라서 '형(=정) 뒤에 오는 것은 동(=세)'이기 때문에 손자는 다음 제5장을 병세편(兵勢篇)으로 만들어서 실전의 용병법을 말하고 있다.

병세편(兵勢篇)

— 상대의 허점을 찌른다

이 편은 군의 세(勢)를 잘 다스리는 것이 전쟁에 필요하다고 말하고 있다. 세란 힘의 움직임이다. 정지한 곳에서는 발휘되지 않는다. 전쟁은 힘의 대결이다. 힘을 최대한으로 발휘해야 한다. 따라서 군대는 세를 부여해야 한다. 여기서 손자는 세의 모체에 대하여 그 형성 과정을 설명하고 있다.

1// 孫子曰 凡治衆如治寡는 分數是也라 鬪衆如鬪寡는 形名是也라

형(形):기(旗)를 가리키는 것.
명(名):봉화나 북, 나팔과 같은 전달 기능을 하는 것.

1

무릇 무리를 다스림이 소수의 사람을 다스림과 같음은 분수 이것이다. 무리를 싸우게 함이 소수의 사람을 싸우게 함과 같음은 형(形)과 명(名)이다.

| 풀이 | 분수(分數)란 수를 나눈다는 뜻인데 이 경우에는 편대 방법 또는 그 부대의 분할이나 편성 인원수 등을 말한다. 또 형명(形名)에서 형(形)이란 부대 표지·연대기·부대기 등 여러 가지 기(旗)에 해당하는 것이고, 명이란 호령이란 뜻으로서 봉화나 북·나팔 같은 것이다.

아무리 수가 많은 대군단이라도 마치 작은 부대를 취급하듯 통일시킬 수 있는 것은 모든 부대의 편성이 빠짐없이 법에 맞게 되어 있기 때문이다. 또 대부대를 소부대와 같이 일사불란하게 전투 행위를 시킬 수 있는 것은 전투 표지나 명령 전달 조직이 완전하기 때문이다.

| 해설 | 여기서는 조직과 통제의 중요성을 말하고 있다. 조직이 크기 때문에 만사가 철저하지 않다는 것은 그 편성 방법에 결함이 있음을 뜻한다.

2// 三軍之衆으로 可使必受敵而無敗者는 奇正是也라

2

삼군의 무리로 반드시 적을 맞아 패함이 없게 하는 것은 기정 이것이다.

병세편 • 115

|풀이| 삼군에 미치는 대군을 이끌고 적과 만났을 때 절대로 패하지 않는 전법으로는 기도(奇道)·정도(正道)를 교묘하게 쓰는 수밖에 없다는 말이다.

기정(奇正):기도(奇道)·정도(正道)의 양면 작전을 뜻한다.

|해설| 정도의 싸움은 정면에서 맞붙어 싸우는 것이 기본이지만 그것만으로는 절대로 승리를 기대할 수 없다. 때에 응하고 기에 임하여 응변하는 처치가 필요하다.

응변만으로 싸움이 되는 것이 아님은 이제까지 구구하게 설명을 하였으나 임기응변의 기도작전, 즉 기병도 쓸 줄 알아야 한다. 기도라 하여 상대편의 의표를 찌르거나 뒤를 치는 것만은 아니다. 기미를 교묘하게 잡는 법도 역시 기병에 속한다.

사업 경영의 선전전 등에서도 또한 필요하다. 그러나 그때그때의 임시적인 행동이 전부는 아니므로, 정(正)과 기(奇)를 아울러 쓰는 것이라야 할 것이다.

3

병(兵)을 가할 때 숫돌로 달걀을 치듯이 하는 것은 허실 이것이다.

3// 兵之所加 加以碬投卵者는 虛實是也라

|풀이| 병력을 상대에게 가할 경우, 숫돌로 달걀을 치는 것과 같다면 그 결과는 뻔한 일이다. 병세(兵勢)도 또한 그렇다. 그 내용이 충실하여 조금도 빈틈이 없는 것을 결함투

성이인 것에 부딪친다면 그 결과는 두말할 나위도 없을 것이다. 이것을 실로써 허를 찌른다고 하는 것이다.

| 해설 | 허실에도 여러 가지가 있다. 세밀하게 밀집되어 있는 것과 그렇지 못한 병수(兵數)의 다소라는 점도 있고, 장비가 완전하고 강력한 병사로 조직되어 있는 것과 변변한 장비도 없이 무력한 병사로 조직되어 있는 것도 있다. 또 충분한 훈련을 쌓고 경험이 풍부한 강력 부대와 임시적으로 징집한 군사들과의 전력 차이도 있다.

요컨대 그 실력의 판단이다. 적의 약점을 재빨리 파악하여 약점을 찌른다면 숫돌로 달걀을 치는 결과가 된다.

〔예화〕 **충실한 군대로 적의 허점을 찌른다.**
병(兵)을 가할 때 숫돌로 달걀을 치듯이 하는 것은 허실 이것이다〔兵之所加 加以碬投卵者 虛實是也〕.

〔예화─줄거리〕 용병에 있어서 이 허실의 기세를 이용하면 어떠한 상대에게도 패하지 않는다. 따라서 군(軍)을 진격시킴에 있어서 마치 단단한 돌을 달걀에다 던지듯 사기가 왕성한 군대로 허점투성이인 적을 공격한다면 결과는 뻔하다.

조직 편성이 튼튼하면 대부대는 마치 소수의 병력과 같이 관리되는 것이다. 그러므로 통신·연락·지휘소 등 전장에서 필요한 지령구(指令具)가 정비되어 있으면 대부대를 지휘하면서도 소수의 대오(隊伍)를 싸우게 하듯 마음대로 지휘할 수가 있다.

묘책(妙策)과 정공법의 운용에 능하면 삼군이 적의 습격을 당해도 진퇴를 그르치지 않는다. 잘 정비된 군대가 겉만을 장식하고 있는 실속 없는 적과 충돌하면 틀림없이 승리를 차지할 수가 있다.

지금부터 2500년 전에 생긴 병법서가 어쩌면 이토록 신선할 수 있을까. 오늘날 눈부시게 발달된 관리 사회에서 《손자》의 병법이 그대로 적용되며, 아직도 《손자》의 붐이 계속되고 있다는 것은 당연한 일이 아닌가 한다. 실제로 중국에서는 옛날부터 20만, 30만 명이라는 인원을 동원시키고 있었다.

《사기열전》에 의하면 대도적 척(跖)의 도당은 수천 명이었고, 소진(蘇秦)이 합종을 헌책하였을 당시 국력이 약한 위(魏)나라도 무장병 20만 명, 잡병 20만 명, 역부 10만 명, 전차 600대에 군마 500두가 있었다고 한다. 또 《전국책》의 기록을 보면 전국시대에는 10만·20만 단위의 군대가 동원되었고, 100만 명의 장정을 가진 진(秦)나라는 한(韓)·위(魏)나라를 쳐서 24만 명을 참수하였으며, 조(趙)나라와 결전한 장평(長平) 싸움(기원전 270년)에서는 40여 만 명의 목숨을 도륙하였다고 한다.

아무튼 많은 인간을 관리하고 지휘한 경험에서 나온 말이므로 오늘날에도 이렇듯 확실할 수 있는 것이다.

4

무릇 싸움은 정(正)으로써 합하고, 기(奇)로써 이긴다. 그러므로 기(奇)를 잘 쓰는 자는 무궁하기가 천지와 같고, 마르지 않음이 강하와 같다.

4// 凡戰者는 以正合하고 以奇勝이라 故로 善出奇者는 無窮如天地이고 不竭如江河라

| 풀이 | 무릇 싸움이란 먼저 정예병을 출격시켜서 정면 돌격을 하고, 그 응전과 교전 중에 요소를 발견하여 기도(奇

이정합(以正合):정공법으로 적과 맞서는 것.
강하(江河):양자강과 황하.

道)로 상대의 약점을 찌른 후, 그 혼란을 틈타 대국적인 승리를 거두는 것이 상식이다.

그러므로 이와 같은 경우의 기책·기병이란 그때그때의 정세 여하에 따라 무한한 천지나 마르지 않는 강물처럼 그에 응하는 적절한 방법이 생기지 않으면 안 된다.

| 해설 | 싸움의 기본이 되는 것은 정도이다. 정도가 있은 연후에 기도이다. 기도는 정도의 병사를 가지고 접전을 하고, 그 과정에서 필요에 따라 쓰이는 것이 아니면 안 된다. 흔히들 기습을 말하고 있으나, 처음부터 기습을 목적으로 해서는 안 될 것이다.

더욱이 기책이란 임기응변의 태세이므로 그것에 일정한 원칙이나 규범이 정해져 있는 것이 아니다. 그렇기 때문에 우연한 기회에 정세에 따라 수시응변하여 쓰지 않으면 안 된다. 그러기 위해서는 병법의 근본 원리와 이념이 자연스레 몸에 배어 있어야 할 것이다.

〔예화〕 정공법으로 싸우고 기책으로 이긴다.
무릇 싸움은 정(正)으로써 합하고, 기(奇)로써 이긴다〔凡戰者以正合 以奇勝〕.

〔예화-줄거리〕 송(宋)나라의 장예(張預)는 이 대목에 대하여 말하기를, "양군이 상대하면 먼저 정면으로 접전한다. 그리고 서서히 기병(奇兵)을 발하고, 혹은 그 양쪽 날개를 치거나 후방을 공격하여 이기는 것이다."라고 주석을 달고 있다.

그러나 정(正)과 기(奇)는 정병과 기병이라고 분류할 만큼 명확하게 고정되어 있는 것은 아니다. 끊임없이 정은 기로 변화하고 유동하는 것이다. 그러므로 천지와 같이 무궁하고, 강하와 같이

다함이 없다고 한 까닭이 여기에 있는 것이다.

　기(奇)란 기(機)이다. 기(機)를 잡아서 상황을 변화시키는 작용이다. 상황이 변화하면 기는 곧 정으로 전화하는 것이다.

　정(鄭)나라 장공(莊公) 원년에 장공은 동생 수단(數段)을 경(京)에 봉하였다. 채중(蔡仲)이 간하여 말렸으나 장공은 끝끝내 듣지 않았다.

　수단은 경으로 가자마자 군비를 갖추고 어머니와 함께 장공을 습격하려고 하였다. 212년에 단은 과연 정나라를 공격하고 어머니 무강(武姜)이 내응하였고, 장공은 출격하여 패주시켰다. 이에 장공은 다시 추격하여 경을 함락시켰으며, 단은 연으로 도망쳤다. 장공이 계속 연도 격파시키자 단은 다시 공(共)으로 도망쳤다. 장공은 어머니 무강을 영(穎) 땅으로 옮기고 맹세하였다.

　"저 황천으로 갈 때까지는 뵙지 않겠습니다."

　그러나 1년이 지나도록 장공은 늘 어머니를 생각하며 지냈다. 그런데 마침 영곡(穎谷)의 고숙(考叔)이 진귀한 물건을 헌상하였으므로 그와 함께 식사를 하게 되었는데, 그때 고숙이 말하였다.

　"제게는 노모가 있습니다. 주군께서 내리신 이 식사를 어머니께 가져다 주기를 허락해 주십시오."

　이 말을 들은 장공은 말하였다.

　"나도 어머니를 뵙고 싶다. 그러나 황천으로 갈 때까지는 만나 뵙지 않겠다고 맹세를 하였다. 맹세를 어길 수도 없고, 어떻게 하였으면 좋겠는가?"

　"땅을 파서 황천을 만드시고 그곳에서 면회하시면 좋지 않겠습니까?"

그리하여 장공은 지하도를 파고 그곳에서 어머니 무강과 면회를 하였다. 황천이란 지하에 있는 샘으로, 죽으면 누구나 그곳으로 간다고 믿었다. 그래서 황천으로 갈 때까지는 어머니를 뵙지 않겠다고 한 장공의 맹세는 죽을 때까지 만나지 않겠다는 뜻이었다. 그러나 맹세한 말은 어디까지나 황천, 즉 땅 밑의 샘이었으므로, 실제로 땅 밑에 샘을 만들면 맹세를 어기지 않고 어머니를 만날 수 있는 것이었다. 장공은 스스로 바람직한 상황을 만들어서 그리운 어머니와 면회를 할 수가 있었으니 이것이야말로 기로써 이긴다는 것이 아닐까. 기란 바람직한 상황을 만들어내는 수단이기도 한 것이다.

5

5// 終而復始는 日月是也라 死而復生은 四時是也라 聲不過五이나 五聲之變은 不可勝聽也라 色不過五이나 五色之變은 不可勝觀也라 味不過五이나 五味之變은 不可勝嘗也라 戰勢不過奇正이나 奇正之變은 不可勝窮也라

오성(五聲):궁(宮) · 상(商) · 각(角) · 치(徵) · 우(羽)의 다섯 종류의 음계. 궁이 기음이고 이로부터 순차를 삼분손익

끝나고 다시 시작되는 것은 일월이 그러하다. 죽음에서 다시 생하는 것은 사시가 그러하다. 소리는 다섯에 지나지 않으나, 오성의 변함은 다 들을 수가 없다. 색은 다섯에 지나지 않으나, 오색의 변함은 다 볼 수가 없다. 맛은 다섯에 지나지 않으나, 오미의 변함은 다 맛볼 수가 없다. 전세(戰勢)는 기와 정에 지나지 않으나, 기와 정의 변함은 들어 다 궁구하지 못할 것이다.

| 풀이 | 싸움이란 기와 정이라고 간단하게 둘로 나누었으나, 단순히 한 가지나 두 가지를 말하는 것은 아니다. 해가 뜨면 달이 지고, 해가 지면 달이 나온다. 이 반복은 끝이 없

다. 또 사시의 계절인 춘하추동도 그렇다. 이렇듯 그에 따른 변화란 끝이 없는 것이다.

　음계도 다섯으로 분류되고 있으나, 자연이 가지고 있는 음의 세계란 그 변화가 무쌍하여 도저히 다 들을 수 없을 만큼 종류가 많다. 색채 또한 그렇다. 원색은 다섯 가지이지만 자연계의 색채란 천차만별로 눈으로 보고 지적할 수 있는 것이 아니다. 맛도 또한 기본은 다섯이나 그 복잡한 변화로 생기는 맛의 종류는 이루 열거할 수 없을 만큼 많다.

　이와 같이 싸우는 태세도 기와 정 두 가지로 분류하나, 이 기와 정이 복합 변화하여 현실에 나타나는 형태란 다 말할 수 없을 정도이다.

(三分損益)이란 분류로 하여 음계율을 정한 것. 우리나라의 아악은 이것을 기초로 하고 있다.
오색(五色):적·청·황·백·흑색.
오미(五味):신맛·쓴맛·단맛·매운맛·짠맛.

ǀ 해설 ǀ 개념적인 분류와 현실적인 실상의 차이를 설명한 것이다. 실전에 있어서는 정병이라고 생각하면 기병이고, 기병이라고 생각하면 정병인 경우가 있다. 또 정병에 기병이 가미되고, 기병 속에 정병이 가미되는 식의 복합적인 변화가 일어나기 때문에 기병이니 궤도이니 하는 것은 이루 말로 다할 수 없을 만큼 다종다양하여 어떠한 형태로 변화될지 모른다는 것이다.

〔예화-줄거리〕 싸움에는 정병으로써 적과 맞상대하는 것과 기병으로써 적의 허를 찌르는 것의 두 가지밖에 없다. 그러나 이 두 가지가 서로 뒤섞인 변화란 무궁무진하다. 기병에 의한 공격과 정병에 의한 공격, 또는 정병에서 기병으로 기병에서 정병으로,

〔예화〕 **전투 방법은 무한한 것이다.**
전세(戰勢)는 기와 정에 지나지 않으나, 기와 정의 변함은 들어 다 궁구하지 못할 것이다〔戰勢不過奇正 奇正之

變 不可勝窮也).

이렇듯 무궁무진한 전투 방법이야말로 병을 선용하는 것이다.

제(齊)나라의 장군 전단(田單)이 즉묵(卽墨)을 지켜서 연(燕)나라의 군과 싸운 전투는 정병과 기병이 무궁무진하게 전개되는 전형적인 보기이다.

그가 취한 방법은 먼저 연나라 병사와 장군 사이를 이간질시키는 일이었다. 첩자를 보내어 선전하기를, "적장 악의(樂毅)는 연나라의 왕에게 모반심을 가지고 있다."라고 하였다. 이 말을 들은 왕은 악의를 교체시키고 기겁(騎劫)을 장군으로 임명하였다. 그러나 연의 군사들은 이 교체에 대하여 세찬 불만을 품었다.

다음에 전단이 다시 취한 수단은 연의 군에 대하여 "내가 겁내고 있는 것은 연의 군이 포로로 잡은 우리 군사들의 코를 베어 선두에 내세우고 싸움을 걸어오는 것이다. 이렇게 되면 우리 군은 틀림없이 패할 것이다."라고 선전을 하였다.

이에 연의 군은 맞는 말이라고 생각하여 포로로 잡은 제나라 병사들의 코를 베었다. 성 안에 있던 제나라 사람들은 일제히 분노하여 절대로 항복하지 않겠다고 결의하였다. 그러자 전단은 계속하여 "연의 군이 우리 성 밖의 무덤을 파서 조상의 시체를 욕보일까 봐 걱정이다."라고 선전하였다.

또다시 연의 군은 그 말에 따라 무덤을 모두 파헤치고 시체를 불태웠다. 성벽에서 이를 바라본 제나라 군사들은 눈물을 흘렸으며, 그 노여움은 10배에 달하였다.

그리고 최후에 전단은 병사들을 무장하여 매복시킨 뒤 노약자와 어린이, 그리고 여자들을 성벽에 오르게 하고 사람을 보내어 항복을 권하니, 연나라 장군들은 안심하고 방심을 하였다.

병세편 • 123

전단은 그 틈을 타 그날 밤 1000여 두의 쇠뿔에 칼을 잡아매고, 꼬리에 갈대를 달아서 불을 붙인 후 연의 군을 향하여 풀어놓았다. 그리고 바로 그 뒤를 5000명의 병력이 따랐다. 성 안에서는 북을 울리며 함성을 질렀다. 연의 군은 놀라 패주하고 말았다.
　정석 그대로의 방법으로 적의 내부를 분열시키고, 아군의 투지에 불을 지른 다음, 기병으로 적의 허를 찌른 전단은 승리를 거둔 것이다.

6
　기와 정이 상생하는 것은 순환의 끝이 없음과 같다. 누가 능히 이를 다하랴.

6// 寄正相生은 如循環之無端이라 孰能窮之哉라

| 풀이 | 순환이란 일상어가 되어 있으므로, 특별히 끝이 없는 것 같다고 쓰여 있으면 끝이 없으니까 순환이 아니냐고 묻고 싶은 생각이 들겠으나, 여기서는 원어의 뜻대로 해석한다.

순환(循環):순은 어루만져 문지른다는 뜻이니, 계속하여 고리(輪)를 어루만진다는 말이다.

| 해설 | 이제까지의 설명에 대한 끝맺음이라고 볼 수 있다. 가급적 예측은 하겠지만, 예측도 할 수 없을 만큼 상대가 뜻밖의 형태로 나오는 일도 있다. 그것도 어떠한 형태인지 도무지 감을 잡을 수 없는 것일 수도 있다. 이미 당하고 난 뒤에 허둥거려 보았자 이미 때는 늦다. 일에 처하였을 때, 일시적인 미봉책이 아니라 하나하나 정확하게 급소를

찌를 수 있는 응급대책이 나올 만큼 만반의 준비가 되어 있지 않으면 안 된다.

현재까지의 경제 상태로 미루어 적어도 십중팔구는 이러리라고 추측하고 있던 것에서 생각지도 않은 돌발적인 상태가 발생하지 않는다고 장담할 수 없다. 언제 어디서 어떠한 재난이 닥칠지 모르는 일이다.

그러나 어떠한 사태에도 해당되는 것이 원칙이란 것이다. 그대로는 적용되지 않더라도 자유자재로 응용된다면 그것이 원칙이고 원리이며, 진수이다.

7

격한 물살이 돌을 표류케 함은 기세이다. 강한 새의 **빠름**이 훼절하게 함은 시기이다. 이 까닭에 잘 싸우는 자는 그 기세가 험하고 그 시기가 **짧다**.

7// 激水之疾이 至於漂石者는 勢也라 鷙鳥之疾이 至於毀折者는 節也라 是故로 善戰者는 其勢險이고 其節短이라

지조(鷙鳥):독수리나 매처럼 억세고 날쌘 새.
훼절(毀折):사나운 새가 다른 새를 습격하여 목뼈를 꺾고, 날개를 꺾는 것.
절(節):결정적인 순간.

| 풀이 | 무시무시한 기세로 흐르는 격류는 커다란 돌을 떠오르게 하고, 그것을 밀어서 흐르게 하는 힘이 있다. 이것은 오로지 수세가 끊임없고 망설임이 없는 지속하는 힘의 집중 때문이다.

또 맹조(猛鳥)가 먹이를 습격하여 상대의 날개를 꺾고 목뼈를 부러뜨리는 것은 그 엄습하는 순간적인 기회를 잘 잡기 때문이다.

이처럼 이상적인 공격 방법은 일단 공세로 나오면 격류

가 머무를 줄 모르는 것과 같은 맹렬한 기세와 숨쉴 틈도 주지 않는 일기가성(一氣呵成)의 성격을 가져야 한다.

| 해설 | 전제가 되는 준비와 고찰이 충분히 검토, 실시된 후에 마침내 싸움의 불길을 올리게 되면, 그때는 잠시의 망설임도 없이 전력을 다하여 상대를 쳐부수어야 한다. 상대가 일어서려고 하는 그 찰나에 그대로 눌러버리는 것이 최상의 방법이다.

이러한 단계가 되면 다시 고려할 필요도 없다. 공격에 공격을 가해서 밀고 들어가는 길밖에 없다. 상대에게 숨쉴 틈을 주어서는 안 된다.

세(勢)란 글자는 알통이 불거진 팔의 모양을 나타내는 역(力)자와 초목을 심는 것을 뜻하는 예(埶)자로 되어 있다. 따라서 본래의 뜻은 초목을 성장시키는 힘을 말하나, 그것이 바뀌어 사물을 지배하는 힘을 뜻하게 되었다. 동시에 '여세를 몰다.'라는 말과 같이 기회라는 뜻도 지니고 있다.

손자가 말하기를 "세차게 흐르는 격류가 무거운 돌을 밀어서 흐르게 할 수 있는 것은 세가 있기 때문이다."라고 하였는데, 여기의 세는 '기세를 타는 상태'라고 해석해도 좋다.

물은 약한 것이다. 또 부드럽기도 하다. 그러나 돌은 단단한 것이다. 그리고 무겁기도 하다. 이렇듯 물과 돌의 성질을 규정지은 다음 커다란 돌을 가지고 왔다고 하자. 이것을 흐르는 물에 던지면 어떻게 될까. 물의 양이 풍부하다면 좁은 골짜기라도, 그 기세의 격심함은 아마도 거대한 돌을 굴려서 흐르게 할 수도 있지 않을까.

앞에서 말한 대로 맹금(猛禽)의 일격을 당하면 다른 조류는 숨도 못 쉰다. 그 기세에 항거할 수 없어서 격파되고 만다. 맹호가 한 번 도약하면 뭇짐승들은 그 위세에 항거할 길이 없다. 쏜 탄환이 나는 새를 맞추는 것도 순발력과 순간 포착의 호흡 때문이다. 그곳에는 기세와 순간이 있다.

잘 싸우는 자는 그 기세를 마치 험조한 수로의 수세와 같이 험하게 하고, 그 기회는 벼르고 있다가 순간에 놓는다. 이렇게 하면 반드시 적을 격파할 수 있다.

다시 구체적으로 설명하자면 '그 시기가 짧다.' 라는 것은 병력을 집중시키고 만반의 준비가 끝나면 부대를 은밀히 적에게 접근시켜서 돌격할 간격을 가급적 줄이는 그 순간을 말하는 것이다.

이와 같이 진공(進攻)에 있어서 극히 신속하고 돌발적인 작전을 전개하면 적은 묘책을 쓸 새도 없고 효과적인 저항도 할 수 없을 것이다.

기세를 날카롭게 잡고, 충분히 기다리다가 빈틈없이 일에 대처하는 수단을 기르는 것이 무엇보다 중요하다.

8

8// 勢如彍弩이고 節如發機라 紛紛紜紜鬪亂而不可亂也이고 渾渾沌沌形圓而不可敗也라

세(勢)는 노(弩)를 빨리 씀과 같고, 절(節)은 기(機)를 발함과 같다. 분분운운하여 싸움이 혼란한 것 같아도 어지럽게 만들지 못하고, 혼혼돈돈하여 진형이 원형이 되어도 감히

패배시키지 못한다.

| 풀이 | 전 조항에서 계속되는 말이나 문자에 설명을 필요로 하는 것이 많으므로 둘로 나누었다. 대체로 격류나 맹조의 비유와 비슷한 내용이다. 여기서는 커다란 석궁에 비유한 것이다. 공격할 때의 기세는 소위 석궁의 시위를 팽팽하게 당겼을 때의 긴장도와 같은 것이며, 최고도의 강력함을 가지고 그것을 발사하는 호흡(기회)은 석궁의 방아쇠를 당기듯, 목표물의 움직임에 맞추어서 틀림이 없도록 가장 적당한 순간을 노리는 것이다.

난전이 되어버리면 통제를 잡지 못할 염려가 있으나, 이때가 매우 중요하다. 여기서 병사가 멋대로 움직인다면 끝장이다. 그러므로 혼전·난전 중이라도 뚜렷한 법칙과 질서가 지켜지지 않으면 안 된다. 평소에 정확하게 짜여졌던 대형도 난전이 되고 나면 적과 아군이 뒤섞여 한 덩어리가 된다. 그러나 그 혼돈 속이라도 상호 교감하여 냉정하게 유지되지 않으면 안 되는 것이다.

노(弩):커다란 석궁(石弓). 고대의 박격포로, 현재와 같은 포가 발명되기 이전에 유일한 장거리 공격 무기였다. 용수철 장치로 커다란 철시(鐵矢)·목시(木矢)·죽시(竹矢)나 돌을 쏘았다.
기(機):노궁의 방아쇠.
분분운운(紛紛紜紜):눈이나 낙화가 떨어지는 모습을 나타낸 형용사.
투란(鬪亂):태세가 혼란스러운 것.
혼혼돈돈(渾渾沌沌):유수가 흩어져 흐르는 모습. 그와 같이 군의 행렬이 어지러운 것을 말한다.
형원(形圓):진형이 둥근 것, 즉 질서가 정연하지 않은 상태를 뜻하는 것.

| 해설 | 바로 이곳이라고 생각되는 적의 급소를 가장 유효한 기회를 잡아서 돌격을 가하는 것인데, 이러한 공격은 대개가 무아무중 상태이므로 혼전이 되었을 때는 무엇이 무엇인지 모르게 되는 것이 보통이다. 사업에서도 혼전의 절정기에 냉정을 잃음으로써 큰 실수를 범하는 경우가 있다.

각 부서의 담당 지휘자가 일선 종업원과 함께 흥분해 버

리면 안 된다. 맹렬한 공격과 냉정한 판단력이란 양립하기 어려운 것이지만, 혼돈의 밑바닥에는 통일이 갖추어져 있지 않으면 안 된다.

9

9// 亂生於治 怯生於勇 弱生於强이라 治亂數也라 勇怯勢也라 强弱形也라

난생어치(亂生於治): 기치가 정제하지 않은 것이 혼란한 것 같으나, 그것은 분수와 형(신호)에 의하여 지휘 통솔되고 있는 것이라는 말.
치란수야(治亂數也): 군대의 모습이 간추려지거나 혼란스러워지는 것은 분수에 달렸다는 뜻.

난은 치에서 생기고, 겁은 용에서 생기고, 약은 강에서 생긴다. 치와 난은 수이다. 용과 겁은 세이다. 강과 약은 형이다.

| 풀이 | 통제가 있는 상태라도 하찮은 계기로 인하여 혼란 상태에 빠지는 수가 있고, 적에게 용감하던 군사가 하찮은 일로 겁을 먹기 쉬운 때도 있다. 이와 같은 사소한 일이 반복되면 평소에 강력하던 병력도 약점투성이가 될 염려가 있다.

통제가 무너진다는 사태는 주로 조직의 실력과 병력 수의 적당 여부, 또한 상대와 비교하여 필요한 것이 갖추어져 있는지 아닌지 등에 좌우되고, 군사가 꽁무니를 빼게 되는 것은 병세의 강약과 용이하게 기회를 잡아서 돌격 태세로 들어가는지 아닌지에 달려 있는 것이다. 군 전체가 강하고 약한 것은 이것을 총합한 군형 태세에 의한다는 말이다.

| 해설 | 태세를 정비하는 법의 중요성과 그 실전에 있어서 나타나는 법 등을 설명하고 있다. 실제로 움직일 수 있는 힘의 크기나 일에 임하여 통제가 무너지지 않는 결속과 같은

병세편

것은 모두 태세와 조직 여하에서 비롯되는 것이다. 조직력이 곧 능력이기 때문이다.

　태세의 정비가 완전치 못하면 언제 어디서 파탄이 생길지 모르고, 갑자기 능률이 오르기도 하고 떨어지기도 한다. 실질적인 동력의 질이 좋고 나쁨 등은 대국에 미치는 영향이 적으므로 근본은 조직 태세의 좋고 나쁨이 모든 것을 결정한다는 말이다.

　사업체가 잘 돌아가고 있을 때는 극히 사소한 것이 원인이 되어 뜻하지 않은 혼란이 발생하는 법이다. 한 작은 부분의 파탄은 뜻밖에 큰 파급력을 가지고 있는 것이다. 최악의 경우는 사업 전체가 위태해지거나 점차 능력을 잃는 수도 있으므로 위험하다.

　이것을 방지할 수 있는 것은 완전한 태세, 즉 정비된 단체 행동력뿐일 것이다. 적극적인 모든 것은 소극적으로 보이는 기초적인 결속에서 생긴다는 말이다.

〔예화-줄거리〕 초(楚)나라 평왕(平王)의 태자는 건(建)이다. 오사(伍奢)와 비무기(費無忌)가 양육계가 되었는데, 비무기는 태자 건에 대하여 충실하지 않았다.

　평왕은 진(秦)나라에 비무기를 보내어 태자비를 데려오라고 하였다. 그런데 그 진의 공녀(公女)가 너무나 아름다웠기 때문에 비무기는 급히 돌아와 평왕에게 보고하였다.

　"진나라 공녀는 절세미인입니다. 왕께서 그녀에게 장가드시고, 태자에게는 따로 비를 맞이해 주는 것이 좋을까 합니다."

〔예화〕 순조로운 때 방심은 금물이다.
난은 치에서 생기고, 겁은 용에서 생기고, 약은 강에서 생긴다〔亂生於治 怯生於勇 弱生於强〕.

평왕은 비무기의 말을 좇아 진나라 공녀를 맞이하여 장가들었으며, 매우 총애하여 아들 진(軫)을 낳았다. 한편 태자에게는 따로 비를 맞이하게 하였다.

진의 공녀를 권하여 평왕에게 아첨을 한 무기는 그 기회에 태자를 버리고 평왕에게 붙게 되었다. 그러나 만약 평왕이 죽고 태자 건이 왕위에 오르게 되면 건이 이것을 구실로 자기를 죽일 것이라는 생각 때문에 무기는 계속 태자를 중상하였다. 건은 점차 세력을 잃고 드디어는 성부의 수장(守將)으로서 변경의 수비를 담당하라는 명령을 받았다. 비무기는 그래도 마음을 놓을 수 없었으므로 끊임없이 태자의 무덕을 평왕에게 고해 바쳤으며, 나중에는 건이 반란을 꾀하고 있다고까지 말하였다.

평왕은 양육계인 오사를 불러서 엄하게 문초하였다. 오사는 비무기가 중상한 것을 이미 알고 있었으므로 평왕에게 말하였다.

"왕께서는 어찌하여 남을 중상하는 그와 같은 하찮은 간신의 말을 믿고 친가족을 소홀하게 대하십니까?"

그러자 비무기가 재빨리 평왕에게 말하였다.

"지금 제지하지 않으면 음모가 성공되어 왕은 포로가 될 것입니다."

마침내 평왕은 화를 내며 오사를 포박하였다. 오사는 몰래 사람을 보내어 태자 건을 도망가게 하였다. 평왕은 더욱 노하여 비무기의 진언을 들어 오사에게 말하였다.

"네 두 아들을 불러오면 목숨은 살려주겠다. 그렇지 않으면 죽일 수밖에 없다."

그러자 오사는 말하였다.

"상(尙)은 정이 두터운 인품이라 부르면 반드시 올 것이다. 원(員)은 성격이 강직하고 부끄러움을 잘 참아 대사를 이룩할 인물이라 오지 않을 것이다."

이윽고 평왕은 오사의 두 아들을 불렀다. 평왕의 부름을 받고 오상(伍尙)은 떠나려고 하였다. 그러나 오원(伍員)이 말하였다.

"평왕이 우리들을 부르는 것은 아버님의 목숨을 살리려고 하는 것이 아닙니다. 훗날의 번거로움을 없애려고 아버님을 인질로 삼아 거짓으로 우리들을 부르는 것입니다. 우리가 그곳으로 가면 부자가 함께 살해될 것입니다. 차라리 도망쳐서 아버님의 원수를 갚을 궁리를 하는 것이 좋겠죠. 뻔히 알면서 죽음의 길을 택할 필요는 없습니다."

오상이 말하였다.

"나도 아버님의 목숨을 구할 수 없다는 것쯤은 알고 있다. 그러나 아버님이 구원을 받으려고 부르시고 있는데 가지 않을 수가 없구나. 너는 도망쳤다가 반드시 아버님의 원수를 갚아다오. 나는 죽음을 택하겠다."

오원은 오(吳)나라로 도망쳤으며, 그 말을 들은 오사는 탄식하기를, "초나라는 이제 싸움터가 되겠구나."라고 하였다.

오상과 오사는 드디어 함께 살해되었다.

5년 후 평왕이 죽자 아들 진(軫)이 왕위에 올랐다. 그가 바로 소왕(昭王)이다. 소왕 원년에 초나라는 끊임없이 오나라의 공격을 받았으므로 사람들은 비무기를 원망하였다. 드디어 자상(子尙)이 비무기를 죽였다.

소왕 10년에 오나라는 대군을 일으켜서 초나라를 공격하여 크게 격파하였으며, 수도 영(郢)에 입성하였다. 오원은 평왕의 무덤을 파헤치고 그 시체를 끌어내어 300번의 매질을 하였다.

　손자가 말하기를, "전란은 평화 속에서 생기고, 겁(怯)은 용기에서 생기고, 약함은 강함에서 생긴다."는 것이 이것이다. 모든 것은 변한다. 평화 속에서 일이 되어가는 대로 내버려두면 그 평화가 얼마 후 전란으로 변하는 것은, 초 평왕의 사례에서 보이는 대로이다.

10

10// 故로 善動敵者는 形之敵必從之고 豫之敵必取之라 以利動之하여 以卒待之라 故로 善戰者는 求之於勢하고 不責之於人이라

卒(卒):졸(猝)과 같다. 급히 돌격하는 것. 졸에는 속(速)과 같은 뜻에서 바뀐 '뜻밖에'라는 해석과 졸오(卒伍)라는 경우의 편성이란 뜻도 있으나 여기서는 전자를 취한다.

　그러므로 적을 잘 움직이는 자는 이에 태세(거짓 불리하게)를 취하면 적은 반드시 따르고, 이를 주면 적은 반드시 취한다. 이(利)로써 이를 움직여 졸(卒)로써 이를 기다린다. 그러므로 잘 싸우는 자는 승리를 세에서 구하고, 이를 군사의 책임으로 삼지 않는다.

┃풀이┃적을 이상적으로 움직이게 하는 데 대하여 생각해 보기로 하자. 우선 이쪽에서 보이는 양상 여하에 따라 반드시 적은 것에 추종해 온다는 점과 조금만 틈을 보여도 곧 그 틈을 파고들 것이라는 점 등이 있는데, 이렇게 유도하는 수단을 써서 적에게 이(利)를 주었다가 그 틈을 타서 재빨리 공격하는 태세를 취해야 한다.

　그러므로 잘 싸우는 자는 오히려 병세를 움직이는 것을 제일로 하고, 싸우는 사람의 역량이나 그 기능 따위에는 기

대를 걸지 않는다는 것이다.

| 해설 | 틈을 보여서 유도한 뒤에 적의 움직임을 낚아채는 아슬아슬한 재주는 통제와 연락 체계가 완벽하지 않으면 불가능한 전법이다.

방파제를 치고 부수어지는 큰 파도의 힘과 같이 뚜렷한 힘의 방향이 있고, 이것에 교묘하게 꾸며진 훌륭한 상호 연락과 조직이 있으면, 이것은 파도와 같은 단순한 자연 현상이나 간단한 물리적 현상만이 아닌 인위적인 것이 된다. 큰 파도를 구성하고 있는 개개의 물방울은 어디까지나 물방울이다. 그것을 하나의 큰 힘으로 움직이게 하는 것은 집단으로 움직이게 하는 힘의 결정 때문인데, 그것은 올바르게 방향을 잡고 있어야 한다.

이 조항에서 기세를 찾고 이것을 남에게 책임을 추궁하지 않는다는 말은 사업의 가장 중요한 근본이 된다. 개인과 집단의 관계에 대한 이야기는 다음에 계속된다.

〔예화-줄거리〕 이익을 보여서 적을 유인하고 그 맹점을 공격하면 이긴다고 손자는 말하고 있는 것이다. 또한 제6장 허실편에서 말하기를, "싸움을 잘하는 자는 사람을 조정하고, 사람에게 조정당하지 않는다."라고 하였다.

조(趙)나라의 명장 이목(李牧)이 흉노의 왕 선우를 결전장으로 끌어내는 데 성공한 것은 바로 이(利)로써 이를 움직였기 때문이다.

〔예화〕 이(利)로써 유인하고 지켜 기다리라.
이(利)로써 이를 움직여 졸(卒)로써 이를 기다린다〔以利動之 以卒待之〕.

결정의 기회가 성숙하였다고 본 이목이 흉노에게 던져준 먹이는 지극히 교묘한 것이었다. 그때까지 수년 동안 이목은 흉노가 침입해 오면 봉화를 신호로 사민(士民)들과 가축류를 전부 성안으로 옮겨, 흉노가 약탈할 것이 하나도 없게 만들었다.

이와 같은 방법으로 싸움을 피하자 흉노의 군사는 물론 이목의 부하들까지도 이목은 겁쟁이라고 생각하였다. 이목의 군사들은 그 상황 중에서 어떻게든 흉노를 해치워야겠다고 절실하게 생각하게 되었다. 그들은 나날이 상사(賞賜)를 받았으나 실전은 한 번도 할 기회가 주어지지 않고 있었다.

이목은 어느 날 대연습을 거행하였다. 가축도 방목을 하고 들에는 일하는 사람들로 가득하였다. 이때 흉노의 소부대가 침입해 왔다. 이목은 일부러 패주하였으며 또 수천 명의 민중도 그대로 남겨놓았다.

선우는 이 이(利)에 끌려서 전세력을 이끌고 변경을 침입해 왔으며, 그제야 이목의 군을 전멸시킬 수 있겠다고 판단하였다. 그러나 결과는 선우의 대패로 끝나고 말았다.

이야기를 바꿔 성고에서 한(漢)나라 군사와 초(楚)나라 군사가 싸웠을 때, 조구(曹咎)를 장으로 하는 초의 군이 대패한 것도 한의 뜻대로 조종을 당하였기 때문이다.

초나라의 항왕이 양(梁)나라의 팽월(彭越)을 치기 위하여 동진할 때 조구에게 명령한 바가 있었다.

"한나라가 도전해 와도 싸우지 말라. 오직 한나라가 돌진하지 못하도록 하면 좋다. 15일 후에 양나라의 땅을 평정하고 장군과 합류할 것이다."

과연 항우가 떠난 후 한나라는 성고의 초의 군에게 도전해 왔다. 그러나 초의 군은 명령대로 출격하지 않았다. 그래서 한나라는 사람들에게 5, 6일 간에 걸쳐 초의 군을 모욕하게 하였다. 조구는 크게 노하여 항왕의 명령을 잊고, 범수(氾水)를 건너 공격하도록 부하에게 명하였다. 군사들이 강 한복판에 도달하였을 때, 한의 군은 일제히 공격을 개시하여 크게 초의 군을 격파하고 초나라의 재물을 말끔히 약탈해 갔다.

이듬해, 한나라 왕 유기(劉奇)와 초나라 왕 항우는 해하(垓下)에서 싸웠다. 여기서 패배한 항우는 스스로 목을 치고 죽고 말았다.

〔예화-줄거리〕 싸움에 기세(결)가 필요한 것은 앞에서도 말한 대로이나 손자는 이 기세에 대하여 자세히 말하기를, "최후에 잘 싸우는 자는 승리를 구하는 데 기세로써 하고, 사람의 능력에 의지하려고 하지 않는다."라고 하며, 다시 "그러므로 사람을 잘 선택하여 기세가 움직이는 대로 시킬 수 있다."라고 하였다.

둥근 돌은 경사진 데 놓으면 혼자서 구르기 시작한다. 모가 난 돌은 그렇지 않다. 둥근 돌을 경사진 곳에 놓는다. 이것이 곧 선택해 낸 인재를 기세대로 움직이게 한다는 것이다. 그때 돌은 사람의 힘을 가하지 않아도 혼자서 구르게 되고 가속도가 붙어 상상을 초월한 속력을 낸다. 적재가 적소에 쓰였을 때, 그 인재는 지니고 있는 힘의 몇 배의 일을 하게 되는 것이다.

전국시대 제나라의 맹상군(孟嘗君)은 재물을 아끼지 않고 예의를 다하여 식객을 우대하였으므로 그의 문하에 모여든 식객은 수

〔예화〕 **적재적소의 효용을 알라.**
잘 싸우는 자는 승리를 세에서 구하고, 이를 군사의 책임으로 삼지 않는다〔善戰者 求之於勢 不責之於人〕.

천 명에 달하였다. 그 명성을 전해들은 진나라의 소왕은 맹상군을 재상으로 등용하고자 청하였다. 그런데 진나라로 가 보니 뜻밖의 일이 벌어졌다.

"맹상군은 제나라 사람이므로, 우리 진나라의 일보다 먼저 자기 본국을 생각할 것입니다."

진 소왕은 이 소리를 듣고 망설이다가 다시 쫓아버리면 맹상군에게 원한을 사게 되리라 생각하고 암암리에 그를 없애고자 가둬버린 것이었다. 맹상군은 진 소왕의 총희에게 부탁하여 고국으로 돌려보내 달라고 하였다. 그러자 그녀는 호백구(狐白裘)를 달라는 조건을 내세웠다. 호백구란 맹상군이 진 소왕에게 선물로 바친 것으로 여우 겨드랑이의 부드러운 흰털 가죽을 모아서 만든 천 금이나 되는 귀중품이었다. 곤란해진 맹상군이 식객들에게 의논을 하자 천하의 호걸이라는 사람들도 한숨만 쉴 뿐이었다.

그때 한 사람이 구석 자리에서 일어났다. 그는 언제나 여러 사람들에게 바보 취급을 받고 있던 사나이로 원래의 직업은 좀도둑이었다. 의논 끝에 그가 보기 좋게 진 소왕의 궁정에서 호백구를 훔쳐내 오고, 맹상군은 시치미를 떼고 그것을 총희에게 주고 위기를 모면하였다.

어둠을 틈타 객사에서 탈출한 맹상군 일행이 함곡관에 도착한 것은 동이 트기 전으로, 새벽 첫닭이 울 때까지는 아직도 멀었다. 다시 곤란에 빠졌을 때 앞으로 나서는 자가 있었으니, 그는 닭의 울음을 흉내내는 것으로 식객이 된 사나이였다. 그 사나이의 닭 울음소리로 문지기가 날이 샌 줄 알고 문을 열자 맹상군은 무사히 제나라로 돌아올 수가 있었다.

11

그러므로 능하게 사람을 택하여 세에 맡긴다. 세에 맡긴다는 것은 그 사람(군대)을 싸우게 함에 목석을 굴리는 것같이 함이다. 목석의 성질은 편안하면 곧 조용하고, 위태로우면 곧 움직이고, 모지면 곧 그치고, 둥글면 곧 구른다. 그러므로 사람을 잘 싸우게 하는 세는 둥근 돌을 천길 산에서 굴리는 것같이 하는 것이다.

| 풀이 | 병세(兵勢)란 집단을 형성하고 있는 개인 또는 소단위의 집단이 가지고 있는 습성에 순응하는 것이다. 약한 곳은 비뚤어지고, 강한 곳은 튀어나오며, 약한 부분은 굳기를 강하게 하고, 강한 부분은 어느 정도 흩어지는 것과 같은 순응을 하는 것이다.

교묘하게 병세가 움직이는 것을 잡아서 그것에 거슬리지 않도록 하면, 살아 있는 인간에게 싸움을 시켜도 마치 나무와 돌을 굴리는 것과 같은 상태가 된다. 원래 나무나 돌은 있는 그대로 내버려두면 조용히 움직이지 않으며, 안정을 잃게 하면 움직이기 시작한다. 또 그 모양이 사각이면 안정되고, 둥글면 자칫 구르기 쉬운 것이다.

따라서 개인과 집단(集團)의 그 구성 분자의 상호 관계를 잘 구별하여 활용할 필요가 있다. 그래서 사람을 이상적으로 싸우게 하려면, 그 병세라는 것이 주동력으로 둥근 돌을 높은 산에서 굴리는 것과 같이 걷잡을 수 없는 기세로 몰아야 한다.

11// 故로 能擇人而任勢라 任勢者란 其戰人也에 如轉木石이라 木石之性은 安則靜이고 危則動이며 方則止이고 圓則行이라 故로 善戰人之勢는 如轉圓石於千仞之山者勢也라

택(擇):여러 개에서 하나를 택한다고 해석하면 이해하기 어려우므로, 개개의 특성을 끌어낸다고 보는 것이 좋다.

| 해설 | 인간의 집단과 집단이 충돌하였을 때 인간의 움직임에 역학적인 관찰을 가한 것이다. 여러모로 해석할 수 있어서 재미나는 대목이다.

집단과 그 집단을 구성하고 있는 개개인의 관계, 거기서 작용하는 군중 심리나 상대와의 접촉으로 야기되는 집단 안의 각종 마찰 같은 것을 취급하고 있다.

집단의 힘을 그 구성분자인 하나하나로 나누어버리면, 나무나 돌과 같이 자기 의사를 가지지 않는 움직임밖에 못한다는 관찰 등은 상당히 흥미 있는 견해라고 볼 수 있다.

개인이란 혼자 놓아두면 결코 움직이려고 하지 않고, 될 수 있는 대로 조용히 있고 싶어한다. 이것이 움직이기 시작하는 것은 여러 사람들과의 사이에 균제·균형이 그 어떠한 힘으로 인해 깨어짐으로써 움직이는 역학적인 것이 발생된다는 것이다.

사람이란 혼자 있으면 움직이지 않지만, 둘이 되고 다섯이 되고 열이 되면 움직임이 발생한다. 사람이 더 많아지면 거기에 전체의 힘이라고 하는 일정한 방향의 움직임이 생기는 것이다.

더욱이 개인이 각자 마음대로 움직인다면 거기에는 개인차이라고 할까, 각자의 성벽이라고 할까, 그러한 것에 의한 움직임의 차이가 생긴다. 또 움직이기 시작하는 동기를 분석해 보면, 좀처럼 움직이려 하지 않는 자가 있는가 하면 하찮은 일에 곧 움직이는 성질의 사람도 있다. 또 평소에는 잘 움직이지 않는 침착한 사람이 일단 커다란 힘의 집단에 부딪치면 갑자기 격렬하게 변하는 수도 있다.

　이것을 집단으로 움직이게 한다는 관점에서 보았을 때, 안정성이 적고 뇌동성이 강한 편이 통일된 집단행동으로 몰아넣기 쉽다는 점을 잘 분간하지 않으면 많은 사람을 함께 부리기는 힘들다.

　이 불편한 안정이야말로 하나의 힘이 되는 기본적인 것이라는 생각은 앞으로도 여러 곳에서 나온다.

허실편(虛實篇)

- 주도권을 잡으려면

여기서는 전투에 있어서 승리의 비결이란 아군의 실(實)로써 적의 허를 찌르는 것이며, 그 전술은 적에게 조종당하지 않고 오직 적을 조종하는 데 있다는 것을 설명하고 있다.
용병하는 방법도 상황에 따라 천변만화하나, 항상 적의 실을 피하고 허를 쳐야 한다는 것이 이 편의 요지다.

1// 孫子曰 凡先處戰地에 而待敵者佚이고 後處戰地에 而趨戰者勞라 故로 善戰者는 致人而不致於人이라

추전(趨戰): 급히 달려가서 싸우는 것.
치(致): 어떠한 대상을 자기 뜻대로 한다는 것으로, 여기서는 상대를 이쪽으로 끌고 오거나 데리고 온다는 뜻.

1

무릇 먼저 전지에 나아가 적을 기다리는 자는 편하고, 늦게 전지로 나아가 싸움을 하는 자는 수고롭다. 그러므로 싸움을 잘하는 자는 사람을 조종하고, 사람에게 조종당하지 않는다.

| 풀이 | 대체로 한걸음 앞서서 전쟁터에 도착하여 상대가 나타나기를 기다리는 것은 몸에 무리를 주지 않기 때문에 편하다. 그러나 뒤늦게 전쟁터로 나와 공격을 하다 보면 자연 무리를 하게 된다. 그러므로 싸움에 능숙한 사람은 이 이치에 따라 먼저 공격하지 않고 가급적이면 상대를 끌어들여 영격(迎擊)을 하는 전법을 취한다. 공격 전법보다는 영격 전법이 훨씬 유리하다.

| 해설 | 움직임이 있을 때는 그에 수반하는 힘의 소모를 생각해야 한다. 크게 움직이면 큰 소모가 있고, 작게 움직이면 작은 소모가 있게 마련인데, 이것은 설비나 능률과도 통하는 것이라고 할 수 있다.

적당한 설비만 갖추면 100이 움직여서 100의 효과를 얻을 수 있으나, 이것이 불완전하면 120이 움직여서 80의 효과밖에 얻지 못하게 된다. 이것도 남을 조종하고 남에게 조종당하지 않는 것에 해당된다.

또 이렇게 생각할 수도 있다. 같은 물건을 팔려고 할 때, 이쪽에서 적극적으로 팔려고 하는 것과 상대가 사러 오는

것과는 큰 차이가 있다. 이것은 특별히 설명할 필요도 없는 일이지만, 이 이치도 따지고 보면 결국 남을 조종하느냐 조종당하느냐의 차이다.

그런데 실제로 일을 당하였을 경우, 어쩔 줄 모르고 애를 끓이느니 남에게 조종당하는 편이 편한 것 같은 착각에 사로잡히기 쉽다. 그것은 사람을 조종하려면 조종할 수 있는 무엇이 갖추어져 있어야만 하기 때문이겠지만, 그보다는 상대가 움직이는 쪽으로 조종당한다는 것은 이쪽 노력 여하로 어떻게든 되겠지 하는 안이한 생각 때문이 아닐까.

그러나 현실 사회에서는 좀처럼 남을 조종하는 상대가 움직여 오는 일이 적으므로, 이쪽에서 움직이려고 하기 때문에 무리가 생긴다.

〔예화-줄거리〕 오대시대(五代時代)의 일이다. 후주(後周)가 돌궐(突厥)을 사주하여 후제(後齊)를 공격하니, 후제의 장군 단소(段韶)가 이를 맞받아 공격하려는 진을 펼쳤다. 마침 큰 눈이 내린 뒤였는데 주나라 사람은 보졸(步卒)을 앞에 내세우고 서쪽에서 몰려와 성밖 2리까지 육박하였다.

후제의 여러 장수는 맞받아 공격하려고 역진공(逆進攻)을 주장하였으나, 단소는 허락하지 않았다.

"보졸의 기력이나 기세에는 한도가 있는 것이다. 더욱이 지금은 적설도 깊으므로 공격해 나아가기에는 그리 좋은 조건이 아니다. 아직은 진중에서 대기하라. 적은 피로하고 아군은 힘이 남아 있으므로 이것을 격파하기는 쉬운 일이다."

〔예화〕 **주도권을 쥔 쪽이 이긴다.**
싸움을 잘하는 자는 사람을 조종하고, 사람에게 조종당하지 않는다〔善戰者 致人而不致於人〕.

그 뒤 한 번의 교전으로 단소가 주의 군을 크게 격파하니 그 전위는 전멸되고, 후군은 정신없이 도망쳐버렸다.

먼저 형세의 자리에 진을 펴고 적을 기다리면 충분히 준비도 할 수 있고, 병사나 말도 영기(英氣)를 기를 수 있다. 그러나 전쟁터에 도착하는 것이 늦으면 충분한 준비를 갖출 틈도 없을 뿐만 아니라, 피로해진 말과 병사를 갑자기 전투에 투입시키지 않으면 안 되기 때문에 싸움의 주도권을 잡지 못하고 칼자루를 쥔 상대에게 끌려 다니게 된다. 그러므로 싸움에 능숙한 사람은 상대를 바쁘게 하여 피로하게 만드는 등 결코 편하게 만들지 않는다는 것이다.

후한 광무제의 부하였던 건위대장 경감(耿弇)이 장보(張步)를 격파한 고사(故事)도 주도권을 쥐는 것이 얼마나 중요한지를 전하는 것으로 《후한서》에 기록되어 있다.

장보의 장 비읍(費邑)이 동생 감(敢)을 보내어 굳게 지키고 있던 거리성(巨里城)을 경감이 공격하였다. 투항자에게서 비읍이 도우러 온다는 것을 안 경감은 공구(攻具)를 정비하도록 전군에 명령하고, 3일 후에 거리성을 맹공한다는 것을 알림과 동시에 남모르게 포로를 석방하였다. 물론 그들의 입을 통하여 경감 군의 의도를 알게 된 비읍은 그날 과연 정병 3만 명을 거느리고 진격해 왔다. 감(弇)은 크게 기뻐하며 비로소 장수에게 본심을 밝혔다.

"공격 용구의 점검을 명한 것은 비읍을 유인하기 위해서였다. 그런데 정말 적당한 때에 와주었구나."

물론 경감이 크게 적을 격파한 것은 말할 나위도 없는 일이었으며, 비읍은 전사하고 말았다.

2

능히 적을 스스로 이르게 함은 이를 이롭게 하기 때문이다. 능히 적을 이르지 못하게 함은 이를 해롭게 하기 때문이다.

2// 能使敵人自至者는 利之也라 能使敵人不得至者는 害之也라

| 풀이 | 상대를 자발적으로 접근하게 만드는 것은 이익이 된다고 생각할 만한 그 무엇이 있어야 한다. 그 반대로 저쪽에서 움직여 오려고 하지 않는 것은 상대에게 손해를 예측하게 하는 그 무엇이 있기 때문이다.

| 해설 | 팔짱을 끼고 저쪽에서 움직여 오기를 기다리는 것이므로 상대가 움직여 올 만한 것이 없어서는 안 된다. 그렇게 하는 편이 이익이 된다는 것을 상대가 느끼지 않으면 상대는 움직이지 않는다.

움직이면 반드시 거기에 따르는 손실이 있으므로 무리해서 움직여 올 리가 없는 것이다.

신상품으로 말해 보자. 본질적으로 전혀 새로운 구상에서 생긴 것, 그리고 지금까지 그러한 것이 없어서 부자유하던 것, 또는 재래품과는 비교도 되지 않을 만큼 사용법이 간편하고 견고한 것, 혹은 뛰어나게 가격이 싸고 품질이 좋은 것 등등 상대에게 충분히 보답이 될 만한 이익을 내보이지 않으면 신상품에 대한 구매욕을 기대할 수 없어진다. 더욱이 그 상품이 무익·유해하다면 그와 같은 염려가 있다는 것만으로도 상대는 절대로 뛰어들지 않을 것이다. 이것은

모든 분야에서도 통하는 철칙이다.

3

3// 故로 敵佚能勞之이고 飽能飢之이고 安能動之라

그러므로 적이 편안하면 능히 이를 피로하게 하고, 배부르면 능히 이를 주리게 하고, 안전하면 능히 이를 움직이게 한다.

| 풀이 | 수동과 능동에는 차이가 있다. 상대는 가급적이면 움직이지 않고 가만히 있으려고 하는 것이 본연의 상태이다. 그렇다면 체념을 하고 있어서는 전쟁이 되지 않는다.

만약 적이 편안한 상태에 있는 듯하면 어떻게 해서든지 애쓰게 만들어서 피로한 상태로 이끌어가야 한다. 식량이 풍부해 보일 때도 방법을 강구하여 부자유하게 만드는 것이다. 요컨대 상대의 안정을 어떻게든 무너뜨리는 것인데, 이것은 불가능한 일은 아니다.

| 해설 | 평온하고 안정된 상대만큼 싸움 상대로서 대하기 힘든 것은 없다. 이같은 상대와 싸우게 되었을 때는 이쪽이 유인되는 불필요한 움직임을 보이기 쉬우므로 한 수 늦어진다.

평온 상태에 있는 상대에게는 허점이나 결함이 없는 법이다. 상대가 비로소 움직이게 되었을 때, 그것이 어떠한 형태의 것이든지 찌르고 들어갈 허점의 기회도 생긴다.

사업의 경우라면 판로나 구입로를 혼란시키는 수단도 있을 것이고, 자금망을 혼란시키는 방법도 있을 것이다. 목적은 일 자체에 있는 것이 아니라 상대를 동요시켜서 찌르고 들어갈 허점을 만드는 데 있다. 상대가 자발적으로 움직이려 들지 않는다면, 움직이지 않으면 안 되도록 만들 수밖에 없다.

4

그 반드시 가는 곳으로 나가고, 그 뜻하지 않은 곳으로 간다. 천 리를 가도 피로하지 않은 것은 사람이 없는 곳을 가기 때문이다. 공격하면 반드시 취함은 그 지키지 않는 곳을 공격하기 때문이다. 지키면 반드시 견고한 것은 그 공격하지 않는 곳을 지키기 때문이다.

4// 出其所必趨이고 趨其所不意라 行千里而不勞者는 行於無人之地也라 攻而必取者는 攻其所不守也라 守而必固者는 守其所不攻也라

| 풀이 | 상대가 빈틈없이 정비된 태세로 있을 때 공격하려면, 이쪽이 손을 썼을 때 싫어도 반드시 상대해 올 요소를 향하여 공격을 가한다. 그러면 적은 반드시 반응을 보여서 움직이게 된다는 것이다.

상대가 움직여 주면 그 움직임에 따라 그곳으로 관심이 모이므로 주의가 미치지 않는 곳이 나타난다. 그때 그곳을 서슴없이 찌르는 것이다.

주의가 다른 곳으로 돌려지는 장소는 방비력도 적은데 아무리 먼 거리의 강행군이라도 무저항인 곳이면 편안하게

기소필추(其所必趨):적이 언제나 관심을 가지고 있는 급소·요소를 말한다. 따라서 누구든지 찌르면 절대로 그냥 내버려두지 않는 곳을 뜻하는 것.

공략할 수 있다. 상대의 수비가 불완전한 상태에서 공격하면 반드시 취할 수 있는 것이다.

이것을 역으로 생각하여 방비하는 쪽에서 보면 절대 패하지 않는 방비란 상대가 공격하려 들지 않는 곳을 굳게 지키고 있을 경우이다. 상대가 속임수를 쓰려고 표면상으로 공격을 가하지 않는 듯 생각되어도, 허를 찌르기 위하여 공격해 올 듯한 장소를 오히려 빈틈없이 굳히고 있다는 속임수의 또 속임수를 쓰는 수비가 가장 중요하다는 것이다.

| 해설 | 소위 역수전법(逆手戰法)이다. 이는 정(正)이 있고 난 후의 역이어야 한다는 것은 말할 나위도 없는 일이다. 제1장 시계편에서 제5장 병세편에 이르기까지의 태세에 대한 기초가 있어야만 비로소 살아나는 역수이므로, 그것을 잊지 않도록 해야 할 것이다. 그렇지 않으면 오히려 조잡스러운 작은 전술이 될 위험이 있다.

상대의 A를 목표로 공격할 때는 먼저 상대가 응전하지 않을 수 없는 B에 손을 댄다. A에 대한 관심을 B로 옮기려는 것이므로 B에 대한 공격은 그 값어치가 될 만한 것이 아니면 안 될 것이다. 그러나 진정한 목적은 B가 아니라 A이므로, B에 대한 공격은 절대로 깊이 들어가서는 안 된다.

그러나 군대란 사람들이 움직이는 것이므로 여간 조심하지 않으면 기세에 휩쓸려서 너무 깊이 움직이는 수가 있다. 따라서 이 무렵의 가감은 여간 어렵지가 않다.

물론 지키는 편도 그러한 점을 대략 알고 있을 것이므로,

그리 손쉽게 이쪽의 수단에 넘어가지는 않는다. 최악의 경우, 그 허를 찌르고 있는 이쪽의 허를 다시 찌르는 수가 생길지도 모른다.

이것을 구체적으로 예를 들면 다소 품절 경향이 있는 주원료를 다른 사람과 경쟁적으로 구입하려고 한다고 하자. 물론 이러한 물건에는 누구나 노리는 주산지가 있게 마련이다. 그런데 다른 곳에도 이쪽 요구를 채워줄 만한 생산지가 있다고 하자. 이와 같은 경우에 타사의 활약을 봉쇄하려고 생각하였을 때는 먼저 주산지에 과장된 소문을 퍼뜨리는 것이다.

그러나 진정으로 노리고 있는 구입처에는 가급적 은밀하게 준비를 갖추고, 주산지에서의 응전에 상대의 주의를 집중시켜둔 다음 실제 행동은 제2의 목표지를 향하여 단숨에 공략하는 전법이다. 그 뜻하고 있지 않은 곳으로 가려면 우선 누구나 뜻하는 듯한 곳을 향해야 한다는 말이다. 이것은 공격하는 쪽만이 아니라 지키는 쪽에서도 이러한 마음가짐은 필요하다.

[예화-줄거리] 후한(後漢) 때, 장보(張步)는 도읍을 극(劇)에다 정하고, 동생 남(藍)에게는 서안(西安)을 지키게 하였고, 또 다른 장군에게는 임동(臨潼)을 지키게 하였다.

마침내 임동에서 40리쯤 떨어진 지점에 경감(耿弇)이 군사를 이끌고 진주해 왔다. 경감은 진을 치자 자세하게 살피기 시작하였다. 서안은 비록 성은 작으나 견고하고 남이 인솔하고 있는 군

[예화] 상대의 맹점을 찌르면 반드시 이긴다.
공격하면 반드시 취함은 그 지키지 않는 곳을 공격하기 때문이다(攻而必取者 攻其所不守也).

사도 정예하다는 점과, 임동은 유명하기는 하나 실제로는 공격하기 쉬운 성이라는 것을 알아냈다.

이에 경감은 군사에 명하여 무기를 준비시키고 5일 후에 서안의 성 주위에서 군사들에게 한참 동안 함성만 지르게 한 다음 그대로 후퇴해 버렸다.

남은 오랫동안 이어지는 함성 소리를 듣고 틀림없이 적이 공격해 온 것이라고 생각하여 성문을 굳게 닫고 철통 같은 수비 태세를 취하였다.

호기 도래라고 경감은 밤중에 군사들에게 이른 아침밥을 먹이고 출발하여 새벽에는 임동성에 도착하였다. 이에 부장 순량(荀梁) 등은 작전에 대하여 이의를 제기하였다.

"어서 빨리 서안을 공격해야 합니다."

그러자 경감은 말하였다.

"서안은 우리 군사들의 함성을 듣자 공격당하는 줄 알고 철통같이 성을 지키고 있다. 원군도 내보내지 못하고 있을 것이다. 이때 서안이 공격당하고 있다고 생각하는 임동을 불시에 친다면 몹시 놀라서 당황할 것이다.

그 틈을 타서 힘을 다하여 공격한다면 반드시 하루 만에 함락시킬 수 있다. 임동이 함락되면 서안은 고립되는 것이다. 이것이 야말로 일석이조가 아닌가."

경감이 임동성을 공격하니, 모든 것이 계획대로 되었다. 이와 같이 맹점은 있는 법이고, 틀림없이 무방비 상태가 될 때가 있는 것이다.

5

그러므로 잘 공격하는 자는 적이 그 지킬 곳을 모르고, 잘 지키는 자는 적이 그 공격할 곳을 모른다. 은밀하고 은밀하여 형태가 없음에 이르고, 신기하고 신기하여 소리가 없음에 이른다. 그러므로 능히 적의 사명(司命)이다. 나아가되 막지 못함은 그 허를 찌르기 때문이고, 물러나되 쫓지 못함은 신속하여 미치지 못하기 때문이다.

5// 故로 善攻者는 敵不知其所守이고 善守者는 敵不知其所攻이라 微乎微乎하여 至於無形이고 神乎神乎하여 至於無聲이라 故로 能爲敵之司命이라 進而不可禦者는 衝其虛也라 退而不可追者는 速而不可及也라

∥풀이∥ 이상적인 공격 방법은 상대에게 어디를 어떻게 지켜야 완벽한가에 대한 판단을 할 수 없게 되고, 또 이상적인 수비에 부딪치면 상대는 어디를 어떻게 공격하면 좋은지 실로 미묘해져 목표를 세울 수가 없게 하는 것이다. 이로써 갈팡질팡하게 만드는 것인데, 마치 목소리가 없는 것을 상대로 하거나 형태가 없는 것을 잡는 것과 같다. 따라서 뜻대로 상대를 요리할 수가 있는 것이다.

이쪽의 진격을 눈치채더라도 상대의 허점을 불의에 찌르는 것이므로 응수할 수가 없게 된다. 똑같이 상대가 퇴각한다는 것을 알아도 그 행동이 뒤쫓을 수 없을 만큼 빠르다면 팔짱을 끼고 바라볼 수밖에 없다.

상대가 어디서 어떻게 나올지 짐작조차 할 수가 없다. 궁리 끝에 '옳지 이곳으로 나왔구나.' 하고 군사를 모으면 그 틈을 노려서 허점을 보고 불쑥 쳐들어온다. 또한 이쪽에서도 그 수를 썼는데 상대가 지켜야 할 곳을 빈틈없이 지키고 있다면 정체가 없는 도깨비를 상대하고 있는 것 같아서 손

미호미호(微乎微乎):깊숙하여 알기 어렵다.
신(神):실태를 잡을 수 없는 것을 뜻한다. 〈주역〉에서 말하기를, '음양을 예측할 수 없는 것, 이것을 신(神)이라고 한다.' 라고 하였으며, 또 〈맹자〉에 말하기를, '성스러워 알 수 없는 것, 이것을 신이라고 한다.' 라고 하였다.
사명(司命):생사를 맡아보는 별의 명칭에서 나온 것으로, 그 움직임에 의하여 그것이 생사에 관계한다는 뜻.

을 쓸 수가 없게 된다.

　지키지도 못하고 공격도 하지 못하는 속수무책의 상태가 되는 것이다.

| 해설 | 신변 불가사의, 신출귀몰, 신책귀모 등 우리들이 예로부터 써오던 형용사는 이러한 용병을 두고 이르는 말일 것이다. 그러나 결코 신의 재주도 아니고 초자연적인 것도 아니다. 요컨대 3조항의 '편하면 이를 피로하게 한다.'로부터 열거해 온 역수를 계속 뒤집어씌우면 이렇게 되는 것이다.

　상대의 허를 찌르는 공격이나, 퇴각해야 한다고 생각하였을 때의 퇴각이나, 상대의 의표를 찌르는 행동은 모두 신속해야 한다는 것도 여기서 가르치고 있다. 상대에게 응수할 시간을 주는 것은 상대의 허가 실은 허가 아니게 된다. 태세를 재정비할 여유를 주기 때문이다. 그러므로 병을 움직이는 속도로 의표를 찌르라는 것이다.

[예화] 자기의 정체를 알리지 말라.
은밀하고 은밀하여 형태가 없음에 이르고, 신기하고 신기하여 소리가 없음에 이른다〔微乎微乎 至於無形 神乎神乎 至於無聲〕.

[예화 – 줄거리] 다소 구체적으로 말하면, 아군이 추격하는 속도보다 적이 후퇴하는 속도가 빠르면 적은 있어도 잡을 수가 없다. 따라서 무형이 되는 것이다. 재빠르게 후퇴를 하면 적의 운명을 내 손에 쥘 수가 없다.

　싸움을 하고 싶다고 생각하였을 때는 싸움을 할 수 있고, 싸움을 하고 싶지 않다고 판단하였을 때는 싸우지 않아도 되는 것이 무형·무성의 정신이다. 명장이라고 불리는 사람들의 전술에는 이와 같이 완전치는 않더라도 이에 가까운 것이 많다.

홍수(泓水)라는 강을 끼고 대치한 초(楚)나라 성왕(成王)과 송(宋)나라 양공(襄公)은 무형·무성이란 점에서 보면 거의 낙제였다.

양공의 군세는 적고 성왕의 군세는 훨씬 많았다. 수를 믿고 성왕의 군사는 홍수를 건너기 시작하니, 자어(子魚)가 양공에게 말하였다.

"적은 보는 바와 같이 대군이지만 지금이라면 적의 허를 찌를 수 있으니 강을 다 건너기 전에 공격합시다."

그러나 양공은 듣지 않았다. 강을 다 건너온 초의 군대가 잠시 진형을 정비하지 못하고 있을 때 자어가 다시 말하였다.

"이 기회를 놓치면 공격할 시기는 없습니다."

"아니다. 적이 진형을 정비할 때까지 기다리자."

이렇게 하여 초의 진형이 정비되자 양공은 공격 개시의 북을 울렸다. 물론 양공은 진형을 갖춘 초의 대군을 이길 수가 없었다. 송나라 사람들이 원망하자 양공은 태연히 말하였다.

"군자란 남이 곤경에 처하였을 때 그것을 괴롭혀서는 안 되는 법이다. 초의 진형이 정비될 때까지 공격 신호를 내리지 않은 것은 그 때문이다."

자어는 화를 내며 말하였다.

"전쟁은 승리가 공적의 전부입니다."

자어의 말대로 전시에 평화시의 도리를 들추어 본들 아무 소용도 없는 것이다. 양공은 아군을 유형으로 하고 적을 무형에 가깝게 한 다음에 싸웠다. 전쟁 법칙과는 전혀 반대되는 지휘를 하였으므로 패하는 것은 당연한 이치가 아닌가.

6// 故로 我欲戰이면 敵雖高壘深溝도 不得不與我戰者는 攻其所必救也라 我不欲戰이면 雖劃地而守之도 敵不得與我戰者는 乖其所之也라

필구(必救): 반드시 지켜야 할 것.
괴(乖): 어그러짐.

6

그러므로 내가 싸우고자 하면, 적이 비록 누를 높게 하고 구를 깊게 한다 하더라도 나하고 싸우지 않을 수 없음은 그 반드시 구하는 곳을 공격하기 때문이다. 내가 싸움을 바라지 않으면, 비록 땅을 그어 놓고 이를 지킨다 하더라도 적이 나와 싸우지 못함은 그 가는 곳이 어긋나기 때문이다.

| 풀이 | 적이 아무리 성벽이나 누를 높이 하고 구를 깊이 파서 엄중하게 수비를 굳혀도 이쪽에서 싸우려고 들면, 상대는 싫어도 응하지 않을 수 없다. 이때는 상대에게 가장 급소가 되는 곳, 이를테면 적의 본거지라든가 무기고·탄약고·양식고 또는 전후를 연락하는 통로 등을 공격하면 된다.

반대로 이쪽이 싸움을 시작하면 오히려 불리하다고 생각하였을 때는, 비록 굳은 진지를 구축하지도 못하고 단순히 땅에 선을 그어 놓았을 정도의 간단한 방비라도 충분히 상대의 출격을 막을 수가 있다. 그것은 상대의 목적과 크게 어긋나게 하는 것이다.

목적과 어긋나는 것이란 방비진을 친 곳이 뜻밖의 곳이거나 그 방위 방법이 손쉽게 손을 댔다가는 큰코 다칠 것 같은 태세로 되어 있다든가 하는 여러 가지가 있을 것이다. 아무튼 적의 예상을 뒤엎는 방비를 갖추는 것이다.

| 해설 | 이 조항은 오로지 다음에 말하는 문장의 전제에 지나지 않으므로 이것만 떼어서 보면 아무런 의의도 없는

것이다.

'갖춤이 있으면 근심이 없다.' 라는 말이 있으나 이 말은 반드시 금과옥조가 아닌 것을 나타내고 있다. 아무리 견고한 방비를 하고 있다고 생각해도 어딘가에 잠재해 있는 급소를 찔리면 뜻밖에도 간단하게 파탄이 오는 것이다. 또 특별한 방비 태세가 없어도 상대의 창끝을 교묘하게 피하는 수를 쓰면 강한 타격을 받지 않고도 넘길 수 있는 것이다. 걸어오는 싸움을 언제나 받아들이라는 법은 없는 것이므로, 일상생활에서도 노련한 사람은 가볍게 넘겨버리는 수를 쓴다.

단 이 방법을 써서 적을 대할 때는 어느 정도 실력이 갖추어져 있지 않으면 안 된다. 충분한 실력을 갖추지도 않았으면서 이 방법만을 믿고 싸우려 들었다가는 뜻밖의 위험한 사태에 떨어지고 마는 것이다.

7

그러므로 적에게는 형(形)을 보이게 하고 나는 형이 없으면, 곧 나는 오로지할 수 있고 적은 나뉘게 된다. 나는 오로지하여 하나가 되고 적은 나뉘어져 10이 된다. 이것이 10으로써 1을 공격하는 것이다. 즉 나는 중(衆)이 되고 적은 과(寡)가 된다.

능히 중으로써 과를 치면 곧 나와 더불어 싸우는 자는 약하다.

7// 故로 形人而我無形이면 則我專而敵分이라 我專爲一이고 敵分爲十이라 是以十攻其一也라 則我衆而敵寡라 能以衆擊寡者면 則吾之所與戰者約矣라

| 풀이 | 적으로 하여금 형(形)을 나타나게 하려면 전개된 상황을 잘 파악해야 한다. 그리고 상대에게는 가급적 뚜렷한 진형을 취하게 하고, 이쪽은 가급적 포착하기 힘든 대형으로 포진을 한다면 이쪽에서의 공격은 집중적인 것이 되지만 적으로서는 목표가 뚜렷하지 않으므로 힘이 분산되고 말 것이다.

다시 말하면, 이쪽의 힘은 집중된 하나가 되고 상대의 실력은 분산되어 10으로 나뉜다는 것이니, 하나의 힘이 10분의 1로 줄어든다고 생각해도 좋다. 즉 10분의 1대 1의 공격력과 수비력의 대결이다.

큰 세력과 작은 세력의 싸움은 비록 같은 수의 군대라고 하더라도 뚜렷하게 드러나 있는 상황 전개에 따라 상대방을 치는 것이므로, 마치 상대를 작게 오그려서 한 곳으로 모아 놓고 치는 것과 같은 것이다.

'적에게는 형(形)을 보이게 하고'라는 곳을 비실재의 형을 적에게 보이는 위장이라고 해석하기도 하는데, 대결하는 실수와 이쪽은 실수 이상의 활동을 하고, 상대에게는 실수 이하의 활동을 시키면 커다란 전력의 경제가 생각된다고 강조하고 있으므로, 역시 상대에게 형을 보이게 한다고 생각하는 것이 좋을 것이다.

8// 吾所與戰之地는 不

8

내가 함께 싸우려는 곳의 땅은 알 수 없다. 알 수 없으면

허실편 • 157

곧 적은 갖추는 바가 많다. 적이 갖추는 바가 많으면 곧 나와 함께 싸우는 바는 적다.

可知라 不可知면 則敵所備者多라 敵所備者多면 則吾所與戰者寡矣라

| 풀이 | '알 수 없다'는 '알게 할 수 없다'라고 해석해야 할 것이다. 적과 회전해야 할 결전지는 좀처럼 적이 눈치채지 못하게 해야 한다는 말이다. 결전지를 깨닫지 못한다면 불필요한 병력을 이곳저곳에 배치시켜 대비하지 않으면 안 된다. 그렇게 되면 이쪽 주력과 충돌할 상대의 병력이 대부분 다른 곳으로 분할되므로 소수의 적과 싸우고 적은 희생으로 끝나기 때문에 승리가 보다 확실하게 되는 것이다.

| 해설 | 전황(戰況)의 추이로 미루어 보아 적을 공격하기 위한 군대의 배치나 그 행군 방향 등을 자세하게 관찰하면 대개 이 근처에서 결전이 되겠다는 지리적 예측이 서는 법이다.

바로 이것이 중요한 것이다. 이것만은 가급적 예상이 서지 않는 곳을 택하여 상대의 판단을 혼란시켜서 정체가 뚜렷하지 않은 전황으로 만들지 않으면 안 된다는 것이다. 상대의 실력을 분산시키는 것은 실력을 작게 만드는 것이 된다는 추리는 극히 초등 수학적인 것이나, 사업 경영 등에서도 여러모로 응용할 수 있는 전술이다.

특히 세력이 비슷한 상대와 대적하였을 때는 상당히 효과적인 전법이 될 것으로 생각된다. 결국 결전이 임박하였을 때 당황하여 상황을 어물어물 넘기려고 해도, 그러한 얕

은 꾀로는 곧 발견되고 말 것이므로 사전에 충분한 배려가 되어 있지 않으면 안 된다.

9

그러므로 앞에 갖춤이 있으면 곧 뒤가 적고, 뒤에 갖춤이 있으면 곧 앞이 적다. 좌에 갖춤이 있으면 곧 우가 적고, 우에 갖춤이 있으면 곧 좌가 적다. 갖추지 않은 바가 없으면 곧 적지 않은 곳이 없다. 적은 자는 적에게 갖추는 자이다. 중(衆)한 자는 적으로 하여금 자신을 갖추게 하는 자이다.

| 풀이 | 전후좌우로 분산될수록 그만큼 지키는 자의 힘이 소홀해지는 것은 불가피하므로, 빠짐없이 사방을 두루 방비하게 되면 전체가 다 소홀해지고 만다.

방비할 곳이 많을수록 각 부서의 전력은 적어지고, 반대로 상대에게 방비시키는 곳이 많을수록 이쪽 전력은 강대해진다.

이쪽은 행동 목적이 비익(秘匿)의 깊고 얕음 또는 대소가 그대로 이쪽 전력의 대소에 통하게 되는 것이다.

| 해설 | '갖춤이 있으면 근심이 없다.' 라고 하는데, 여기의 경우는 오히려 방비가 근심이 되고 만다. 생각 없이 닥치는 대로 방비를 굳힌다는 것은 극단적으로 말하면 아무런 방비를 하지 않는 것과 같다는 말이다. 상대로 인하여 방비를 해

9// 故로 備前則後寡이고 備後則前寡라 備左則右寡이고 備右則左寡라 無所不備면 則無所不寡라 寡者는 備人者也라 衆者는 使人備己者也라

허실편 • 159

야 하는 쪽과 방비를 하도록 하는 쪽과의 우열에 얼마나 큰 차이가 있는가 하는 점이 전력의 다소에 통하게 된다면 여간 큰 일이 아닌 것이다.

제3장 모공편에서 인용한 '10이면 곧 이를 포위하고, 5이면 곧 이를 공격하고, 배가 되면 곧 나눈다.' 라는 말은 싸움이 물량 작전에 지나지 않는다는 인상이었으나, 실은 그렇지도 않다는 것을 해명하고 있는 것이다.

작전을 운용하는 법에 따라서는 병력을 5배, 10배로도 쓸 수 있다는 것이 된다. 그렇게 되면 10이면 포위한다는 것이 반드시 전병력의 차이를 말하는 것이 아니라, 5라도 포위할 수 있고 대등하더라도 포위할 수 있다는 것이 된다.

10

그러므로 싸움의 땅을 알고 싸움의 날을 알면, 곧 천 리에서라도 회전해야 한다. 싸움의 땅을 모르고 싸움의 날을 모르면, 곧 좌가 우를 구할 수 없고, 우가 좌를 구할 수 없다. 전이 후를 구할 수 없고, 후가 전을 구할 수 없다. 하물며 먼 자는 수십 리, 가까운 자라도 수 리에 있어서랴. 내 이를 생각건대 월나라 병사가 비록 많다 하더라도 역시 어찌 승패에 도움이 있을 것인가.

10// 故로 知戰之地이고 知戰之日이면 則可千里而會戰이라 不知戰地이고 不知戰日이면 則左不能救右이고 右不能救左라 前不能救後이고 後不能救前이라 而況遠者는 數十里 近者라도 數里乎아 以吾度之컨대 越人之兵雖多라도 亦奚益於勝敗哉라

| 풀이 | 결전장이 확실하게 예측되고, 그 시일의 추정도 가능하면 그것이 아무리 먼 곳일지라도 충분히 이쪽이 생각

한 대로 싸울 수가 있을 것이다. 그러나 대강의 짐작이라도 서지 않는다면 참으로 비참하기 짝이 없다.

왼편에 포진하고 있는 병력이, 적의 주력과 만나 싸우고 있는 오른편의 아군을 도울 수 없으며, 왼편에 있는 병력이 오른편에 있는 병력을 돕지 못한다. 전방에 위치하고 있는 병력이 후방을 돕지 못하고, 후방의 병력이 전방을 돕지 못하는 경우가 있게 된다. 하물며 수십 리나 떨어져 있는 아군이라면 한층 더할 것이다. 수십 리가 아니라 수 리라도 어떻게 구원하러 달려갈 수 있겠는가.

손자는 아무리 적국인 월나라 병사의 수가 많다 하더라도 그 병사의 수가 많은 것이 싸움의 승패에는 도움이 되지 않는다는 것이다.

| 해설 | 앞서 말한 전황의 판단에 따라 결전장을 예견할 수 있느냐 없느냐의 능력 차이로 어떻게 전력이 전체적으로 보람 있게 사용되느냐, 안 되느냐 하는 점에 대한 설명이다. 마지막에 손자가 숙적인 월나라에 대하여 큰 소리를 치고 있는 것은 유쾌하나 역시 정치적인 의도에서 나온 말이다.

〔예화-줄거리〕 〈맹자〉에 말하기를 "천시(天時)는 불여지리(不如地利)."라고 하였고, 관자(管子)도 '천시지리(天時地利)'를 말하고 있다.

그것은 배〔舟〕가 좋은가, 전차를 통과시킬 수 있는 평원인가, 또는 보병을 전개시킬 곳인가, 기병으로 단숨에 격파할 수 있는

〔예화〕 **결전지와 일시를 알면 적지에서도 승리할 수 있다.**
싸움의 땅을 알고 싸움의 날을 알면, 곧 천 리에서라도 싸워야 한다〔知戰之地 知戰之日 則可千里而會戰〕.

허실편 • 161

곳인가를 알지 못하고는 싸울 수가 없는 곳이다. 즉 지리를 알아야 한다는 것이다.

한 무제(漢武帝) 때, 서역(西域) 평정을 국시로 하려고 하였다. 먼저 흉노를 격멸하기로 하였으나, 강대한 흉노를 대적하려면 전부터 흉노를 원수로 생각하고 있는 대월 씨(大月氏)와 손을 잡아야 한다고 하여 장건(張騫)이 사신으로 보내졌다. 그러나 흉노 영내를 통과하지 않으면 대월 씨에게 갈 수가 없었으므로 장건은 그곳을 지나다가 붙잡혀서 10여 년의 구류 생활을 하였다.

마침내 장건은 기회를 포착하고, 겨우 탈출하여 다시 서로 향하였다. 대완국(大宛國)과 키르기스(康居國)를 지나 아프가니스탄 북부를 경유하여 대월국으로 들어갔다. 결코 소기의 목적을 달성하였다고는 할 수 없었으나, 십수 년 동안 서역에서의 생활은 장건의 지식욕을 충족시키고도 남음이 있었다. 오손국(烏孫國)·간치(干寘)·누란(樓蘭)·고사(姑師)·안식(安息 : 페르시아)·신독(身毒 : 인도)에 이르기까지 두루 견문을 넓혔으며 곤륜산(崑崙山)에서 발하는 황하의 근원까지 알게 되었다.

후에 장건은 교위(校尉)가 되어 대장군을 따라 흉노를 공격하였는데, 황야에서 수초(水草)가 있는 곳을 세세히 알고 있었기 때문에 군은 막힘 없이 싸울 수 있었으며, 그로 인하여 장건은 박망후(博望侯)에 봉해졌다.

이듬해 구경(九卿)의 하나인 위위(衛尉)로 승진하였으나 숱한 실책을 범한다. 이광(李廣) 장군과 함께 다시 흉노를 공격하였으나 전면 포위를 당하여 대패하였다. 이는 장건이 개전 날짜보다 훨씬 늦게 도착한 것이 원인이었다. 원칙대로 하자면 참죄에 해당되는 실책이었으나, 서역통(西域通)의 제1인자인 까닭에 특별히 용서받아 서민(庶民)이 되었는데, 그 후에도 무제에게 헌책하여 오손국 및 기타 서역의 여러 제국과 화친을 맺고 흉노 붕괴에 성공하였다.

 싸움터를 구석구석까지 알고 있어서 어느 때 공격해야 한다는 것을 판단할 수 있다면 자기 지역을 멀리 떠난 적지라도 충분히 싸울 수 있다는 예는 극히 많다. 이를테면 잘 알려져 있는 손빈·방연(龐涓)이 마릉(馬陵)에서 벌인 숙원의 대결에 제(齊)나라의 장군 전기(田忌)가 손빈의 계략을 듣고 저녁 무렵에 방연의 군이 반드시 도착할 것을 추정하여, 험조한 곳에 복병을 숨겼다가 대승한 것은 시일과 싸움터를 잘 판단한 결과라고 하겠다.

11

11// 故曰 勝可爲也라 敵雖衆이라도 可使無鬪라 故로 策之而知得失之計이고 作之而知動靜之理이고 形之而知死生之地이고 角之而知有餘不足之處라

작지(作之): '작'은 작흥(作興)으로써 자극을 주어 무슨 일인가를 시작시키는 것.
형지(形之): 형태를 드러나게 하는 것.
각지(角之): 적과 부딪치는 것.

 그러므로 말하기를, 승리는 만들 수 있는 것이다. 적이 비록 많다 하더라도 싸울 수 없게 해야 한다. 그러므로 이것을 헤아려서 득실의 계략을 알고, 이것을 일으켜서 동정의 이(理)를 알고, 이것을 드러나게 하여 사생의 땅을 알고, 이것을 충돌시켜서 남고 부족한 곳을 안다.

|풀이| 승리라는 것은 이쪽에서 유도하는 방법에 따라 얻어지는 것이다. 적병 수만 명이 문제라면 아무리 상대가 많더라도 그 대부분을 실제 전투에 참가시키지 않는 것과 같이 만들 수가 있다.

우선 상대편을 충분히 관찰하여 여러 상태에 따른 결과를 착실히 계산하고 국소전을 벌여 봄으로써 어떻게 움직여 올 태세에 있는지 대체적인 방향과 경향을 알아내는 것이다.

다음에 적에 대하여 어느 정도의 진형을 보이고 그 반응을 살피면 어느 곳이 유리한 곳이고 불리한 곳인지를 알 수 있다.

또 상대와 이쪽을 비교 검토하기 위하여 적은 병력을 충돌시켜 본다. 상대의 움직임에 따라 어느 곳을 보강해야 하는지 또는 어느 곳에서 좀더 힘을 빼야 좋은지를 파악할 수 있다. 따라서 그에 맞추어 충분한 태세를 갖추고 계획을 세우면 좋을 것이다.

| 해설 | 예민한 관찰력과 그 활용 여하에 따라 적은 병력도 크게 사용할 수 있다는 점을 네 가지 예를 들어서 설명하고 있다. 관찰을 위해서는 양쪽의 군세를 접촉시켜 보는 것도 필요하다고 말하는 것이다.

조용히 멀리서 바라만 보고 있으면 알 수가 없다. 적당히 상대를 자극해 보고 그 반응으로 실태를 확인하는 것이 좋다고 한다. 물론 이것을 실행함에 있어서는 만전의 주의가 필요하다. 애써 군사를 출동시켰다가 오히려 이쪽이 노출되고 만다면 그야말로 혹 떼러 갔다가 혹 붙이고 오는 격이 되고 말 것이다.

실마리가 잡히면 그 다음은 계산이다. 사방 팔방으로 모든 면에서 검토를 해 보고, 불필요한 곳에는 군사를 쓰지 말고 이곳이라고 생각되는 급소, 그것도 가급적이면 방비가 허술한 곳을 노려서 맹공을 가해야 한다는 것이다.

〔예화-줄거리〕 위(魏)나라 때 사마의(司馬懿)가 요동 평전에 출진하였다.

그런데 너무나 행동이 느렸으므로 사마진규(司馬陳珪)가 다음과 같이 물었다.

"옛날에 상용(上庸)이 맹달(孟達)을 공격하였을 때, 8개 군을 동시에 진격시켜 밤낮으로 쉬지 않고 공격을 하였습니다. 그렇기 때문에 겨우 닷새 만에 견고한 성을 함락시키고 맹달을 격파할 수가 있었습니다. 그런데 이번에는 멀리서 공격하니 아주 한가롭지 않습니까. 저로서는 통 까닭을 알 수가 없습니다."

그러자 사마의가 대답하였다.

"맹달은 병력이 적었으나 양식은 넉넉하여 1년을 견딜 만큼 준비가 되어 있었다. 그러나 아군의 병력은 맹달의 4배나 되었으나 양식은 1개월 남짓한 상태였다. 1개월분의 양식으로 1년분의 양식을 가진 적을 공격할 때는 급습을 하는 것이 당연하지 않은가. 한편 4배의 병력으로 공격하는 것이므로, 가령 반으로 준다 하더라도 그때는 강경한 공격을 해야 한다. 그래서 사상을 돌보지 않고 양식의 소모와 경쟁을 하듯 공격하였던 것이다. 그런데 이번에는 적군은 병력이 많고 아군은 적다. 그러나 적은 주리고, 아군의 양식은 충분하다. 비가 오므로 교전은 하지 않고 있으나, 적의 양식은 동이 나기 시작하고 있다. 이대로 아무것도 하지 않고 양

〔예화〕 아군이 우세하면 상대의 열세한 면을 찌르라.
이것을 일으켜서 동정의 이(理)를 알고, 이것을 드러나게 하여 사생의 땅을 알고, 이것을 충돌시켜서 남고 부족한 곳을 안다〔作之而知動靜之理 形之而知死生之地 角之而知有餘不足之處〕.

식은 다 떨어지기를 기다리는 것이 지당하지 않은가."

얼마 후 비가 그치자 사마의는 밤낮을 가리지 않고 공격하여 드디어 요동을 평정하였다.

적의 4배가 되는 병력은 아군으로서는 우세한 면이고, 적으로서는 열세한 면이다. 1년분의 양식이 있는 것은 적의 우세한 면이고, 한 달치밖에 없는 것은 아군의 열세한 면이다. 적의 병력이 많은 것은 적의 우세한 면이고, 적이 주리고 아군이 포식하고 있는 것은 아군의 우세한 면이다. 따라서 하나는 속공을 취하고, 하나는 지구전을 취하는 것은 거의 자명한 일인 것이다.

대개 싸움에 임할 때는 언제나 아군의 우세한 면으로 적의 열세한 면을 쳐야 한다. 그러므로 상호의 우세한 면과 열세한 면을 계산하지 않으면 안 된다.

12

병사를 형(形)하는 극치는 무형에 이른다. 무형이면 곧 심간(深間)도 능히 엿볼 수 없고, 지자라도 꾀하지 못한다. 형에 의하여 승리를 중(衆)에다 두면 중은 능히 알지 못한다. 사람은 대개 내가 승리한 까닭의 형은 알아도 내가 승리를 억제하는 까닭의 형은 알지 못한다. 그러므로 그 전승은 다시 하지 않고, 더욱이 형의 무궁함에 응해야 한다.

| 풀이 | 전쟁에는 무슨 일이 있어도 진형이라고 보이는 뚜렷한 것을 만들지 말아야 한다. 어느 것이라고 짐작할 수 없

12// 形兵之極은 至於無形이라 無形이면 則深間不能窺이고 智者라도 不能謀라 因形而措勝於衆이면 不衆能知라 人皆知我所以勝之形이라도 而莫知吾所以制勝之形이라 故로 其戰勝不復이고 而應形於無窮이라

심간(深間): 깊숙이 파고 들어 은밀하게 살핀다는 뜻.

도록 언제 어느 때든 달리하여 싸울 수 있어야 한다. 즉 무엇이 무엇인지 모른다는 모습이야말로 진형의 극치가 될 것이다.

이쯤 되면 아무리 은밀하게 탐색을 해도 도저히 실체를 잡을 수는 없을 것이며, 실체가 일정하지 않으므로 아무리 지모가 뛰어난 명장이라도 그 정체를 추측할 수 없게 된다.

적이 만약 이러한 진형을 취해 오면, 이쪽은 이렇게 움직여서 이렇게 된다는 것과 이렇게 하면 승리를 할 수 있다는 것만은 철저하게 해두어야 하는데, 무엇 때문에 그와 같은 결과가 나타나는가는 알지 못한다.

적과 전투를 하여 승리를 얻은 진형은 다 경험하는 것이나, 과연 이쪽의 어떠한 형이 상대를 격파하였는지, 그 가장 중요한 점은 아무도 모를 것이다. 그러므로 변전무쌍한 전승의 진형이란 같은 형이 두 번씩 반복될 수가 없을 것이고, 또 일정한 것이 아닌 만큼 때에 따라 또는 형에 따라 무한하게 생겨나는 것이다.

| 해설 | 무형의 형이라고 하면 추상적인 것같이 들리겠지만 이것은 어디까지나 현실적이고 구체적인 것으로 취급되고 있다.

싸우는 태세, 즉 가장 좋은 진형은 따지고 보면 전혀 형태가 없는 것이 아닐까 생각된다. 조직에 얽매여 꼼짝도 못하게 된다면 그것은 진정한 싸움의 형은 아니다. 최고의 형으로 조직되어 있다면 그것은 자유자재로 변화하면서도 조직

의 본질을 잃지 않을 것이다.

상대에게 노출되지 않는다는 것은 오히려 부차적인 것이다. 그러한 형이야말로 진정한 전투형이라는 것이다. 일의 내용이 바뀌면 방법도 달라지게 되므로 부득이 조직을 변경하지 않으면 안 된다는 것은 있을 수 없다. 그러나 그와 같은 변경 때문에 가령 일시적이라고는 하더라도 연락이 늦어지거나 인계가 순조롭지 못하여 사고가 생기고 혹은 기동력이 둔해져서 능률이 떨어지는 수도 있다. 이것은 본래의 조직이 형을 위한 조직으로서 진정하게 살아 있는 조직이 아니었다는 것을 말하는 것이다. 형의 무궁함에 응하지 않으면 안 된다.

[예화-줄거리] 무슨 일을 하든지 형태가 드러나지 않는다면 아무리 뛰어난 스파이가 들어와도 헛수고일 것이다. 또 지자가 아무리 머리를 짜내도 옳은 판단을 내리지 못할 것이다. 그래서 손자는 형을 나타내지 않는 것이 전쟁에 있어서 가장 좋다고 말하고 있는 것이다.

월(越)나라 왕 구천(句踐)이 오(吳)나라에 패하고 회계산(會稽山)에서 구원을 받아 돌아온 지 7년이 지난 때였다. 나라의 힘도 제법 충실해지고 백성들은 구천에게 은혜를 느껴서 오나라에 보복을 하려고 하자, 대부(大夫) 봉동(逢同)이 간하였다.

"우리나라는 지금 국세를 회복하여 상승을 하기 시작하였습니다. 여기서 다시 전쟁 준비를 시작한다면 오나라는 근심을 하고 반드시 공격해 올 것입니다. 맹금이 먹이를 공격할 때는 반드시

[예화] **판단 자료를 주지 말고 비밀리에 준비하라.**
병사를 형(形)하는 극치는 무형에 이른다. 무형이면 곧 심간(深間)도 능히 엿볼 수 없고, 지자라도 꾀하지 못한다[形兵之極 至於無形 無形則深間不能窺 智者不能謀].

그 형을 숨기는 법입니다. 아직 당분간은 오나라에 원한을 품고 있는 제(齊)·초(楚)·진(晉)나라 3국과 화친하도록 노력하고, 오나라에 대해서는 정중하게 대해야 합니다. 오나라 왕이 신이 나서 싸움을 가볍게 생각하게 되었을 때가 기회입니다."

그로부터 3년이 지났으며, 대부 종(種)이 월의 왕에게 간하였다.

"오나라 왕의 정치를 보고 있자니 아무래도 근래 교만해진 것 같습니다. 식량을 빌려 달라고 청하고 실정을 탐지해 보십시오."

과연 오나라 왕은 월나라에 식량을 주었고 월은 되었다고 생각하였다. 다시 3년이 지났다. 월의 왕 구천은 범려에게 다음과 같이 물었다.

"이제 오나라를 공격해도 좋지 않을까? 오의 왕은 충신인 오자서(伍子胥)를 죽이고, 그 후로는 아첨하는 자만을 상대하고 있다고 하는데……."

이에 범려는 아직 시기가 되지 않았다고 대답하였다.

다음해 봄, 오의 왕은 북상하여 황지(黃地)라는 곳에서 제후를 모았다. 정병은 모두 왕을 따랐으므로 오나라에는 노약자와 어린이만이 남아 있었다. 이에 때를 맞추어 범려는 기회가 왔음을 왕에게 고하였다.

월의 왕은 성난 파도와 같이 오나라로 진격해 들어갔다. 오의 군대는 대패하였다.

다시 4년이 지났다. 오나라의 정예는 거의 제·진나라와 전투에서 전사하였고 백성은 피폐되어 있었다. 월나라는 이 기회를 놓치지 않고 오나라를 공격하여 곳곳에서 크게 격파시켰다. 오의 도읍을 3년 동안이나 포위하니, 오의 군대는 완전히 격멸당하였다. 마침내 오의 왕은 자살하고 월의 왕 구천은 20여 년의 복수를 끝냈다.

자기를 나타내지 않고 상대의 형세를 탐색하여 거기에 대응함으로써 드디어 승리를 한 것이다.

13

무릇 군사의 형(形)은 물에 형상한다. 물의 형은 높음을 피하여 아래로 향하고, 군사의 형은 실을 피하여 허를 친다. 물은 땅으로 인하여 흐름을 제압하고, 군사는 적으로 인하여 승리를 제압한다. 그러므로 군사는 일정한 태세가 없고 물에는 일정한 형이 없다. 능히 적으로 인하여 변화하고 승리를 취하는 자, 이를 신(神)이라고 한다. 그러므로 오행에 일정한 승리가 없고, 사시에 일정한 자리가 없으며, 해에 단장(短長)이 있고, 달에 사생(死生)이 있다.

13// 夫兵形象水라 水之形은 避高而趨下고 兵之形은 避實而擊虛라 水因地而制流이고 兵因敵而制勝이라 故로 兵無常勢이고 水無常形이라 能因敵變化而取勝者 謂之神이라 故로 五行無常勝이고 四時無常位이고 日有短長이고 月有死生이라

| 풀이 | 전쟁할 때의 태세를 물에 비유해 보면 알기 쉽다. 물이란 높은 곳으로는 흐르지 않는다. 반드시 낮은 곳으로 흐르는 것이다. 싸움도 이와 같아서 상대가 충실해 있는 곳은 가급적 피하고 방비가 허술한 곳을 공격하는 것이 순서이다. 또 물이란 지세에 따라 흐르는 모양이 결정되는 것이다. 군사도 이와 같아서 적의 형에 순응하여 이기는 방법이 결정되는 것이다.

신(神): 미루어 예측할 수 없는 영력(靈力)이란 뜻.
오행(五行): 불[火]·나무[木]·흙[土]·쇠[金]·물[水]의 다섯 가지 요소를 말한다. 천지 만상을 이 오행의 조립으로 본 상생상극설(相生相克說)이 있다.

그러므로 군사의 태세에는 일정한 상태라는 것이 있을 수 없다. 이것은 물에 일정한 형이 없는 것과 같다. 따라서 상대에 따라 자유로 변화하고 자재로 승리를 제압하는 것은 진정 달인의 재주라고 칭할 만하다. 우주간의 오행은 항상 변화해 가고 1년 4계절의 기후도 그때그때 변화해 가는 것으로서 상태라는 것이 없고, 해도 여름이 있고 겨울이 있어서 그 계절에 따라 길어졌다 짧아졌다 하며, 달도 둥글게 찰 때가 있고 기울 때가 있어서 하루하루 그 모습을 바꾸는 것이다. 이것이 전쟁의 진정한 모습이다.

| 해설 | 결전장에서 군사들의 대형 배치를 물에 비유하고 오행을 보기로 삼아 4계절, 일조(日照), 달의 변화에도 비유하고 있다. 어느 것이나 앞서 말한 것을 되풀이하여 다른 현상을 빌려 예를 거듭 설명하고 있는데, 여기서 알아야 할 것은 병의 움직임이란 자연 현상과 마찬가지로 당연히 가야 할 곳으로 가는 것인데 무리를 강요하는 것은 좋지 않다는 점이다. 군사도 살아 있는 인간이므로 자연 법칙, 사회 법칙, 생활 욕구 등을 충분히 존중해야 하며, 각 개인의 판단과 행동을 자연스럽게 목적한 방향으로 이끌어가는 것이 중요하다는 것을 설명하고 있다.

〔예화-줄거리〕 전국시대 제(齊)나라에 맹자(孟子)보다 다소 늦게 추연(騶衍)이라는 사람이 나왔다. 그의 사상은 광원(廣遠)으로서 더욱이 반드시 작은 것에서 전부를 확인하고 대(大)를 추론하

〔예화〕 세상에는 일정 불변한 것이 있을 수 없다. 군사는 일정한 태세가 없고, 물에는 일정한 형이 없다〔兵

여 무한대에 달하는 것이었다.

따라서 제나라에서 중시되었고, 위나라 혜왕(惠王)은 대등한 예로써 나와 맞았으며, 조나라 평원군(平原君)은 스스로 자리에 먼지를 털고, 연나라 소왕(昭王)은 앞장서서 비질을 하여 갈석궁(碣石宮)을 짓고 그에게 사사할 정도였다.

제후들에게 유세하여 필사적으로 관직을 찾아 헤매던 식객들과는 너무나도 거리가 멀었던 것은 그의 오행설이었다.

역대 제왕의 변천을 들어 목(木)·화(火)·토(土)·금(金)·수(水)의 오행으로 해석하였고, 우주 만물은 모두 오행의 변천에 따라 성쇠한다고 하였다. 목은 화를 낳고, 화는 토를 낳고, 토는 금을 낳고, 금은 수를 낳고, 수는 목을 낳는다. 이것을 역대 왕조와 조합시키면, 요〔堯:화(火)〕·순〔舜:토(土)〕·우〔禹:금(金)〕·은〔殷:수(水)〕·주〔周:목(木)〕가 되고, 천지개벽 이래의 영고성쇠, 다시 산, 천, 곡, 금수, 수류의 변환을 말한다.

이 오행이 음양 이기(二氣)의 소장과 변환 속에서 끊임없이 유동을 계속하므로, 이 세상에는 미리 정해진 형이 존재하지 않는다고 손자는 말한다.

無常勢 水無常形.

군쟁편(軍爭篇)

- 의표를 찌르는 기습 전법

군쟁이란 군대를 써서 승리를 얻는다는 뜻이다. 즉 전투를 말한다. 이제까지 설명한 것은 전투에 있어서 중요한 전제 요건이었다. 그러나 본편부터는 실제 전투에 있어서 승리하는 방략을 논술한다. 심리전에 있어서는 허실의 기계(奇計)를 써서 이른바 사치(四治)의 주도권을 장악해야 한다는 것을 설명하고 있다.

1// 孫子曰 凡用兵法은
將受命於君하여 合軍聚
衆하고 交和而舍로 莫
難於軍爭이라

교화이사(交和而舍):교화(交
和)란 병영의 문을 섞어 늘
어놓는 것. 사(舍)는 병영(兵
營)을 말한다. 즉 각종 병종
(兵種)을 갖추어서 늘어놓는
다는 뜻.

1

무릇 용병법은 장수가 임금으로부터 명을 받아 군사를 합하고 무리를 모아 화(和)로써 사귀어 머무르는 것으로 군쟁보다 어려운 것은 없다.

┃풀이┃ 마침내 전쟁이 시작되면 주장(主將)이 임명되고, 각종 군대와 병과(兵科)를 모아 편성하며, 가급적 필요한 사람을 징용한다. 그리고 한곳에 군문(軍門)을 벌여놓고 숙영한다. 여기까지의 일도 상당히 복잡하지만, 그 병을 움직여서 직접 교전을 시작할 경우에는 모든 것을 규합하여 경합하는 것만큼 어려운 일은 없다.

┃해설┃ 군쟁이란 말의 해석 방법에는 여러 가지 설이 있는 듯하나, 동일 진영 내에서는 공명다툼, 선진(先陣)다툼, 노획품의 쟁탈전 등의 경쟁이, 적에 대해서는 장수와 장수 간의 작전 경쟁, 그 간파 경쟁, 용병 만단의 경쟁 등이 있을 것이다. 각종 경쟁이란 경합을 말하는 것이다.

제1장 시계편에서 시작하여 작전·모공·군형·병세·허실편에 이르기까지 기본적인 것에서부터 점차 각론으로 들어왔는데, 마침내 백병전 차례가 된 것이다. 따라서 이제까지 설명된 병법 중에서 다시 등장하는 말이 많이 나타난다.

이 조항은 군쟁편의 첫머리이므로 특히 해설을 더할 필요는 없다고 생각했는데, 이는 손자 자신이 쓰고 있듯이 군쟁만큼 어려운 것은 없다. 〈손자〉의 병법 중 진정한 전쟁에 참가하는 병술가에게는 가장 중요한 부분으로 되어 있으나, 우리들로서는 얼마만큼 도움이 될 만한 것을 얻을 수 있을 것인가는 독자의 마음가짐에 달려 있다고 본다.

2

군쟁의 어려움은 우(迂)로써 직을 삼고, 환(患)으로써 이(利)를 삼는다. 그러므로 그 길을 우회하여 이를 유인하는 데 이(利)로써 하고, 남보다 뒤늦게 떠나고 남보다 앞서 이르는 것은 이 우직의 계를 아는 자이다.

2// 軍爭之難者는 以迂 爲直하고 以患爲利라 故로 迂其途而誘之以利 하고 後人發先人至는 此知迂直之計者也라

| 풀이 | 군쟁이란 어려운 것으로서 방법 여하에 따라 멀리 돌아가는 길을 반대로 가까운 길로 갈 수도 있고, 손실·재난을 돌려서 이익으로 할 수도 있다. 원래 길을 멀리 도는 것은 손해이다.

그러나 일부러 멀리 돌아가라는 것은 거기에 어떠한 목적이 있기 때문이다. 상대에게 이쪽의 진발(進發)을 알리지 않는다는 것은 그 진행 속도도 모르게 하고 방향도 알리지 않는다는 목적이 있기 때문이다.

상대의 눈을 가리면 상대의 계획에는 반드시 파탄이 오고 만다. '급할수록 돌아가라.'는 속담도 있듯이 오히려 그 쪽이 목적지에 빨리 닿게 된다. 상대에게 '이젠 됐다.'는 생각을 갖게 해놓고, 실은 그 허점을 찔러서 샛길을 택하여 급

우(迂):멀리 돌아가는 것.
직(直):똑바로, 즉 가까운 길로 가는 것.
환(患):해(害)와 같은 뜻.
이(利):이로운 것.

습하거나 방심하고 있는 틈을 이용하여 시간을 버는 등 수단과 방법은 많을 것이다. 늦게 서두르는 것처럼 가장을 하였지만 실은 상대보다 먼저 전쟁터에 도착하는 재주를 부리는 것이 바로 이 계략이다.

| 해설 | 여기서 유지이리(誘之以利)란 말은 아군의 작전을 상대에게 들키지 않도록 하려면 상대가 엉뚱한 곳으로 주의를 돌리도록 작은 이익을 주는 것이라는 해석도 있다. 이렇게 해석을 하면 좀더 복잡한 작전인 듯하나 결국 상대를 속이는 행동이라는 점에서는 일치하는 것이다.

저돌적으로 상대의 중위(重圍)를 돌파하는 것보다는 다소 멀리 도는 한이 있어도 이쪽에서 피하는 것이 손해도 적고, 또한 적이 당연히 예측하여 방비하고 있는 후면이나 측면을 찌르는 것이므로 거기서 생기는 상대의 혼란도 기대할 수 있다.

그러기 위해서는 다소의 손실은 각오하는 것이 당연하다는 것이다.

그때의 손실이 낭비가 되어서는 아무 뜻도 없겠으나, 저울에 달아보고 타산이 맞는 희생은 아낌없이 지불할 만한 자세가 되어 있지 않으면 안 된다.

[예화─줄거리] 노(魯)나라 애공(哀公) 17년에 월나라 왕 구천이 오나라를 공격하였을 때의 일이다.

월의 왕 구천은 군을 좌우로 나누어서 각각 전고(戰鼓)를 울리

[예화] 돌아가는 길을 샛길로 하고, 재해를 이익으로 전환시키라.
군쟁의 어려움은 우(迂)로써

군쟁편 • 177

며 진격시켰다. 밤이 되어도 전고소리는 그치지 않았고 월군(越軍)의 진격도 그치지 않았다. 당연한 일이지만, 오의 군에서는 이 전고소리에 따라 월의 군 소재를 알고 그 속도를 잰 다음에 역시 군을 좌우로 나누어서 만전의 방어태세를 갖추었다. 그런데 월의 왕 구천은 별개의 중군에게 은밀히 강을 건너게 하고, 전고를 조용히 울리며 진격시키고 있었다.

제3군을 눈치채지 못하고, 좌우에 대해서만 만전의 방어태세를 취하고 있던 오의 군대는 월의 중군이 갑자기 습격해 왔을 때 완전히 주도권을 빼앗기고 말았다. 월의 좌우 양군에게 총공격을 당하여 궤멸 상태에 빠진 것은 필연적인 결과였을 것이다.

또 서진(西晉)의 민제(愍帝) 건흥 4년에 석륵(石勒)과 희담(姬澹)이 싸울 때의 일이다.

희담의 군이 멀리 원정해 온 터이라 피로할 것이니, 이는 편함으로써 수고로움을 기다린 것이라고 계산한 석륵은 장수 공장(孔萇)을 선봉으로 파견하여 희담의 군을 맞아 싸우게 했다. 그런데 희담 군의 공격은 의외로 날카로워 어정쩡한 태도로 싸우던 공장의 군은 어이없이 격파되어 퇴각하고 말았다. 그러자 희담은 곧 군사를 몰아 추격하기 시작하였다.

이것을 안 석륵은 급히 그 진로에 복병을 배치하고, 패주하는 공장의 군을 추격하는 데만 여념이 없는 희담의 군을 갑자기 좌우에서 협공시켰다.

좌우에서 쏟아지는 공격에 전혀 무방비 상태였던 희담의 군이 대패를 맛본 것은 말할 나위도 없다. 공장이 패주하고 희담이 추격으로 옮겼을 때 석륵은 뚜렷하게 주도권을 쥔 것이었다.

직을 삼고, 환(患)으로써 이(利)를 삼는 것이다〔軍爭之難者 以迂爲直 以患爲利〕.

승패는 어떻게 해서 주도권을 쥐느냐에 달려 있다. 그러므로 손자는 말하기를, "주도권을 쥐는 어려움은 먼 길을 가까운 길로 바꾸고, 재해를 이익으로 바꾸는 데 있다. 먼길을 취하듯 꾸며 유인하고, 적보다 늦게 출발하여 적보다 먼저 도착한다."라고 한 것이다.

월의 왕 구천은 먼 길을 가까운 길로 바꿈으로써 주도권을 쥐고, 석륵은 재해를 이익으로 바꿈으로써 주도권을 쥐었다고 할 수 있다.

3

3// 故로 軍爭爲利이고 軍爭爲危라 故로 擧軍而爭利則不及이고 委軍而爭利則輜重損이라

치중(輜重):군대의 여러 군수품.

그러므로 군쟁은 이로움이 되고 위태로움이 된다. 그러므로 군을 들어 이(利)를 다투면 곧 미치지 못하고, 군에 맡겨 이(利)를 다투면 곧 치중에 손해를 본다.

| 풀이 | 군쟁이란 눈앞에 보이는 이해가 그대로 안위와 표리 관계에 있는 때가 많은 것이다.

싸움에서 모든 이해를 무시한다는 일은 있을 수 없다. 그렇다고 그것이 최대 목적이 되어 이익만을 쫓고 있으면 가장 중요한 목적인 전승에는 도달할 수 없다. 문제는 작은 부분이 아니고 전체이다.

전군의 연계 병참선(兵站線)이란 것을 무시하면서까지 적을 쫓다 보면 아무래도 탄약이나 식량을 허비하는 손해를 입기 쉬운 것이다. 지나치게 뻗어나가면 발밑에 허점이 생

기기 쉽다.

| 해설 | 전쟁에 끌린다는 것은 인정이고 자연의 기운이다. 그러나 기세를 타고 이에 깊이 빠져들면 대국적으로 보아 큰 일이 생기게 된다. 특히 승리를 눈앞에 두었을 때가 위험하다. 이럴 때야말로 누군가가 높은 곳에 서서 전국면에 빈 틈없이 시선을 집중시키고 있지 않으면 뜻하지 않은 곳에 파탄이 생긴다. 그것이 원인이 되어 전투에는 이기고 전쟁에는 지는 결과가 생기기도 하는 것이다.

　깊이 들어가면 병참 보급선이 늘어난다. 이 점만도 위험하다. 하물며 이 약점으로 적이 파고들면 눈뜨고 볼 수 없는 꼴이 되고 만다.

4

　그러므로 갑옷을 걷어 올리고 달려서 밤낮을 쉬지 않고, 길을 갑절로 하여 행군 100리에서 이(利)를 다투면 곧 세 장군은 포로가 되고, 강한 자는 앞서고 약한 자는 뒤져 그 법이 10의 1에 이른다. 50리에서 이(利)를 다투면 곧 상장군은 전사하고 그 법은 반이 된다. 30리에서 이(利)를 다투면 곧 3분의 2에 이른다. 그러므로 군에 치중이 없으면 곧 망하고, 양식이 없으면 곧 망하며, 위자가 없으면 곧 망한다.

| 풀이 | 무거운 갑옷 투구류를 벗어버리고 가벼운 차림으

4// 是故로 卷甲而趨하여 日夜不處하고 倍道兼行하여 百里而爭利면 則擒三將軍이고 勁者先이고 罷者後하여 其法十一而至라 五十里而爭利면 則蹶上將軍이고 其法半至라 三十里而爭利면 則三分之二至라 是故로 軍無輜重則亡이고 無糧食則亡이며 無委積則亡이라

리(里): 거리의 단위. 시대에 따라 여러모로 변천되고 있으나, 손자시대의 리(里) 단위는 아주 짧아서 지금 거리로 환산하면 400미터였다고 생각된다. 당시 군의 이동은 하루 30리 정도가 한계였다고 하는데 이는 현재의 12킬로미터에 해당한다.
법(法): 비율.
위자(委積): 저축. 모으는 것. 〈주례(周禮)〉에 위(委)는 적은 것. 자(積)는 많은 것이라고 하였다.

로 한때의 휴식도 없이 밤낮으로 강행군을 하여 100리나 떨어진 곳에서 승부를 지으려고 하면 곧 무리가 생기기 때문에 세 장군 모두 포로가 되어버리고 만다〔이것은 당시의 역사책인 〈좌전(左傳)〉에 나오는 사실을 보기로 든 것 같다〕.

이렇듯 무리하게 강행군하면 강한 자만이 앞서고, 지친 자는 점점 뒤져서 목적지에 닿은 것은 겨우 10명 중에 1명 정도이고 나머지는 낙오하거나 뒤늦게 도착하게 된다.

만약 50리의 거리라면 상장군, 즉 전위부대의 장수는 전사하고 제때에 도착한 병력은 반 남짓할 것이다. 그리고 30리의 거리라 하더라도 그 한계선까지 무리한 행군을 한다면 역시 3분의 2의 병력이 남고 3분의 1의 병력은 고스란히 줄어들 것이다.

이러한 강행군에서는 가장 중요한 탄약이 제때에 도착되지 않기 때문에 군사는 맨손으로 덤비는 꼴이 되어 상대도 되지 않는다. 양식의 경우도 같다. 배가 고파서는 싸움이 되지 않는다는 것은 동서고금을 통한 원칙이다. 그리고 현지에서 써야 할 군자금도 불충분할 것이다. 이쯤 되고 보면 도저히 이길 수 없다고 해도 과언은 아니다.

| 해설 | 싸움이란 상대적인 것이므로 시대가 바뀌어 모든 것이 기계화되면 여기서 설명한 숫자상의 비율 등은 말할 필요도 없겠으나 이치만은 같다. 병참이 길어지는 것은 금물이다. 그 늘어난 병참선을 생각지 않는 강행군의 원정은 결국 모두를 파멸로 몰아넣고 만다는 것이다.

사업을 경영할 때는 거리란 것이 경우에 따라서는 운송 시간이나 경비의 소모를 수반하지만, 채산이 맞을 때까지 요하는 시간의 장단에 따르는 무리라고 생각하면 된다.

모든 기구가 보조를 맞추어 움직이지 않으면 사업은 잘 되지 않는 법이다. 무리한 강행군, 그것도 한도를 넘는 오랜 시일이나 연월이 걸리면 반드시 큰 파탄을 가져오는 법이다.

5

그러므로 제후의 계략을 모르는 자는 미리 사귈 수 없다. 산림·험조·저택의 형을 모르는 자는 행군시킬 수 없다. 향도를 쓰지 않는 자는 지리를 얻을 수 없다.

5// 故로 不知諸侯之謀者는 不能豫交라 不知山林險阻沮澤之形者는 不能行軍이라 不用鄕道者는 不能得地利라

저(沮):질척질척한 곳.
택(澤):물이 흐르지 않는 골짜기.
향도(鄕道):그 지방 사람인 길잡이.

| 풀이 | 이러한 미묘한 관계가 있으므로, 인접국 등의 왕후가 원군을 주어도 행군시키는 법을 모르는 자라면 쉽게 도움을 청해서는 큰일 난다.

조그만 부주의도 민감하게 나타나는 법이다. 이를테면 산림지대로 진군시키려고 할 때 어느 곳이 험하고 어느 곳이 습지인지 자세하게 알고 있지 않으면 예정대로 군사를 이동시킬 수 없다. 그럴 때는 그 지방 사람을 길잡이로 쓰지 않으면 절대로 유리한 행동을 할 수가 없을 것이다.

| 해설 | 인접국에서 단지 군사만을 빌려준다면 실로 고맙

지만, 거기에 서투른 지휘자가 있을 때는 좋지 않다.

이쪽과 똑같은 전술 지식이 있는 자라면 그래도 무방하지만, 만약 그렇지 못할 때는 거추장스럽기만 한다. 그 때문에 오히려 패전이란 고배를 마시는 경우도 없지 않다. 이 이론을 존중한다면 부득이 지원을 청할 때는 가급적 간단한 노동력만으로 하고 간부급의 유능한 사람은 거절하는 것이 좋다.

6

6// 故로 兵以詐立이고 以利動이고 以分合爲變者也라 故로 其疾如風이고 其徐如林이고 侵掠如火이고 不動如山이고 難知如陰이고 動如雷震이라

그러므로 싸움은 거짓으로 서고, 이(利)로써 움직이고, 나누어 합하는 것으로 변화하는 것이다. 그러므로 그 빠름은 바람과 같고, 그 조용함은 숲과 같고, 침략하기는 불과 같고, 움직이지 않음은 산과 같고, 알 수 없음은 그늘과 같고, 움직임은 천둥·벼락과 같다.

| 풀이 | 〈손자〉의 병법 중에서도 대표적으로 유명한 문구인데, '풍림화산(風林火山)'이란 말은 병법의 대명사같이 여겨지고 있다. 따라서 싸움이란 먼저 상대의 눈을 어지럽게 하여 정체를 잡지 못하도록 행동을 일으키고, 다음에는 가장 유리한 조건을 향하여 움직여서 그 조건이나 상대의 움직임 여하에 따라 자유자재로 변화하여 분산·집합할 수 있는 용맹을 지녀야 한다.

이 움직임을 구체적으로 말하면, 움직여야 할 기회를 잡

군쟁편 • 183

거든 황야를 휩쓰는 강한 바람과 같은 속도가 있어야 하고, 정숙이 필요하다고 생각하였을 때는 마치 산림 속과 같이 고요해야 하며, 적지로 침입하였을 때는 마른 풀에 불이 붙듯 맹렬한 기세라야 한다. 또 자중을 필요로 할 때는 큰 산이 흔들리지 않듯 침착성을 보여야 하며, 그늘에 숨어버린 듯 전혀 눈치챌 수 없는 행동으로 상대를 공격하되 벼락이 떨어지듯 격렬함이 있어야 할 것이다. 이것이 바로 용병하는 지휘관이 갖추어야 할 중요한 점이다.

| 해설 | 문구로서는 실로 유명하지만, 그 내용은 이제까지 말한 것을 요약하여 배열하고 자연 현상에 비유하고 있으므로 새삼 해설을 다시 할 필요도 없다. 명문(名文)이므로 원문을 외워두면 일을 할 때 많은 도움이 될 것이다.

7

고을을 약탈하여 무리에게 나누어 주고, 땅을 넓혀서 이익을 나누고, 저울에 달아 움직인다. 먼저 우직(迂直)의 계를 아는 자는 승리한다. 이것이 군쟁법이다.

7// 掠鄕分衆하고 廓地分利하고 懸權而動이라 先知迂直之計者勝이라 此軍爭之法也라

현권(懸權):권(權)은 저울. 즉 저울에 경중을 달아보는 것.

| 풀이 | 적지에 침입하면 약탈한 물자는 군사들에게 나누어 준다는 뜻으로 해석하고 있는 것이 많다. 그러나 이제까지 계속되어 온 문장으로 미루어 보아 그와 같은 해석은 어딘지 맞지 않는 듯한 느낌이다.

전쟁터에서의 악습으로 공략지와 약탈 행위는 붙어다니는듯 당시의 전투에도 다분히 그러한 경향이 있었을 것이므로 혹 그 의미일지도 모른다. 그러나 여기서는 차라리 적지에 침입하면 적령(敵領)을 토착인들에게 나누어 주어 가급적 이를 순무시키고, 앞에서 나오는 길잡이와 같은 현지인의 협력을 얻는 것이 중요하다고 해석하는 편이 이치에 맞을 것 같다.

이렇게 해석하면 다음 문구는 이러한 지역을 가급적 확대해 나가 이쪽에 편리한 장소를 분산 설치한다. 그러면 미지의 지역에 대해서도 각종 정보가 모이므로 이것을 비교 검토하여 경중을 정하고 행동으로 옮길 수가 있다. 이처럼 아군의 계략을 알맞게 쓰는 것이 승리로 통하는 길이요, 군쟁의 법이라고 한다.

| 해설 | 가령 적지라 하더라도 그곳 주민은 제3자로서 자기 형편이 유리한 쪽으로 기울게 되기 때문에, 원하는 것을 주면 마음대로 그 주민을 활용할 수가 있다. 이것을 일러 실정을 모르는 적지로 들어갔을 때의 우직의 계라고 한다. 손자의 이와 같은 사고방식은 역시 실전 경험을 쌓은 사람이라면 누구나 동감할 것이다.

중점을 파악해야 하는 점이 중요하지만, 필요한 경우에는 먼저 주어야 한다. 이 '준다'는 것 자체가 이미 '우직의 계'일지도 모른다. 곧장 목적물과 정면 충돌하는 것은 언제 어느 경우에도 좋은 계책이라고는 할 수 없다.

가까운 길로 가려면 멀리 돌아가라는 반어적인 어투는 알 것 같기도 하고 모를 것 같기도 하다. 그러나 그 진의를 파악하여 활용할 경우 여러모로 효과가 나타날 것이다.

8

〈군정〉에 말하기를 "말해도 서로 들리지 않으므로 금고를 만들고, 보아도 서로 보이지 않으므로 정기를 만든다."라고 하였다. 무릇 금고·정기는 사람의 이목을 하나로 하는 것이다. 사람이 이미 전일하면 곧 용자도 홀로 나아가지 못하고, 겁자도 홀로 퇴각할 수 없다. 이것이 무리를 쓰는 법이다. 그러므로 야전에 불과 북을 많이 하고, 주전에 정과 기를 많이 하는 것은 사람의 이목을 변하게 하는 것이다. 그러므로 삼군은 기운을 빼앗아야 하고 장군은 마음을 빼앗아야 한다.

| 풀이 | 군서에도 대군단에 대하여, 우렁한 목소리의 호령이라 하더라도 철저하지 않으므로 징이나 북을 쓰며, 손짓으로는 도저히 전원이 볼 수 없으므로 기의 색깔이나 모양을 바꾸어서 신호를 한다고 쓰여 있다. 기나 북은 신호 표지로서의 기능을 하는데 그것보다는 사람들의 이목이나 주의를 통일시키는 것이라는 점에 주목하지 않으면 안 된다.

군중이 하나로 통일되어 있는 한 특별히 무예가 뛰어나다고 하여 혼자 빠져나가 공을 세울 수도 없고, 겁쟁이라고 하

8// 軍政曰 言不相聞이라 故로 爲金鼓라 視不相見이라 故로 爲旌旗라 夫金鼓旌旗者는 所以一人之耳目也라 人旣專一이면 則勇者不得獨進이라 怯者不得獨退라 此用衆之法也라 故로 夜戰多火鼓하고 晝戰多旌旗는 所以變人之耳目也라 故로 三軍可奪氣하고 將軍可奪心이라

군정(軍政):전국시대 이전에 있었던 병서의 일종. 고전 병서.
금고(金鼓):전쟁에서 신호로 사용하는 징과 북을 말하는 것.
정기(旌旗):둘 다 기를 뜻하는데, 정(旌)은 깃대 끝에 깃털을 단 기를 말하는 것.

여 혼자 도망칠 수도 없는 일이니, 오로지 개체로서 움직여야 한다. 이것이 민중을 쓰는 원칙이다.

군중은 개체의 집단이란 것뿐만 아니라 군중 특유의 강력한 힘이 생겨나는 법이다. 개체의 힘을 숫자만큼의 배율로 크게 한 것이 아니라 또 다른 강력한 힘이 되는 것이다. 이것은 강한 자가 단독으로 돌진하는 대신 약한 자도 함께 끌어 모두가 동등한 활동을 하는 것이므로 이것이 합쳐져 커다란 다른 힘이 되는 것이다.

집단에 집중된 힘은 크다. 따라서 야간 전투에서는 필요한 이상의 화톳불이나 횃불을 쓰고, 힘껏 북을 치며, 낮 싸움에서는 될 수 있는 한 기를 세움으로써 압도적인 기세를 보여 상대편 삼군의 기를 꺾고 상대편 장수의 마음에 동요를 일으키려는 일종의 심리작전이다.

| 해설 | 이야기는 지휘 신호를 주제로 하고 있으나 손자의 의도는 예로부터 병서에도 나오는 것으로, 그러한 신호보다는 군중이란 것과 그 위력, 또는 그에 수반되는 군중심리나 상대편에 주는 대집단의 위압감 등의 심리적인 면에 대하여 설명하고 있다고 보아야 할 것이다.

통제된 집단력은 개인의 힘이 누적된 것이 아니라 완전히 별개의 것이다. 그 통제에는 기나 북처럼 집단에 맞는 명령 전달 방법이 취해지고 있다는 데도 무엇인가 암시하는 것이 있는 듯하다.

9

이 때문에 아침의 기(氣)는 날카롭고, 낮의 기는 게으르며, 저녁의 기는 끝난다. 그러므로 군사를 잘 쓰는 사람은 그 날카로운 기를 피하고 게으른 기를 친다. 이는 기(氣)를 다스리는 것이다.

9// 是故로 朝氣銳이고 晝氣惰이고 暮氣歸라 故로 善用兵者는 避其銳氣하고 擊其惰氣라 此治氣者也라

| 풀이 | 이와 같이 심리적인 움직임이란 무시할 수 없는 것이다. 아침에는 병사들의 기분이 충실하기 때문에 기운이 차 있고, 낮이 되면 아무래도 늘어지기 쉽다가 저녁이 되면 하루의 일이 끝났다는 것에 안심을 하게 된다. 따라서 병사를 잘 쓰는 사람은 이러한 병사들의 기분을 잘 파악하여 아침의 날카로움은 가급적 피하고, 대낮이나 저녁때의 기분을 노려서 습격하는 것이다. 이는 비로소 기분이란 것의 움직임을 보다 잘 이해하고 터득하였다고 볼 수 있다.

| 해설 | 이 관찰에 따르면 오늘날 가장 능률이 오를 아침 출근 직후가 교통 혼잡으로 파김치가 되어버린다는 것은 대단한 국가적 손실이다. 경영자로서는 이 교통 문제를 해결할 필요가 있다.

〔예화－줄거리〕 7세기 초의 수나라 말엽에 천하가 크게 어지러웠다. 당 태종은 고조(高祖)의 권유로 천하통일을 완수하기 위하여 군사를 일으켰다. 태종에게는 이정(李靖)·이적(李勣) 등의 명장이 있었으므로 무위가 크게 올라 널리 성 밖까지 그 이름을 떨

〔예화〕 **상대의 기세가 쇠하였을 때를 노려라.**
아침의 기(氣)는 날카롭고, 낮의 기는 게으르며, 저녁의 기는 끝난다〔朝氣銳 晝氣惰 暮氣歸〕.

쳤다. 특히 유명한 것은 장락왕(長樂王)을 자칭하던 두건덕(竇建德)과 범수(氾水) 동쪽에서 싸운 일이다.

건덕의 군은 장장 수 리(里)에 걸쳐서 진을 치고 있었다. 태종은 장군들과 함께 높은 곳으로 올라가 건덕의 군을 물끄러미 바라보고 있다가 장군들에게 이제 필승은 틀림없다고 자신 있게 말하였다.

"저놈들의 모습을 보니 얼굴은 험상궂고 평온하지 않은데다 무엇인가 다투고 있다. 저것은 군에 정령(政令)이 없기 때문이다. 또 성 가까이 진을 치고 있는 것은 이쪽을 얕보고 있다는 증거다. 아군은 병사를 아껴서 출격하지 말고 적의 기력이 쇠하기를 기다리자. 대진이 길어지면 군사는 굶주리기 시작하여 돌아갈 생각을 할 것임에 틀림없다. 철군하는 시기를 보아 출격하면 반드시 승리한다."

이른 아침 5시부터 임전 체제로 들어간 건덕의 군이었는데 정오가 되자 군사들은 공복과 피로가 생겨서 털썩 주저앉거나 다투어서 물을 빼앗아 마시기에 이르렀다. 이를 본 태종은 기회를 포착하여 전군에 출격을 명하니, 마침내 건덕을 사로잡아 버렸다. 싸움에 진 건덕은 장안에서 사형당하고, 거병한 지 겨우 6년 만에 꿈이 깨졌으니 용병의 차이가 뚜렷하게 나타난 일전이었다.

10// *以治待亂*하고 *以靜待譁*이라 *此治心者也라*

10

다스림으로써 난(亂)을 기다리고, 고요함으로써 화(譁)를 기다린다. 이는 마음을 다스리는 것이다.

| 풀이 | 이쪽은 빈틈없이 통제되어 순조로운 상태를 유지하고 있으면서 상대가 비정상적인 상태가 되기를 서서히 기다리고 있거나, 이쪽이 만사 순조롭게 진행되고 있기 때문에 고요한 상태에 있으면서 상대가 떠들썩한 모습을 보이기를 기다리고 있는 것도 역시 인간 심리를 이용한 방법이다.

| 해설 | 매우 말하기 거북한 예이지만 상대편에 쟁의가 일어나서 아침부터 떠들썩하며 혼란스러울 때가 공격하는 데 절호의 기회라고 할 수 있다.

화(譁):시끄러운 것. 와글와글 떠들어대는 것.

11

가까움으로써 먼 것을 기다리고, 편함으로써 수고로움을 기다리고, 배부름으로써 굶주림을 기다린다. 이는 힘을 다스리는 것이다.

11// 以近待遠하고 以佚待勞하고 以飽待饑라 此治力者也라

| 풀이 | 마음을 다스리는 것과 비교하면 앞서 말한 바 있듯이 이쪽은 근거리 이동으로 끝내고 상대가 멀리 고생을 하면서 오는 것을 기다린다든가, 이쪽은 애를 쓰지 않고 한가한 상태로 상대가 피로에 지치는 것을 대기하고 있다든가, 또는 이쪽은 식량 보급이 만족한데 상대는 부족하여 고생할 때를 기다리는 것은 전력을 잘 아는 것이라고 할 수 있다.

| 해설 | 심리적인 것과 전력적인 것을 대비한 것이다. 여

기에 인용된 것은 앞서 여러 차례 등장하였던 것이므로 달리 해설할 필요는 없다. 이 두 가지가 작전의 핵심으로 다음 조항 이하에서 설명되듯 구체적인 작전이 되는 것이다.

12

12// 無邀正正之旗라 無擊當當之陣이라 此治變者也라

정정한 기(旗)를 요격하지 말라. 당당한 진을 습격하지 말라. 이는 변(變)을 다스리는 것이다.

치변(治變) : 변화로써 다스리는 것. 적의 정세에 따라 전략 전술을 잘 변화시켜서 대처한다는 뜻.

| 풀이 | 정연하게 대형을 정비하여 있어야 할 곳에 틀림없이 정기를 세우고 오는 적에게 정면으로 충돌하는 것은 손해다.

빈틈도 없이 당당하게 버티고 있는 적진을 습격하는 것은 역시 불리한 공격이다. 이를 안다면 변화의 핵심을 치는 법을 아는 것이다.

| 해설 | 육박전의 요령을 세 가지 요소, 즉 심리적인 것, 전력적인 것, 그리고 여기서는 전략적인 것으로 요약하였다. 다음에는 이 3요소의 응용이란 형태로 구체적인 전법, 즉 해서는 안 되는 것들을 차례로 전개하고 있다.

[예화-줄거리] 후한(後漢) 말에 조조(曹操)가 업(鄴)을 포위하자 곧 원상(袁尙)이 구원하러 갔다. 이 사실을 알고 조조가 말하였다.

〔예화〕 진형이 정비된 상대에게는 손대지 말라.

군쟁편 • 191

"원상이 만약 큰 길로 진격해 올 때는 피해야 한다. 그러나 서산(西山) 간도 쪽으로 오면 생포할 수 있다."

과연 원상은 서산 간도로 진격해 왔다. 조조의 군은 즉시 요격하여 원상의 군을 크게 격파하였다.

큰 거리를 정정당당하게 진형을 펴고 진격하는 군은 자신을 뒷받침하는 대단한 힘을 가지고 있음에 틀림없다. 간도를 남모르게 진격해 오는 기습대(奇襲隊)에 비하면 전혀 다른 힘일 것이다. 그것은 바로 무적의 힘이다. 아니, 무적일 뿐만 아니라 그 이상의 힘이다.

정정한 기(旗)를 요격하지 말라. 당당한 진을 습격하지 말라〔無邀正正之旗 無擊當當之陣〕.

구변편(九變篇)

- 기에 임하고 변에 응한다

구변이란 아홉 가지 변칙을 말하며, 여기서는 상도(常道)와 변칙을 논하고 있다. 상도란 정도로서 가장 떳떳한 법칙이지만, 이 법칙만으로는 전쟁이 되지 않는 수도 있다. 전쟁에서는 상도보다 예외의 변칙이 더 절실할 때가 있는 것이다.
전투에는 상황에 따라 정도와 기계, 원칙과 변칙을 적절히 구사해야 한다.

1

1// 孫子曰 凡用兵之法은 高陵勿向이라 背丘勿逆이라 佯北勿從이라

역(逆):영(迎)과 같음. 정면으로 맞서서 응전하는 것.
양배(佯北):거짓 패한 것처럼 하고 달아나는 것.

무릇 용병법은 높은 언덕으로 향하지 말라. 언덕을 등진 것을 치지 말라. 거짓 도망하는 것을 쫓지 말라.

| 풀이 | 이와 같은 심리적·전력적·전략적인 요소를 뒤섞으면 앞으로 말하는 것들은 일체 금물이란 점을 알 수 있다. 첫째는 높은 산에 진을 친 적을 공격하는 것이다. 이는 산을 올라야 한다는 노력이 가해지므로 산 위에서 안일하게 있는 적보다 전력적으로 불리하다. 또 산 위에서 내려다보고 있으면 이쪽 편대나 움직임이 눈에 띄게 된다. 그런가 하면 내려다보고 있다는 사실 자체가 상대편에게 심리적으로 우위에 서게 할 것이다.

두 번째는 언덕 위에서 공격해 내려오는 적을 맞아 치지 말라는 것이다. 역시 똑같은 불리함이 있기 때문이다. 동시에 내리밀리는 기세에 저항을 당하면 싫어도 적은 사력을 다하여 덤빌 것이다. 따라서 보통 이상의 전투력이 생겨난다.

세 번째는 위장 퇴각이다. 이쪽을 유인하는 퇴각에 걸리지 말아야 한다는 것이다. 자칫 깊이 쫓다가는 적의 함정에 빠져서 포위되기 쉽기 때문이다. 승승(乘勝)이란 말이 있다. 이것은 누구나 무심코 걸리기 쉬운 것이니, 역시 일종의 심리작전이라고 볼 수 있다.

|해설| 자본 투자 등에 대해서도 같은 말을 할 수 있을 것이다. 남김없이 기업화되어 3중 4중으로 힘이 벅찰 때 새로 자본을 투자하는 것은 다소 높이 앉아 이쪽을 내려다보고 있는 적을 향하여 가는 것과 같다.

격렬한 경쟁으로 혈안이 되어 새로이 시장 개척을 하고 있는 상태 등은 언덕을 등지고 공격해 내려오는 것 같아서 이러한 기업에 손을 대는 것은 절대 금물이라는 것이다. 따라서 장마다 꼴뚜기를 찾는 풍조는 이 배구전술론(背丘戰術論)을 모르기 때문이라고 할 수 있다.

이렇게 중복 투자가 성행되고 있는 기업은 자칫 겉으로는 성업(盛業) 중인 것처럼 보인다. 이미 내리막길로 접어들어 어떻게든 만회해 보려고 필사적으로 선전하고 있거나 이쯤에서 손을 떼려고 최후의 힘을 기울이는 모습은 활발한 양상을 외면적으로 보이는 것이니, 속는 쪽이 어리석기 짝이 없는 것이다. 마치 거짓 도망하는 자를 쫓는 격이다.

2

날카로운 군사를 공격하지 말라. 이병을 먹지 말라. 돌아가는 군사를 막지 말라. 포위된 군사에게는 반드시 길을 터 주고, 궁한 도적에게는 육박하지 말라. 이것이 군사를 쓰는 법이다.

2// 銳卒勿攻이라 飴兵勿食이라 歸師勿遏이라 圍師必闕하고 窮寇勿迫이라 比用兵之法也라

이병(飴兵): 낚시의 미끼처럼

|풀이| 상대편 진영 중에서도 유난히 사기가 충천해 보이

유인하기 위한 군사.
물식(勿食):공격하지 않음을 뜻하는 것.
귀사(歸師):철수하여 되돌아가는 군사.
위사(圍師):포위된 군사.

는 부대는 정면으로 공격하지 않는 편이 좋다. 그러나 전면에 약한 군사를 배치하고 뒤에 강한 군사를 대기시켜 이쪽을 유인하려는 수단에 속아서는 안 된다.

특히 귀국 명령이 내려져 철수 준비를 하고 있는 부대를 건드리면 귀국하는 데 정신이 뭉쳐 있으므로 뜻밖에 강력한 힘을 발휘한다. 따라서 귀로를 방해하는 전투를 해서는 안 된다. 적을 포위할 때도 한쪽에는 반드시 도망갈 길을 터놓아야 한다. 만약 독 안에 든 쥐로 만들면 사력을 다하여 실력 이상의 힘을 발휘하기 때문에 아군의 손해도 커진다.

마지막으로 쫓기고 쫓겨 막다른 길에 빠져버린 상대를 육박해서도 안 된다. 도망갈 길이 막힌 쥐가 고양이를 문다는 격으로 의외의 반격을 당하는 수가 있다.

이상에서 말한 용병법은 심리·전력·전략을 교묘하게 쓰는 실례다.

| 해설 | 상대편의 강한 부분에 먼저 손을 대지 말라. 그러나 약점을 찾아 손을 대는 것도 적의 작전에 걸려들기 쉬우므로 조심해야 한다. 이 점을 알고 나면 경영면에도 도움이 될 것이다.

무슨 일에나 약점이라고 생각되는 곳은 있는 법이다. 무엇 때문에 약점이 그대로 방치되어 있는가를 우선 의심해 봐야 한다. 반드시 그러한 까닭이 있는 법이다. 그것도 모르고 함부로 덤비면 여러 가지 난점에 부딪쳐서 애를 먹게 되는 수가 많다.

다음에 돌아가는 군사를 방해하지 말 것과 포위할 때는 한쪽을 터놓으라든가, 몰아붙인 적에게는 육박하지 말라는 세 가지 주의 등은 자칫하면 그 반대로 해석을 할 수가 있다.

싸움이란 언제나 그로 인하여 입는 손해를 최소한도로 막는 것이 첫째 조건이다. 이와 같은 배려가 없는 한 이겨도 이긴 것이 되지 않는다는 것을 알아야 한다.

〔예화-줄거리〕 기원전 119년 전제군주 한 문제 때, 소금과 철에서 나오는 이익을 조정에서 독점하니, 백성들은 크게 고생을 하였다고 〈사서(史書)〉에 나와 있다.

이어 소제(昭帝)가 서고 학자들을 모아 심의회를 열자, 모두들 입을 모아 옳지 못함을 말하였는데, 이 말들을 수록한 것이 〈염철론(鹽鐵論)〉 12권이었다.

그 내용은, 선왕의 도(道)를 말하고 정치의 요체(要諦)를 지적한 극히 지언(至言)이었고 공문 서식으로 피력된 것이 아니었다. 실은 계속되어 온 이적(夷狄)과의 싸움, 북변의 수비, 내몽고로의 출격 등 성 외의 평정 등으로 말미암아 한왕조의 재정은 곤란하기 짝이 없었다. 청년은 군사(軍事)로, 노인과 어린이는 군량 운반으로 나날을 보내고, 조정의 재정은 적자로 허덕였다. 그러나 부호와 정상(政商)은 엄청난 부를 가지고 병역 면제를 돈의 힘으로 사는 것도 불가능하지 않았으니 나라 형편은 꼴이 아니었다. 염철에 관을 두고 엄하게 거두어들인 것도 이 때문이었다.

제멋대로 돈을 만드는 사주전은 꼬리를 무는데다 백금에 납을

〔예화〕 적을 절대로 궁지로 몰아넣어서는 안 된다. 포위된 군사에게는 반드시 길을 터주고, 궁한 도적에게는 육박하지 말라〔圍師必闕窮寇勿迫〕.

섞고 주석을 섞어서 가볍고 가치 없는 돈을 마구 만들어내니, 드디어는 통용이 되지 않는 데까지 이르렀다.

이 무렵부터 세상은 소란해지기 시작하여 투계(鬪鷄)와 개(犬)·말(馬)에 의한 도박이나 매관 등이 매우 성행하였다. 옥상옥(屋上屋)의 독점과 규제가 이적(夷狄)에 대한 공포심과 겹쳐서 오히려 백성들에게 필사의 힘을 불어넣은 것이 아니었던가.

〈사기(史記)〉의 저자 사마천의 아버지 사마담(司馬談)은 말하기를, "남자는 아무리 밭을 갈아도 식량에 굶주리고 여자는 아무리 길쌈을 해도 의복이 부족하다. 백성들은 참다못해 드디어는 군주를 배반할 것이다."라고 하였다.

삼면을 포위하더라도 한쪽만은 터놓는 것이 좋다. 그들에게 탈출할 기회를 주기 위해서이다. 절대절명의 궁지로 몰아넣어서는 안 된다. 곤경에 빠진 적은 믿을 수 없는 힘을 떨쳐 반격해 온다는 손자의 말은 고래의 용병 철칙으로 존중되어 왔으나 오늘날에도 그것이 진리임에는 틀림없다.

3

3// 孫子曰 凡用兵之法은 將取命於君하여 合軍聚衆이라 圮地無舍라 衢地合交라 絶地無留라 圍地則謀라 死地則戰이라

비지(圮地):차도 통행할 수

무릇 용병법은 장수가 임금에게 명을 받아 군을 합하고 무리를 모은다. 비지에는 숙영하지 말라. 구지에는 사귀어 합하라. 절지에는 머무르지 말라. 위지에는 곧 꾀하라. 사지에는 곧 싸우라.

| 풀이 | 첫머리에서부터 '무리를 모은다' 까지는 제7장 군

쟁편과 똑같은 문장인데, 정리하던 사람이 잘못하여 이중으로 하였다는 설과, 군쟁편과 계속되는 현지 전법의 각론이므로 그 뜻을 강조하기 위하여 두 번 썼다는 등으로 해석되고 있으나 별로 본문 내용과는 관계가 없는 곳이므로 어느 쪽이든 무방하다.

거마[車馬]도 지날 수 없을 정도로 진퇴가 부자유한 토지에는 숙영(宿營)하지 않는 것이 좋다. 반대로 인접국과의 교통 요충지에서는 그 인접국과의 접촉에 만사 조심하여 보조를 잘 맞추어야 한다. 또 인가에서 멀리 떨어진 불모의 토지에서 오래 머무르는 것은 금물이고, 출구가 적고 사방이 산과 강으로 둘러싸인 지세에서는 만일을 대비해야 한다.

부득이한 사정으로 진퇴가 여의치 않은 곳으로 들어갔을 때는 전력을 다하여 싸우는 수밖에 없을 것이다.

| 해설 | 이 조항에서는 입지조건이란 것을 중시하고, 그것에 맞추어서 적당한 조치를 취하는 것이 중요하다는 말이다. 평이하게 표현하면 하나만을 알고 고집한다는 것은 잘못이라는 것이다.

하나하나의 구체적인 예는 그리 중요하게 생각할 필요가 없다. 오직 직면하는 사태에 맞추어서 그때그때 최선을 다하여 조치한다는 원칙을 아는 일이 중요하다.

억지로 적용시켜 보면 어딘지 의혹이 있는 듯싶지만, 피치 못할 사정으로 우연히 빼도 박도 못할 위험을 느끼는 일에서는 빨리 손을 떼라는 것으로 받아들여도 좋다.

없을 만큼 거친 땅.
구지(衢地):교통이 사통팔달한 곳.
절지(絶地):생물도 살지 못하는 불모의 토지.
위지(圍地):사방이 산과 강으로 막힌 토지.
사지(死地):나아가지도 머무를 수도 없는 절대절명의 땅.

또 같은 사업이나 다른 사업과의 접촉이 많은 일을 해야 할 때는 요령 있게 행동하여 문제를 일으키지 않도록 함은 물론이지만, 그보다는 어떻게든 흔쾌히 원조를 받을 수 있는 정세를 만드는 데 주력하여 주위의 호감을 사야 하는 것이라고 해석할 수도 있다.

또 고립무원한 상태에서 하는 일에는 연속성이 없다거나, 일시적인 특수한 일은 손을 뗄 때가 중요하다고 해석할 수도 있다. 또 경제 사정 등 객관적 정세가 나빠서 여러모로 꽉 막혔을 때는 평상시의 방식보다도 색다른 방식을 쓰지 않으면 아주 먹혀버리는 것이라고 해석할 수도 있다.

마지막으로, 사방이 극단적으로 막혀서 그야말로 절대절명이 되었을 때는 섣부른 잔재주 따위는 피하고 오히려 당면한 일만을 부딪쳐 가면 살 길을 얻을 수 있다고 해석할 수도 있다.

직면해야 할 사태나 정세란 천차만별하여 일일이 예를 들 수가 없다. 따라서 응변하는 방법의 진수, 원칙이란 것을 이들 보기 중에서 터득하여 충분히 자기 것으로 만든 다음 스스로 응용하는 수밖에 없다.

4

4// 塗有所不由하고 軍有所不擊하고 城有所不攻하고 地有所不爭하고 君命有所不受라

길에는 의지 못할 곳이 있고, 군에는 치지 않을 곳이 있고, 성에는 공격하지 않을 곳이 있고, 땅에는 다투지 않을 곳이 있고, 임금의 명령에는 받지 않아야 할 것이 있다.

| 풀이 | 길이란 인간이 통행하는 곳이라고 정의할 수 있지만, 전쟁에서는 반드시 그렇지만은 않다. 때와 장소에 따라서는 절대 통로로 택할 수 없는 길도 있는 것이다.

적과 만나면 반드시 공격해야만 하는 것일까. 역시 무차별하게 손을 댈 수 없는 경우가 있는 것이다. 또 적이 지키고 있는 성 근처를 통과한다 하여 반드시 공략해야만 한다는 법은 없다. 그중에는 그대로 내버려두어도 무관한 경우도 있고, 섣불리 손을 대지 않는 것이 오히려 좋은 경우도 있는 법이다.

전쟁터로서 적당하다고 생각되는 곳, 혹은 점령할 수 있는 영토라도 덮어놓고 손을 대서 좋은 것은 아니다. 극단적으로 말하면 아무리 임금의 명령이라도 때와 장소에 따라 정반대의 행동을 취하지 않으면 안 될 긴급하고 변칙적인 사태도 있는 법이다.

그러므로 이럴 때는 반드시 이렇게 하지 않으면 안 되는 것, 또는 이럴 때는 반드시 이렇게 해야 하는 것이라는 공식을 정해 놓고 그것에 따르는 것은 위험하다. 필요한 융통·변화·대응책이란 것은 즉석에서 예리한 판단에 의하여 취하지 않으면 안 된다.

| 해설 | 싸움에는 우선 정석이란 것이 있다. 그러나 때와 장소에 따라서는 정석을 깨는 방법까지 알고 있지 않으면 진정한 싸움을 할 수 없다는 것을 설명하고 있다.

손자가 제시한 구체적인 보기를 경제 생활에 적용시켜 생

각해 보자.

　길이라는 것은 방법이라고 생각할 수도 있다. 생산 방법·판매 방법이란 것에 일정한 원칙이 있는 것은 당연하다. 그러나 그것도 객관적 정세가 평상(平常)이 아닌 경우에는 역시 그것에 순응하지 않으면 안 된다. 예를 들면 청량음료는 여름에만 소비되는 것으로 알아 왔으나 최근에는 난방시설이 좋아진 탓인지 겨울철의 수요도 증대되었다.

　이에 대하여 제공되는 제품은 여름철 음료와 똑같은 것이다. 이것은 객관적 정세의 변화를 무시한 것으로 겨울의 여름 음료라는 생각은 우스꽝스러울지도 모른다. 그러나 수요가 증대되었으므로 그 이유나 원인, 요구되는 특질 같은 것이 충분히 음미되면 반드시 존재가치가 있을 것이다. 이러한 기호품이란 자칫하면 개념적인 것이긴 하지만, 그래도 겨울의 여름 음료라는 것에는 일단 생각해 볼 필요가 있을 만큼 입지조건의 변화가 있다.

　다음으로 '군에는 공격하지 않을 곳이 있다.' 등은 그대로 적용할 만한 곳이 많이 있을 것이다. 예를 들면 어떠한 상품을 매스컴을 통하여 비난이나 의혹을 집중시키는 일이 있다. 이에 대하여 정면으로 반론을 내세우지 않아야 한다. 반론이 나왔기 때문에 오히려 문제가 복잡해져 찬반 양론으로 떠들썩하게 되어 그때까지 무관심하였던 소비자의 관심까지 불러일으키고 만다. 이와 같은 경우에는 차라리 침묵을 지키고 있으면 시간이 흐름에 따라 문제는 없어지고 말 것이다.

그러나 이 방법도 절대적이라고는 말할 수 없다. 정세에 따라서는 전격적인 반론을 가하면 그로 인하여 대중의 관심이 더해져 수요가 증대되는 경우도 있다. 모든 것은 정세 여하에 따라야 한다. 문제는 이 정세를 어떻게 빨리, 정확하게 파악하느냐 하는 점에 있는 것이다.

그 다음, 성(城)이란 일단 저항을 하는 것이 최대의 목적이니, 충분히 대비하고 있는 상대라고 해석한다면, 그 성에 대한 가상 적국이 두 개 이상 있을 때 이쪽으로서는 그 존재가 그리 방해가 되지 않는다. 그러한 경우에는 차라리 내버려두는 편이 제2의 적에 대한 방비 역할을 해주는 셈이 된다.

예를 들면 자본력이 부족한 소기업 제품의 분야에 대하여 대기업의 생산력이 크게 활개치고 있을 경우, 소기업체로서는 이에 대항하여 동일 제품으로 싸움을 하려는 생각은 무모하다. 그것보다도 수공예품의 정교한 기술을 필요로 하는 물품 생산을 주로 하는 방향으로 역점을 돌리는 것이 이에 해당할 것이다.

땅에 대해서도 똑같은 해석을 내릴 수 있다. 이것을 관료 지역이란 식으로 받아들여도 좋을지 모른다.

이처럼 그때그때 직면하는 정세에 따라 대책을 세우고 주저 없이 실행으로 옮기지 않으면 안 되므로, 때로는 임금이 명한 방침에도 역행한다는 사태가 생긴다. 다시 말하여 회사의 기본 방침을 무시하는 일도 있을 수 있다는 것이다. 여기에는 정확한 판단력·결단력이라고 하는 적에 대한 용기마저 필요하리라 생각된다. 물론 얕은 판단이나 제멋대로의 방침을 수행하였기 때문에 대사를 그르치는 일이 있어서는 안 된다. 이것이야말로 장수로서의 기량 문제가 될 것이다.

〔예화〕 받아서는 안 될 명령도 있다.
성에는 공격하지 않을 곳이 있고, 땅에는 다투지 않을 곳이 있고, 임금의 명령에는 받지 않아야 할 것이 있다 〔城有所不攻 地有所不爭 君命有所不受〕.

〔예화-줄거리〕 춘추전국시대 때 제(齊)나라의 맹상군(孟嘗君)이 식객인 풍환(馮驩)에게 빌려준 돈의 이자를 받아오라고 부탁하였다.

풍환은 설(薛)로 가서 우선 술을 빚고 소를 샀다. 그리고는 맹상군에게 돈을 빌려 쓴 사람들을 부르며 말하였다.

"이자를 낼 수 있는 사람은 다 오너라. 또 이자를 낼 수 없는 사람도 다 모여라. 차용증서를 가지고 오너라."

약속한 날이 되자 소를 잡고 술을 냈다. 술이 얼큰하였을 때 증서를 꺼내 일일이 대조를 하고 이자를 낼 수 있는 자에게는 반환 기한을 약속하고, 가난 때문에 이자를 내지 못하는 자에게는 그 증서를 회수하여 불태워 버리며 말하였다.

"맹상군이 돈을 빌려준 것은 영민(領民) 중에서 돈이 없는 자에게 본업(本業)을 하도록 하기 위해서였소. 이자를 받는 것은 식객들을 돌보는 비용이 부족하기 때문이오. 그런데 이미 부유해진 자에게는 반환 기한을 정하고, 빈궁한 자에게는 증서를 불태워 버렸소. 여러분, 어서 많이들 드시오. 주군께서 이토록 맘을 쓰고 계시니 어찌 배반할 수 있겠소."

이 말에 모든 사람들은 일제히 일어나서 절을 하였다. 그러나 맹상군은 풍환이 증서를 불태워 버렸다는 소식을 듣고 화가 치밀어 그를 불러들여 꾸짖었다.

"선생은 소를 잡고 술을 준비하여 채무자들을 실컷 먹이고 증서를 불태워 버렸다는데 도대체 어찌할 셈이오?"

"그렇습니다. 쇠고기와 술을 많이 준비하지 않으면 한 사람도 남기지 않고 다 불러모을 수가 없었고, 따라서 여유 있는 자와 부족한 자를 구별할 수 없었기 때문입니다. 여유가 있는 자에게는 반환할 기한을 정하였습니다. 부족한 자는 증서를 내밀고 10년을 재촉해 보아야 이자만 늘어날 뿐입니다. 엄하게 독촉을 하면 도망쳐버려 증서 따위는 소용이 없게 됩니다. 그렇게 되면 위로는 주군이 이(利)를 즐겨 백성을 사랑하지 않고, 아래로는 백성이 흩어져 부채를 떼어먹었다고 비난을 받을 것은 자명한 일입니다. 지금이야말로 백성을 격려하여 주군의 명성을 빛낼 기회가 아닙니까? 그래서 결국은 쓸모가 없게 될 헛증서는 태우고 설(薛)의 백성들을 주군에게 끌어들임으로써 주군의 명성을 나타내려고 한 것입니다. 그래도 이해가 되지 않으십니까?"

맹상군은 손뼉을 치며 사과하였다.

풍환은 주군의 명을 어기고 주군의 명을 나타내게 하였다. 그러므로 손자는 말하기를, "지나서는 안 되는 길이 있고, 공격해서는 안 되는 적이 있다. 공격해서는 안 되는 성이 있고, 다투어서는 안 되는 땅이 있고, 임금의 명에는 받아서는 안 되는 것이 있다."라고 한 것이다.

5

5// 故로 將通於九變之利者는 知用兵矣라 將不通於九變之利者는 雖知地形이라도 不能得地之利矣라 治兵不知九變之術者는 雖知五利라도 不能得人之用矣라

오리(五利):다섯 가지 방법의 이로움. 즉 ① 가서는 안 될 길. ② 쳐서는 안 될 군대. ③ 공격해서는 안 될 성(城). ④ 다투지 않아야 할 땅. ⑤ 받아서는 안 될 군명(君命)을 말한다.

그러므로 장수로서 9변의 이로움에 통하는 자는 용병을 아는 것이다. 장수로서 9변의 이로움에 통하지 않은 자는 비록 지형을 안다 하더라도 지리(地利)를 얻을 수 없다. 군사를 다스리는 데 9변의 술을 모르면 비록 5리(五利)를 안다 하더라도 사람의 씀을 얻지 못한다.

│풀이│ 9변(九變)이란 이 편의 제목으로도 쓰이고 있으나 이상 설명한 아홉 가지, 즉 비지·구지·절지·위지·사지·길·군사·성·땅을 가리키는 것이며, 최후의 군명(君命)이란 덧붙여진 결문(結文)으로서 예외로 취급하는 것이 아닌가 생각된다. 변(變)이란 응해야 할 변화라는 뜻이다.

최후에 나오는 5리(五利)라는 문자는 아무리 생각해도 뚜렷하지 않다. 9변 중에서 우리 편의 이해를 제약하는 '길' 이하의 다섯이라고 하는 설과 최초의 비지 이상 사지까지의 다섯이라고 하는 설 등 여러 가지 설이 있으나, 앞에서도 말한 바와 같이 화·목·토·금·수의 오행에서 오륜·오상 등 무엇이든 기본적인 법칙을 다섯으로 묶던 당시의 중국사상에서 판단하면 이해를 규정하는 기본이라고 해석해도 좋지 않을까.

따라서 문의는 이러한 9변의 이로움, 즉 당면한 정세에 응하여 자유자재로 변통할 줄 아는 지휘자야말로 진정 병(兵)을 쓸 줄 아는 사람이다. 만약 이 이론이나 방법이 몸에 배어 있지 않으면 지리·지형에 관한 지식이 있어도 그것을

활용할 줄 모르고, 군 운영에 대해서도 기본적인 법칙은 정확히 이해하고 있으면서도 실은 아무 소용이 없다는 것이다.

|해설| 이론과 실제의 어긋남이란 그때 그곳의 정세에 대응한 변화의 수법이 있느냐 없느냐에 따라 생기는 것이다. 변화 수법이 없는 이론은 자칫하면 탁상공론으로 그칠 수도 있다.

그러나 변화수라든가 묘수라는 것도 기초 이론이 튼튼하게 몸에 배어 있어야만 생기는 것인데, 여기에 더하여 당면하는 정세에 능한 변화 수법을 만드는 요령도 익혀야 한다. 실지 경험이란 것에 중점을 두는 사람들은 실전에서의 경험 횟수만이 그것을 가르쳐 준다고 주장하지만 반드시 그렇지만은 않다. 확실히 실전 경험을 쌓음으로써 요령을 감지하는 것은 사실이나, 맞부딪치는 장면 중에는 극단적인 특별한 것이 나타날지도 모르는 것이다. 그것을 남김없이 실지로 경험한다는 것은 불가능하다.

따라서 상당히 폭넓은 유추력이 길러져 있지 않으면 필요로 할 때 소용이 되지 않는다. 이 구변편에서는 오로지 그러한 점의 중요성에 대하여 역설하고 있는 것이라고 생각된다.

6// 是故로 智者之慮는 必雜於害라 雜於利而務可信也라 雜於害而患可解也라

잡(雜):함께하다. 참작하다.

6

그러므로 지혜로운 사람의 생각은 반드시 이해(利害)를 함께한다. 이(利)를 참작하는 데 직분을 펼 수 있고, 해(害)를 참작하는 데 근심을 풀 수 있다.

| 풀이 | 진정 지모(知謀)가 있는 사람의 계획에는 자기에게 유리한 조건만을 내세우지 않고 다소 불리한 줄 알면서도 일을 꾀하므로 비로소 일에 폭이 나오는 것이다. 바꾸어 말하면 불리한 조건에만 직면하였다 하더라도 적당히 유리한 조건을 가미하면 뜻밖에 재난이 되지 않는다고 말할 수 있다. 불리한 것도 처지 여하에 따라서는 유리해진다.

| 해설 | 심모원려책(深謀遠慮策)이란 다소 불리한 결점을 내포하고 있는 것이다. 따라서 작전에 폭이 생긴다는 손자의 생각에는 약간 얄미울 정도로 명찰(明察)이 있는 듯하다. 이러한 말을 할 수 있다는 것은 불리한 조건에 대처하는 방법을 잘 알고 있은 후에야 비로소 가능한 것이다. 그러나 결코 시책이 엉터리이며 제멋대로라도 좋다는 뜻은 아니다.

청탁을 가리지 않는다는 말이 뜻에 맞지 않게 자주 쓰이는데, 여기서 표현한 것은 결코 그 뜻이 아니다. 이제까지 누누이 말해 온 이론에서 진의를 짐작할 수 있으리라고 믿는다.

일에 임하여 최선을 다한다는 것은 좋은 태도로서 반드시 그래야만 되나, 최선의 조건만을 내세우려고 하면 아무

래도 계획이 줄어들고 큰 일을 못하게 되는 것도 사실이다. 털끝만큼도 결점이 없는 미녀는 차갑기 짝이 없어서 접근하기 힘든 만큼 진정한 미녀라고 할 수 없다. 어딘가에 결점이 있으면 그 결점이 아름다움을 돋보이게 하여 매력이 더해진다. 바로 이것과 일맥상통할지도 모른다.

〔예화-줄거리〕 월(越)의 왕 구천(句踐)과 함께 오나라를 멸망시킨 범려(范蠡)는 만년을 도(陶:제나라의 요지)에서 보냈다. 개명하여 주공(朱公)이라 하고 농업·목축으로 많은 재산을 모았다. 도에서 출생한 주공의 막내 아들이 장년이 되었을 때, 차남이 사람을 죽이고 초(楚)나라에서 잡혔다.

주공은 처음에 막내 아들을 보내어 둘째 아들을 구하려고 하였으나 장남이 '막내를 보내는 것은 내가 불초한 탓이다.' 하고 자살을 꾀하였으므로, 할 수 없이 장남을 파견하기로 하였다. 주공은 황금 1000일(鎰:1일은 24냥)과 한 통의 편지를 준비하고 친교가 있었던 초나라의 장생(莊生)에게 전하도록 명하고 말하기를, "장생이 하는 대로 내버려두고, 너는 보고만 있거라." 하며 다짐을 시켰다.

장남은 초나라에 도착하자 장생을 찾아 편지와 황금을 전부 내놓았다. 그러나 장남은 너무 초라한 집에 살고 있는 장생을 믿을 수가 없어서 따로 초의 권력자를 찾아가 숨겨온 돈을 주었다. 장생은 청렴하기로 이름 있는 사람으로서 초의 왕조차 그를 스승으로 존경하는 터였다. 장생은 주공의 편지를 보고 나서 왕을 찾아뵙고 말하였다.

〔예화〕 **반드시 손득 이해를 함께 생각하라.**
지혜로운 사람의 생각은 반드시 이해(利害)를 함께 한다 〔智者之慮 必雜於利害〕.

"모성(某星)이 모(某)에 드새고 있습니다. 이것은 불길한 징후입니다."

초의 왕은 덕을 닦을 셈으로 대사면을 하려고 하였다. 앞서 장남에게서 황금을 받은 권력자가 이 사실을 알고 장남에게 알렸다. 대사면이 내리면 동생은 살게 될 것이므로 장남은 장생에게 준 1000금이 아까워서 다시 장생을 찾아갔다.

"동생은 조정회의 결과 자연히 용서받게 되었습니다."

장생은 장남의 이 말을 듣자 곧 돈을 돌려주고 다시 왕에게 아뢰었다.

"길가는 사람들이 모두 대사면의 원인은 주공이 왕의 좌우에 뇌물을 보냈기 때문이라고 말하고 있습니다."

이에 주공의 차남은 사형당하고, 이튿날 대사면령이 선포되었다. 주공은 장남을 보낼 때 이미 그렇게 될 줄을 알고 있었다.

"장남은 나의 젊은 시절을 알고 있으므로 재물을 버리는 것을 중대사로 생각하고 있다. 막내는 태어나면서부터 내가 부유한 것을 보고 있었으므로 재물을 버리는 것을 아까워하지 않는다. 막내를 초나라로 보내려고 한 것은 그가 서슴지 않고 재물을 버릴 수 있기 때문이다. 장남에게는 그렇게 할 재주가 없다. 그래서 그만 차남을 죽이고 말았구나."

7

그러므로 제후를 굴복시키려면 해(害)로써 하고, 제후를 사역시키려면 업(業)으로써 하고, 제후를 달리게 하려면 이

7// 是故로 屈諸侯者以害이고 役諸侯者以業이

(利)로써 한다.

| 풀이 | 똑같은 이치로 언제 적의 편으로 돌아설지, 언제 아군 편을 들지 불분명한 제후를 다루고자 할 때, 철저하게 굴복시키려면 상대의 불리한 약점을 찔러서 그것이 눈앞에 아른거리게 해야 한다. 또 만약 일을 돕도록 만들려면 양쪽에게 이익이 될 만한 일을 시키는 것이 가장 좋다. 또한 급히 달려들게 하려면 특별히 유리한 조건을 만들어 주어야 한다.

이해니 유리, 불리니 하는 것은 이처럼 입지조건이나 사용법에 따라 달라지는 것이다.

| 해설 | 유리한 조건이니 불리한 조건이니 하는 것은 그 사용법이 있다. 자기에게 유리한 것만을 택하여 자기만이 혜택을 독점하려고 한다면 도저히 큰일은 할 수 없다.

경우에 따라서는 남에게 손해되는 일만 당하게 하여 이쪽에 대해서는 손발도 내놓지 못하게 할 수도 있는데, 그것은 최악의 경우 양립(兩立)이란 것을 전혀 생각지 않을 때이다. 그밖에는 이쪽도 유리하고 상대도 유리한 것이 좋다.

특히 급하게 남의 협력이 필요할 때는 이쪽 조건에 다소 불리한 점을 감안하고 대국적인 큰 이익을 취하도록 하는 것도 필요하다. 즉 목적에 따라 수단을 가져야 한다는 말이다.

고 趣諸侯者以利라

역(役):사역. 부리는 것.
추(趣):달려와 좇는 것.

8// 故로 用兵之法은 無恃其不來하고 恃吾有以待也라 無恃其不攻하고 恃吾有所不可攻也라

시(恃): 믿는다. 의지한다.

8

그러므로 병을 쓰는 법, 그 오지 않음을 믿지 않고 내가 기다림이 있음을 믿는다. 그 공격하지 않음을 믿지 않고, 내게 공격하지 못하는 점이 있음을 믿는다.

| 풀이 | 이곳의 전반은 〈손자〉 중에서도 많은 사람에게 애용되는 문구다. 적은 아마도 오지 않을 것이라는 희망적 관측을 믿지 말고, 언제 와도 좋다는 준비가 되어 있음을 믿지 않으면 안 된다는 것이다.

다시 말하면 아마 공격하지 않을 것이라는 생각보다는 공격을 당해도 문제가 없다는, 준비를 하는 것이 좋다는 뜻이다.

| 해설 | 전자를 돈키호테형, 후자를 햄릿형이라고 하는데, 인간은 누구나 돈키호테 같은 기질을 조금씩은 가지고 있다고 한다. 그 때문에 자칫하면 적이 오지 않음을 믿고 싶어한다. 그러면서도 준비가 없는 데 대하여 당연하게 생각하는 사람일수록 한 번 재난을 만나면 그 순간 피해망상적이 된다고 한다.

'어떻게 되겠지.' 라는 것도 오지 않음을 믿는 부류이다. 할 일을 다해 놓고 어떻게 되겠지, 즉 진인사대천명(盡人事待天命)이면 좋으나 아무 준비도 없이 그저 우연이나 요행을 믿는다면 아마 아무것도 이룰 수 없을 것이다.

9

그러므로 장수에게 다섯 가지 위험이 있다. 필사는 죽을 수 있다. 필생은 사로잡힐 수 있다. 분속함은 얕보인다. 염결은 욕되게 된다. 백성을 사랑함은 번거로워진다. 무릇 이 다섯은 장수의 잘못이다. 용병의 재난이다. 군을 엎어버리고 장수를 죽임은 반드시 이 5위(五危)로써 하므로, 살피지 않을 수 없다.

9// 故로 將有五危라 必死可殺也라 必生可虜也라 忿速可侮也라 廉潔可辱也라 愛民可煩也라 凡此五者는 將之過也라 用兵之災也라 覆軍殺將必以五危라 不可不察也라

분속(忿速):곧 화를 내는 것.

| 풀이 | 지휘자에게는 다섯 가지 경계를 요하는 위험이 수반된다. 먼저 목숨을 걸고 싸움을 시작하였을 경우 이른바 목숨을 걸고 덤빈다면 살해될 가능성이 짙다. 반대로 반드시 살아서 돌아가겠다는 생각으로 덤비면 포로가 될 가능성이 있다. 그리고 곧 화를 내면 적에게 얕잡아 보인다.

또 청렴결백을 내세우면 적은 그에게 모욕을 가한다는 비상 수단을 쓸 것이고, 민중을 사랑하여 그것에만 정신을 쓰고 있으면 적은 그 민중을 괴롭히는 수를 쓰게 한다. 이것을 5위(五危)라고 한다.

5위가 생기는 것은 지휘자의 편견에 따른 고집이 있기 때문이다. 이것이 잘못의 근원인데, 직접 싸움에 영향을 끼쳐서 죽음과 직결되는 문제이므로 무서운 일이다. 어찌 살피지 않을 수 있으랴.

따라서 군이 뿌리째 뒤엎어지고, 지휘자까지 살해당하는 비극은 지휘자의 결점에 기인하는 5위에서 생기는 것이라고 생각할 수 있다.

| 해설 | 여기서는 지휘자의 인간성과 이것을 역이용하는 전술이 있음을 말하고 있는 것이다. 그 하나하나를 살펴보면 어느 것이나 인간다운, 극히 있을 수 있는 버릇이지만, 이러한 버릇이 싸움터에서 나타난다면 매우 위험천만하게 되는 것이다.

필사란 일상생활에서 말하면 곧 정색을 하고 덤비는 버릇일 것이다. 필생은 도를 넘는 합리주의라고 보아도 좋다. 백성을 사랑하는 것은 믿을 수 없는 형식적인 인도주의일지도 모른다.

이러한 것들이 지휘자의 성격일 때는 하는 수 없으나, 그것이 편견된 고집으로 한순간 고개를 내밀면 그로 말미암아 강력한 공격을 받게 되는 것이다. 그러므로 그때그때의 객관적 정세에 따라 세워진 9변(九變)의 이(利)는 이러한 지휘자의 성벽까지도 고려해야 한다는 경고이다.

싸움이란 어디까지나 엄한 것이다. 그래서 결구(結句)로 생각하지 않으면 안 된다고 한 것이다.

〔예화〕 상대의 성격을 역이용하여 공격하라.
필사는 죽을 수 있다. 필생은 사로잡힐 수 있다. 분속함은 얕보인다. 염결은 욕되게 한다. 백성을 사랑함은 번거로워진다〔必死可殺也. 必生可虜也. 忿速可侮也. 廉潔可辱也. 愛民可煩也〕.

〔예화-줄거리〕 여기에 손자와 어깨를 나란히 하는 병법가 오기〔吳起: 오자(吳子)〕의 말을 빌리기로 한다. "장수인지 아닌지의 논의는 언제나 용기가 있는지 없는지가 쟁점이 된다. 그러나 용기란 장수로서의 자격 중 겨우 몇 분의 1에 지나지 않는다. 용기가 있는 자는 자칫 만용을 믿고 이해(利害)를 떠나기 쉽다. 이래서는 장수로서의 자격이 부족하다고 말할 수밖에 없다〔〈오자(吳子)〉 논장편(論將篇)〕."

무모한 용기는 필사적으로 싸울 뿐, 그곳에서 기다리고 있는 것은 죽음뿐이다〔必死〕.

남조(南朝) 송(宋)나라의 무제(武帝) 유유(劉裕)는 진(晉)나라의 안제(安帝) 때 역적을 평정하고 태수가 되었다. 당시 환현(桓玄)이란 자가 맹주가 되어 군사를 일으키고 안제를 내쫓고 나서 스스로 왕이라 칭하였으므로 유유는 쟁영주(崢嶸洲)에서 회전(會戰)을 하게 되었다.

유유 측의 의군(義軍)은 수천 명에 지나지 않았고, 환현의 군사는 막강한데다 그 수도 많았다. 그러나 그 대장은 패배로 겁먹고 쾌속정을 준비하여 생에 대한 집념을 빤히 드러내 놓고 있었는데 병사들도 전혀 사기가 나지 않았다.

유유의 의군이 이 사실을 눈치채고 바람을 이용하여 불을 놓고 날카롭게 공격을 하였으므로 환현의 군은 대패하였다.

장군이 목숨만을 아끼고 싸울 태세를 보이지 않으면 사졸의 사기가 오를 리 없을 것이다〔必生〕.

까닭도 없이 그저 화를 잘 내는 사람도 제어하기 쉽다. 외곬으로 화를 잘 내고, 주위의 선동으로 출격하였다가 일패도지(一敗塗地)한 요양〔姚襄:304년~439년. 16국 시대의 후진인(後秦人)〕이 27세의 젊은 나이로 살해된 것은 가장 좋은 보기일 것이다〔忿速〕.

촉(蜀)나라와 위(魏)나라의 대회전은 위수(渭水)와 기산(祁山)에 제갈공명이 진을 치는 데서부터 시작한다. 그 군세는 34만 명이요, 이에 대하여 사마중달은 40만 명의 위군을 이끌고 전쟁터로 나아간다.

공명은 중달을 겁쟁이라 깔보고 계속 욕을 보이며 유인한다. 좀처럼 응하지 않던 중달이 드디어 화를 냈을 때, 이것을 진정시킨 것은 위제의 사신 신비(辛毘)였다. 명장 사마중달도 굴욕에는 견디지 못하였던 것이다〔廉潔〕.

　사졸을 위하는 나머지 헛되게 분명(奔命)에 지치면 오히려 좋지 않은 점도 있다. 염결한 사람은 대개 침략을 좋아하지 않고 사람을 사랑하는 나머지 번거로워져 패하는 수도 있다. 이에 손자는 말하기를 "싸움이란 간혹 비정해야 할 때도 있다."라고 하였다〔愛民〕.

행군편(行軍篇)

- 적의 내정을 확인하라

행군(行軍)이란 군대의 행진이나 전투에 있어서의 행진·주둔·정찰·작전과 통솔 등 모든 것을 널리 포함하고 있다. 손자는 지형과 전투 배치를 네 가지로 구분하고 있다. 산악지대·하천지대·저습지대·평지에 따라 전투 배치는 각각 달라야 한다고 하였다.
이 행군편은 전투에 임하는 최후의 주의사항인 셈이다.

1// 孫子曰 凡處軍相敵에 絶山依谷하고 視生處高하며 戰隆無登이라 此處山之軍也라

처군(處軍):전투시의 행군·주둔·작전 등의 처리.
상적(相敵):적정의 정찰.
시생처고(視生處高):생물의 적지이며 높은 곳에 주둔한다는 뜻.

1

무릇 군을 배치하고 적을 상대할 때 산을 넘어 골짜기에 의지하고, 삶을 보고 높은 곳에 두어야 하며, 높은 데서 싸울 때는 올라가지 말라. 이것이 산에 배치하는 군사이다.

┃ 풀이 ┃ 아군을 배치하고 동원하려면 언제나 적과의 관계를 염두에 두지 않으면 안 되지만, 그것을 여러모로 나누어서 생각해 보기로 하자.

우선 산에 있어서의 군사 배치이다. 산등성이를 넘어서 낮은 지대로 내려와 골짜기를 앞으로 하되, 분산하지 않도록 평행되게 진을 쳐야 한다. 배후는 산을 요해(要害)로 골짜기를 자연의 해자(垓字:성 주위를 깊게 파서 물이 괴게 한 곳)로 삼을 수 있을 뿐만 아니라, 물이나 마량으로서의 풀도 자유로이 얻을 수 있기 때문이다. 또한 가급적이면 초목이 무성한 곳을 잡아야 하지만 적보다는 반드시 높은 곳이어야 한다는 점을 잊지 않도록 해야 한다. 그 까닭은 앞에서도 여러 차례 설명한 바와 같이 고지에 있는 적을 향하여 기어 올라가 싸우는 것은 절대 금물이기 때문이다. 이것이 산지로 군사를 움직였을 때의 주의점이다.

┃ 해설 ┃ 행군편은 군의 이동에 관한 것으로 이 조항은 산지전(山地戰)이다. 대단히 실전적인 구체론이므로 여기서 무엇인가를 배우려면 무리한 억지를 부릴 수밖에 없겠다. 그것은 쓸데없는 헛수고일 뿐만 아니라 자칫하면 어림도 없

는 과오를 범하게 되므로, 오직 깨달아야 할 것은 언제나 자연 환경과 싸우는 자의 인간으로서의 조건, 즉 생리적·심리적인 것이 충분히 고려되고 있다는 점이다.

2

물을 건너면 반드시 물에서 멀리하라. 객이 물을 건너올 때는 절대로 물 속에서 맞이하지 말라. 반쯤 건너게 한 다음 공격하면 이롭다. 싸우려고 하는 자는 물에 붙어서 객을 맞이하지 말라. 삶을 보고 높은 곳에 처하라. 물의 흐름을 맞이하지 말라. 이것이 물 위에 처하는 군사이다.

2// 絶水必遠水라 客絶水而來거든 勿迎之於水內라 令半濟而擊之利라 欲戰者는 無附於水而迎客이라 視生處高라 無迎水流라 此處水上之軍也라

객(客):맞이하는 사람들, 즉 적.

| 풀이 | 이미 강을 건넜다면 우물쭈물하지 말고 곧 멀리 물러서야 한다. 후속 부대가 건너오는 것을 방해할 뿐 아니라, 배수(背水)라는 것은 결사전을 시도하는 최후의 수단인데, 후퇴의 자유가 없는 곳에서는 오래 머물러 있는 법이 아니기 때문이다.

상대편이 강을 건너 밀려올 때 전원이 물 속에 있을 때라면 손을 써서는 안 된다. 일부가 건너오고, 일부가 아직 물 속에 남아 있는 어중간한 상태에서 이미 상륙한 일부의 부대가 안도의 한숨을 쉬며 긴장을 풀었을 때 습격하면 후속 부대는 물 속에 있으므로 구원도 뜻대로 신속하게 할 수 없기 때문에 올라오는 적을 조금씩 쓸어 없앨 수가 있다. 한군데 집결되어 있지 않은 적은 약하다는 원칙에서 이 점은 당

연하다.

또 이러한 상황에서 적과 싸우려면 절대로 물가에 버티고 서 있으면 안 된다. 왜냐하면 상대는 손해라는 것을 알면서 무리하게 강을 건너지는 않기 때문이다. 따라서 한걸음 물러나 숨어 있다가 앞에서 말한 대로 반쯤 건넜을 때 급습해야 한다.

이때도 또한 산의 경우와 마찬가지로 나무나 풀이 나 있는 조금 높은 곳에서 상대의 동정을 자세하게 내려다보면서 기회를 잡아 쳐내려가는 것이 좋다.

그리고 적의 하류에 진을 치고 상류에서 몰려오는 적을 맞아 치는 태세라면 손해이다. 물은 당연히 높은 곳에서 낮은 곳으로 흐르는데, 이 공격 행동의 고저 문제는 앞에서 말한 바와 같다. 그것과 물줄기가 흘러내리는 것을 적이 쳐내려오는 것과 같이 보고 있기 때문에, 그 기세가 더해지는 것 같은 시각적 심리작용이 거들고 있기 때문일 것이다.

이상이 물가에서 싸우는 군사의 주의사항이다.

| 해설 | 이번에는 강이다. 이 행군편에서는 앞의 산의 경우에서 말한 대로, 지리적인 자연조건에 따라 어떻게 군을 움직이느냐 하는 점에 대한 주의가 쓰여 있으므로 주로 글의 뜻만 알면 될 것이라고 생각된다. 따라서 특히 필요하다고 생각되는 대목이 있으면 사족을 붙이는 정도에서 그치기로 한다.

그러나 그 내용이 우리들에게 무의미하다는 뜻은 아니

다. 실제 전투에 있어서 매우 중요한 요령이므로, 진의만 알면 여러 곳에서 도움이 될 사항이 내포되어 있다.

하기야 기본 원리는 이제까지의 것을 총합하거나 나누어 재편성한 것에 지나지 않으므로 새로운 점은 없다. 두뇌를 위한 연습과제로서 이제까지 느껴지고 이해된 것과 해석이 일치되는지 어떤지, 말하자면 계산하는 것이라고 생각된다.

객이 물을 건너……의 대목은 다음과 같이 이해할 수도 있을 것이다. 가령 새로운 제품에 대한 판매경쟁이 붙었을 때, 준비 진행 중에 맹공을 가하면 상대는 이쪽 태세를 보고 오기로라도 그 이상의 성적을 올리고자 온갖 노력이나 연구를 할 것이다. 그러므로 상대가 신제품을 판매 경로에 과연 올려놓을 것인가를 망설이는 지경에까지 왔을 때, 보다 좋은 품질과 판매 방법을 취하는 것이 이익이 되는 방법이다.

이것은 빨라도 안 되고, 늦어도 안 된다. 숨 쉴 틈도 없게 해야 한다. 더욱이 이쪽 공격을 돌파하는 이외에 달리 방법이 없게 되면 상대는 당연히 사력을 다하여 저항할 것이다. 일이 이 지경에 이르면 별수 없다. 이대로 죽느냐 사느냐, 오직 부딪치는 수밖에 없는 상태로 상대를 몰아넣고 나서의 싸움은 편안하게 이길 수 있는데도 지고 말 우려가 있다. 반쯤 물러서 나왔을 때, 바로 그때가 공격할 시기라는 점을 잘 이해해야 한다.

싸우려고 하는 자는……의 대목도 이와 같은 사정 중의 어떠한 소식을 말하고 있는 것 같다. 공격태세를 잘 갖춘 아군에 대하여 공격해 오는 적은 상당한 준비가 되어 있는 것으로 보아야 하므로 이쪽도 고전을 하게 된다. 따라서 물가에는 서지 말아야 하는 것이다.

　물의 흐름을 맞이하지 말라는 것에 대하여 앞서와 같은 보기를 들어 보자. 만약 상대편의 제품이 우연히 매스컴을 타고 상당히 화제가 되어 있는 상태는 상류에 있는 적이라고 생각해도 좋다. 이 상태는 바로 물의 흐름에 해당할 것이다. 이것에 역행하는 것은 이쪽이 지고 들어가는 싸움이라고 할 수 있다. 반대로 이쪽이 세상의 화제가 되어 있을 때는 높은 데 있는 셈이 된다.

[예화] 강을 건너는 적은 반쯤 상륙하였을 때 공격하라.
객이 물을 건너올 때는 절대로 물 속에서 맞이하지 말라. 반쯤 건너게 한 다음 공격하면 이롭다[客絶水而來 勿迎之於水內 令半濟而擊之利].

[예화-줄거리] 당 고조(唐高祖)의 무덕(武德) 연간에 설만균(薛萬均)은 나예(羅藝)와 함께 범양성(范陽城)에 의거하여 유연(幽燕) 일대를 지키고 있었다. 충분한 병력이 지키는 것도 아니었고 또한 견고한 성도 아니었다. 이때 두건덕(竇建德)이 10만 명의 군사를 이끌고 범양성으로 진격해 왔다.

　설만균은 나예와 의논하였다.

　"병력으로 말하면 도저히 불가능하다. 지금 만약 성을 나가서 정면으로 싸우면 아마도 백전백패할 것이니, 결국 계략으로 이기는 수밖에 없다. 그래서 약한 병사와 약한 말로 하여금 강을 사이에 두고 성을 등진 채 진을 치게 하여 적을 유인하고자 한다. 적이 만약 강을 건너 교전하려고 하거든 귀공은 정예 기병 100기(騎)를 성 옆에 숨겨 두었다가 적이 반쯤 건너왔을 때를 노려 공격해 주게."

　나예는 설만균의 계략에 따랐다.

과연 두건덕의 군사가 강을 건너오기 시작하자 반쯤 건넜을 때 나예는 맹공격을 감행하여 크게 격파하였다.

아마도 손자 시대에는 강이 가장 구체적인 장애물이었을 것이다. 무릇 강뿐만 아니라 장애물을 통과하려면 상당히 힘을 그 장애물과의 격투에 쏟지 않으면 안 된다. 즉 그만큼 전력은 저하하게 되는 셈이니, 그때야말로 적을 격파할 수 있는 절호의 기회라고 손자는 말하고 있다. 그러나 상대가 강을 건너지 않으면 그러한 기회는 생기지 않는다. 이전에 다음과 같은 일이 있었다.

춘추시대 진(晉)나라의 장군 양처보(陽處父)가 초(楚)나라 장군 자상(子上)과 지수(泜水)를 사이에 두고 대진하였다. 양처보가 초의 군에게 강을 건너게 하려고 진을 거두어 퇴각 태세를 취하자, 자상도 후퇴를 하였다. 오히려 진의 군에게 강을 건너게 할 생각이었다. 결국 양쪽 군사 모두 강을 건너지 않아 싸우지도 않고 그냥 돌아갔다.

싸움에 있어서 자기가 강을 건너면 불리하고, 상대가 강을 건너면 유리하다는 것은 양처보나 자상이 아니더라도 쉽게 알 수 있는 일이다. 그렇다면 상대가 강을 건너기를 기다리지 말고 기발한 계책을 꾸며 억지로라도 상대로 하여금 강을 건너게 하지 않으면 안 될 것이다.

한신(韓信)은 제(齊)나라를 공격하고 제도(齊都) 임치(臨菑)를 평정하자, 도망친 제나라 왕 전광(田廣)을 추격하여 고민(高密) 서쪽에 이르렀다. 그런데 초나라에서 용저(龍且)를 대장으로 삼아 20만 명의 대군을 파견시켜서 제나라를 도우려고 왔으므로, 제의 왕 전광은 용저와 군을 합쳐서 한신과 싸우려고 하였다. 잠시 후 한신의 군사가 도착하자 양쪽의 군사들은 유수(濰水)를 끼고 진을 쳤다.

밤이 되자 한신은 1만 개가 넘는 포대에 토사(土砂)를 넣은 토낭을 만들어서 유수의 상류를 막게 하였다. 그리고 날이 밝아질 때 군사를 이끌고 이미 물이 빠진 유수를 건너서 용저의 군사를 습격하였다. 용저의 군사가 반격하자 한신의 군사는 지는 척하고 도망쳐 돌아왔다. 용저는 그 광경을 보고 크게 기뻐하며 말하였다.

"한신이 겁쟁이란 것은 오래 전부터 알고 있었다."

곧 추격 명령과 함께 전군이 말라버린 강바닥으로 들어가자, 한신은 번개같이 흐름을 막고 있던 토낭둑을 터놓았다. 물이 내리쏟아져 용저의 군사는 그 자리에 못박히고 말았다. 때는 왔다고 급습을 가한 한신이 어렵지 않게 용저를 죽이니, 유수 동쪽 언덕에 남아 있던 용저의 군사는 그 광경을 보고 패주하고, 제의 왕 전광도 도망쳤다. 그러자 한신은 도망치는 적을 쫓아 드디어 성양(城陽)에 이르러 초의 군사 전부를 포로로 삼았다.

한신은 인위적으로 강을 말렸다가, 적이 마른 강을 건너올 때 다시 인위적으로 강을 재현시킨 것이다. 아마도 이것은 《손자》 병법의 고도한 응용이라고 하겠다.

이러한 응용과 갖가지 변화를 예상하면서 손자는 말하기를, "적이 강을 건널 때는 강물 속에서 공격하면 안 된다. 반쯤 건넜을 때 공격하는 것이 유리하다."라고 한 것이다.

3

척택을 건너면 속히 떠나되 머무르지 말라. 만약 군을 척택 속에서 싸우게 할 때는 반드시 물이나 풀을 의지하여 뭇 나무를 등지라. 이것이 척택에 처하는 군사이다.

3// 絶斥澤이면 惟亟去 無留라 若交軍於斥澤之 中에는 必依水草而背衆 樹라 此處斥澤之軍也라

척택(斥澤):척(斥)은 염분이 있는 토지, 택(澤)은 습지대·음습지를 말하는 것.

| 풀이 | 습지를 넘어서 가야 할 때는 오래 머무르지 말고 빨리 그곳을 지나는 것이 좋다. 만약 습지에서 부득이 싸우게 될 경우에는 가급적 물이나 풀이 있는 곳을 앞으로 하고 숲이나 나무를 배후로 포진하는 것이 현명하다.

물이나 풀을 앞으로 한다는 것은 전면에 전망을 두는 것이고, 삼림을 뒤로 하는 것은 대오의 형태를 뚜렷하게 나타내지 않음으로써 일종의 요해로 이용할 수 있기 때문이다.

| 해설 | 음습지대에서 군사를 움직이는 방법이다. 이것은 악조건 밑에서 벌인 사업이 고전하는 것으로 생각하면 좋다. 그곳에서 빨리 떠나려고 해도 조건 여하에 따라서는 떠날 수 없는 경우가 있을 것이다.

예를 들면 경제 조건의 악화라든가 극단적인 사회 정세의 혼란 등 여러 가지가 있을 것이다. 이러한 조건 밑에서 이쪽 생각대로 떠날 수는 없을 것이다. 이럴 경우에는 헛된 싸움은 가급적 삼가는 것이 결국 머무르지 않고 떠나는 셈이 될지도 모른다.

그러나 오직 부분적으로 자사(自社)나 한 업종만이 악조건이라면 전력을 다해서라도 이탈을 꾀하는 것이 당연하다.

만사를 젖혀놓고 악조건의 영향에서 벗어나도록 전념해야 할 것이다.

　부득이 싸우지 않으면 안 될 때는 전방의 전망을 좋게 하라는 것은, 신변을 정리하여 손쉽게 바꿀 수 있는 태세를 항상 갖추어 모든 일에 깊이 빠져들지 않도록 조심하는 것이고, 악조건의 영향을 최소한으로 막아내도록 노력하는 것이 바로 뭇나무를 등지는 것이다.

4

4// 平陸處에서는 易而右背高하여 前死後生이라 此處平陸之軍也라 凡此四軍之利는 黃帝之所以勝四帝也라

　평륙에서는 쉬운 곳에 처하고, 오른쪽 높은 곳을 뒤로 하여 죽음을 앞으로 하고 삶을 뒤로 하라. 이것이 평륙에 처하는 군사이다. 무릇 이 네 가지 군사의 이로움은 황제가 사제를 이긴 것이다.

평륙(平陸):편평한 지역.
사(死):사지(死地). 초목도 없는 황무지.
생(生):생지(生地). 사지와는 반대로 초목이 무성한 곳.
황제(黃帝):중국 전설상의 개국 군주라 칭하고 있으나, 한 사람의 실제적 인물이 아니라, 몇 대를 걸친 몇 사람의 걸출한 지배자를 총합하여 한 사람으로 취급한 것이라는 설도 있다. 4000 수백년 전의 인물이며 당시 신뢰할 만한 사서(史書)도 없기

| 풀이 | 평탄한 곳에서는 가급적 활동하기 편한 곳을 골라서 포진하고, 같은 평지라도 높은 곳을 오른쪽 등뒤로 하는 지형이라야 한다. 그리고 황무지를 앞으로 하고, 수목이 무성한 곳을 뒤로 해야 한다. 이것이 평지에서의 포진법이다.

　이상 산(山)·수(水)·척택(斥澤)·평륙(平陸) 등 4지(四地)에서의 포진법은 선조 황제가 사린(四隣)의 왕들을 정복하였을 때의 전법으로 전해지고 있는 것이다.

| 해설 | 이 조항도 해설로서는 특별한 것이 없다. 거의 전

조항과 같으므로 생략한다.

5

무릇 군사는 높음을 좋아하고 낮음을 싫어하며, 양지를 귀히 여기고 음지를 천시하며, 삶을 기르고 실한 데 처하면 군사에게 백질이 없다. 이것을 필승이라고 한다.

| 풀이 | 군사를 두는 곳은 높고 마른 곳을 택하는 편이 좋고, 낮고 습한 곳은 피해야 한다. 이것은 전략적이나 군사들의 생리적인 면에서도 매우 중요하다. 즉 동남쪽의 햇볕이 잘 드는 곳은 호적지(好適地)이며, 서북쪽의 그늘지고 추운 곳은 부적당하다. 무엇보다도 생활적인 자연 요구에 맞도록 하여 만사가 평실해야 세력이 구축된다. 이 점을 유의한다면 결코 군사 가운데 병자가 생기는 일은 없을 것이다. 그리고 그와 같은 세심한 배려와 조심성이 있어야 반드시 승리할 수 있을 것이다.

| 해설 | 자연의 이치에 역행하지 않는다는 배려가 있어야 한다는 말이다. 필승의 비결이란 결코 특별한 것이 아니다. 직무에 종사하는 사람들의 건강 관리, 보건 시설이 그대로 필승으로 통한다고 판단하고 있는 것이다.

논리의 비약이 심하여 당돌한 느낌이 들겠지만, 이것은 진리이다. 더더욱 근래에는 이것이 당연한 경영 상식으로

때문에 분명치 않으나 〈사기(史記)〉에는 성씨가 헌원(軒轅)으로 나와 있다. 치우(蚩尤) 기타 사린(四隣)의 나라들을 평정하여 천하를 통일하였다고 한다.
사제(四帝):이들 사린의 나라의 제왕을 뜻한다.

5// 凡軍好高而惡下이며 貴陽而賤陰이며 養生而處實이면 軍無百疾이라 是謂必勝이라

양(陽):양지. 밝고 환한 것.
음(陰):음지. 어둡고 음울한 것.
양생(養生):생활적인 욕구에 순응한다는 뜻.
백질(百疾):여러 가지 질병.

되어 있는 듯하다. 한걸음 더 나아가 삶의 질을 높이고 끊임없이 노력하는 쪽의 급여를 가급적 풍부하게 한다는 사고방식이 바로 필승의 길로 통한다는 주장도 일리가 있는 것이라고 하겠다.

[예화−줄거리] 진(秦)나라 말기에 질병으로 거의 죽게 된 남해(南海)의 도위(都尉) 임효(任囂)는 용천(龍川)의 영(令) 조타(趙佗)를 불러서 다음과 같이 말하였다.

"듣자하니 진승(陳勝) 등이 난을 일으켰다고 한다. 진(秦)나라가 비도(非道)를 행하여 천하의 백성이 고난을 당하는 바람에 항우(項羽)·유기(劉奇)·진승(陳勝)·오광(吳廣) 등이 각각 자기 고을에서 군사를 일으켜 크게 천하를 다투고 있다. 중국은 혼란해질 대로 혼란해져 안정을 모르고, 호걸은 진을 배반하고 날뛰고 있다. 남해는 벽지의 장이나, 나는 적군들이 여기까지 침입해 올 것을 두려워하고 있다. 그래서 군사를 일으켜 진이 건설해 놓은 새 도로를 차단하고 방비태세를 굳혀서 제후의 변사(變事)에 대비하고자 한다. 그런데 이렇게 병에 걸리고 말았다. 이 번우는 산을 등지고 있는 험조한 땅이고, 남해 수천 리의 땅에는 상당수의 중국인들이 서로 돕고 있으므로, 이곳도 한 주로 독립시켜서 나라를 세울 수가 있을 것이다. 그러나 군(郡)의 장관들 중에는 의논할 만한 자가 없기 때문에 자네를 부른 것이다."

말을 마치자 임효는 조타에게 조서(詔書)를 만들게 하고 남해 군위(郡尉)의 정무를 보게 한 후 세상을 떠났다. 조타는 곧 격(檄)을 날려 횡포(橫浦)·양산(陽山)·황계(湟谿) 등 각 관문에 통고

[예화] **군사는 높은 곳에 포진해야 한다.**
무릇 군사는 높음을 좋아하고 낮음을 싫어하며, 양지를 귀히 여기고 음지를 천시한다[凡軍好高而惡下 貴陽而賤陰].

하였다.

"적군이 침입하려고 한다. 급히 길을 막고 군사를 동원하여 스스로 지키도록 하라."

조타는 점차 법에 의하여 진나라에서 임명한 장관들을 주살하고 자기 파의 임시 군수로 임명해 나갔다. 이윽고 진나라가 망하자 조타는 계림(桂林)·상군(象郡)을 공격하여 합병하고, 산간의 험조한 곳에 자립하여 남월(南越)의 무왕(武王)이라고 칭하였다.

여후(呂后) 시대가 되자 한(漢)나라는 남월과의 철기교역(鐵器交易)을 금지시켰다. 조타는 분노하여 스스로 남월의 무제(武帝)라 칭하고, 군사를 동원시켜 장사(長沙)의 국경을 공격하였다. 여후는 장군 융려후 조(隆慮侯竈)를 파견시켜서 남월을 토벌하고자 하였다. 그러나 심한 더위와 습기를 만난 조의 군사는 역병(疫病)으로 고생하더니 끝내 양산령(陽山嶺)을 넘어 진격할 수가 없었다. 그 후 1년이 지나 여후가 죽자 한나라는 군사를 철수시켰다.

이에 조타는 그 변경에서 크게 위엄을 떨치게 되었다. 그러므로 손자가 말하기를, "군은 높은 곳에 포진해야 한다."라고 하였다.

6

구릉과 제방은 반드시 그 양지에 처하여 이를 오른쪽으로 하고 배후로 한다. 이는 병(兵)의 이로움이요, 땅의 도움이다. 위에 비가 내려 물거품이 일면 건너려는 자는 잠시 안정됨을 기다리라.

6// 丘陵隄防은 必處其陽而右背之라 此兵之利요 地之助也라 上雨水沫至면 欲涉者待其定也라

| 풀이 | 구릉이나 제방 근처에 포진할 때는 가급적 동남쪽을 향하여 햇빛이 비치는 곳을 택하고, 그 높은 곳을 오른쪽 뒤로 두는 것이 좋다. 이렇게 하는 것이 승리의 길로 통하는 지형의 활용이기 때문이다.

강을 건너 싸워야 할 때 작전상 주의할 것은 상류에 비가 있으면 그 흐름에 다소 거품이 떠 보인다. 이러한 상태일 때는 자칫하면 많은 물이 흘러내릴 수가 있다. 따라서 군사를 익사시킬 위험이 있기 때문에 잠시 기다리며 관찰하는 편이 좋다.

| 해설 | 이곳도 구체적인 예에 대한 자세한 주의이므로 별다른 해설이 필요 없다. 일에 처하여 변화에 따른 하나의 보기인데, 자연 현상에 대해서는 언제나 조심하는 마음가짐이 중요하다는 것이다.

〔예화〕 거품이 있는 강은 건너서는 안 된다.
위에 비가 내려 물거품이 일면 건너려는 자는 잠시 안정됨을 기다리라〔上雨水沫至 欲涉者待其定也〕.

〔예화-줄거리〕 선혜왕(宣惠王) 시대에 한(韓)나라에 있어서 진(秦)나라는 마치 홍수를 이루는 강의 존재와 같았다. 선혜왕 14년에 진나라는 한나라를 공격하여 언(鄢)에서 격파하고, 16년에는 수어(脩魚)에서 격파하여 한의 장군 수(鰒)와 신차(申差)를 생포하였다.

한의 공중(公仲)은 홍수질 염려가 있는 강은 건너지 않을 생각으로 왕에게 진나라와 화친하도록 설득하였다.

"진나라는 초(楚)나라를 공격할 생각을 하고 있습니다. 우리나라로서는 영토의 일부를 진나라에 뇌물로 주어 친교를 맺고, 함

행군편 • 233

께 초나라를 쳐야 합니다."

한의 왕이 좋다고 하자 공중은 강화를 위하여 출발 준비를 서둘렀다. 이 말을 전해들은 초나라 왕은 크게 놀라 진진(陳軫)을 불러 의견을 물으니 다음과 같이 말하였다.

"이렇게 하면 어떻겠습니까. 군사를 일으켜서 한나라를 돕겠다고 선언하는 것입니다. 도로 가득히 전차를 출동시키고, 한나라로 가는 사신에게는 많은 뇌물을 주어 보냅니다. 아무튼 왕께서 돕는다는 것을 한의 왕이 믿도록 하는 것입니다. 이렇게 하면, 가령 한나라가 우리 초나라의 말을 듣지 않는다 하더라도 왕의 덕을 칭찬하여 진나라와 함께 공격해 오지는 않을 것입니다. 한걸음 나아가 한나라가 우리 말을 믿고 진나라와 화친을 끊게 되면 대성공입니다. 크게 노한 진과 한나라가 서로 물고 뜯게 되면 초나라는 우환을 면하게 될 것입니다."

초의 왕은 진진의 말대로 한나라에 사신을 보냈다. 한의 왕은 크게 기뻐하며 진나라로 출발하려는 공중을 제지하였다.

그러자 공중이 말하였다.

"초나라는 이미 공격당할 형세에 있으므로 군을 동원시켜서 우리 한나라를 구하는 척하는 것입니다."

그러나 한의 왕은 그의 말을 듣지 않고 마침내 진나라와 단교하였다. 후에 한나라는 진나라에게 크게 공격을 받았으나, 초나라에서는 구원병이 끝내 오지 않았다. 진은 한뿐만 아니라 초에게도 거세게 흐르는 강이었다.

억지로 건너려고 한 것은 한의 왕이었으니, 격류에 휩쓸리는 꼴이 되었다. 격류를 피하려고 꾀를 쓴 것은 초나라 왕이었다. 잠시 동안 초나라는 진나라의 공격을 받지 않았다.

7

무릇 땅에 절간·천정·천뢰·천라·천함·천극이 있으면 반드시 빨리 떠나 접근하지 말라. 나는 이를 멀리하고, 적에게는 이를 가까이하게 하라. 나는 이를 맞이하고, 적에게는 이를 등지게 하라.

| 풀이 | 여섯 군데의 험한 지역을 6해(害)의 땅이라고 하는데, 이와 같이 험한 장소에는 되도록 접근하지 말아야 한다. 부득이 접근할 경우에는 빨리 빠져나오도록 해야 한다. 그러나 이쪽으로서는 피해서 멀리해야 하지만, 적에 대해서는 반대로 이것에 접근하도록 유도하는 것이 좋다. 그리고 마침내 그 부근에서 적과 만나 싸울 때는 험한 지역이 전방이 되도록 위치를 잡고, 적에게는 그것이 배후가 되도록 하는 것이 유리하다.

| 해설 | 위험지역에 접근하였을 때의 주의점과 그 역이용 방법이다. 사업 경영에도 이러한 6해(害)의 땅은 여러모로 있을 것이다. 군자는 위험한 곳에 접근하지 않는다는 말도 있으나, 경계만이 능사는 아니다. 위험한 일은 가급적 남에게 밀어붙이는 것도 한 방법이다. 그러나 상대에게 위험한 일이 닥쳐서 진퇴가 부자유한 지경에 빠지는 것은 이쪽으로

7// 凡地有絕澗天井天牢天羅天陷天隙이면 必亟去之하여 勿近也라 吾遠之하고 敵近之라 吾迎之하고 敵背之라

절간(絕澗):절(絕)은 절벽, 간(澗)은 골짜기 물을 뜻하니, 즉 절벽 중 격류가 흐르는 곳을 말하는 것.
천정(天井):천연의 우물과 같이 깊고 사방이 험한 산으로 둘러싸인 곳을 말한다. 천정 이하 5개의 천(天)은 모두 천연이라는 뜻이다.
천뢰(天牢):천연의 뇌옥(牢獄)과 같은 곳. 즉 길이 좁아서 출입이 곤란한 곳을 말한다.
천라(天羅):천망(天網)과 같이 안으로 들어가면 앞이 가리워져서 빠져나올 수 없는 곳을 말한다.
천함(天陷):함(陷)은 함정. 이것도 천망과 같은 뜻이다. 즉 깊은 수렁과 같은 곳에 빠져들어 가는 곳.
천극(天隙):극(隙)은 기둥과 벽 사이에 생기는 틈을 말한다. 곧 손가락 하나도 들어갈 수 없는 곤란한 장소를 말하는 것. 따라서 길이 좁

서는 천만다행한 일이다.

6해(害)도 일종의 무기라는 점을 잊어서는 안 된다. 이용할 수 있는 것은 무엇이든 이용한다는 뱃심도 하나의 무기라고 할 수가 있다.

고 험할 뿐만 아니라, 깊이 팬 곳이 많아 갈 수 없는 곳.

8

군사로서 근처에 험조·횡정·겸가·임목·예회가 있을 때는 반드시 삼가 이를 반복하여 수색하라. 이는 복간이 처하는 곳이다.

8// 軍旁에 有險阻橫井蒹葭林木翳薈者는 必謹覆索之라 此伏姦之所處也라

| 풀이 | 군사가 주둔하고 있는 부근에 험한 곳이나 샛길, 소택지, 우묵한 곳, 갈대가 무성한 곳 등이 있을 때는 그곳을 주의 깊게 반복하여 수색할 필요가 있다. 그런 곳에는 대개 적의 복병이나 척후가 숨어서 이쪽 형편을 탐색하는 경우가 있기 때문이다.

횡정(橫井):횡(橫)은 물이 괸 연못, 정(井)은 깊은 구멍으로서 우묵한 소택지대를 말하는 것.
겸가(蒹葭):갈대.
임목(林木):산림지대.
예회(翳薈):풀이 무성한 곳.
복간(伏姦):복병이나 척후.

| 해설 | 다른 곳에 대한 정보 탐색에도 적당한 대책을 강구해 둘 필요가 있다. 정보가 새는 곳은 대개 정해져 있다. 정체가 불분명한 외판원이나 권유하는 사람이 빈번하게 찾아드는 등 이쪽으로 침투해 온 자의 수색에도 주의가 필요하며, 알코올을 제공하는 장소 등은 크게 경계할 필요가 있다. 따라서 그러한 곳으로 정보를 가지고 가는 것은 어리석기 짝이 없는 것이다. 화려한 장소, 번화한 곳 등 사람의 출

입이 많은 곳이 바로 초목이 무성한 지역일 것이다.

9

접근해도 조용한 곳은 그 험한 것을 믿기 때문이다. 멀면서 싸움을 거는 것은 사람이 나아감을 바라는 것이다. 그 있는 곳이 평탄한 것은 이롭기 때문이다.

| 풀이 | 적과의 거리가 접근해 있는데도 전혀 동요가 없는 것은 상당한 요해처라는 것을 믿기 때문이다. 또 접전거리에 있지 않으면서도 도전해 오는 것은 아군을 앞으로 유인하여 그 도중을 습격하려는 작전이 있기 때문이다. 일부러 공격이 편한 평탄한 곳에 진을 치고 있는 것은 유혹의 수단이라고 생각해야 한다.

| 해설 | 상대방의 시장에 꽤 손을 대기 시작하였는데도 상대가 전혀 동요됨이 없이 태연하게 있을 경우에는, 상당히 유력한 배후가 있어서 자신감이 있다고 생각해야 한다. 그것을 상대가 눈치채지 못하고 있다든가, 또는 약세를 보이고 있는 것으로 오인하고 깔보다가는 뜻하지 않은 엉뚱한 곳에서 반격을 받게 된다.

'좀 더 접근해 와야 할 텐데……' 이쪽에서 촉각을 세우며 신중을 기하고 있을 때 마침 저쪽에서 손을 써 온다고 해서 마음놓고 받아들이면 안 된다. 오히려 잘못 말려들면 혼

9// 近而靜者는 恃其險也라 遠而挑戰者는 欲人之進也라 其所居易者는 利也라

욕인지진(欲人之進): 여기의 인(人)은 아군을 뜻한다.
소거이(所居易): 이(易)는 평탄한 곳.

이 나게 될 것이다.

"좋군요. 동업자가 많아져서 마음 든든합니다. 힘껏 해보셔야죠. 대단치는 않지만 도와드리죠……."

이와 같이 크게 환영하는 상대의 인사에 넘어가 안심을 하고 있다가는 뜻밖에 골탕을 먹는 수도 있는 법이다. 친절에 대한 방심은 금물이다.

10

뭇나무가 움직임은 오는 것이요, 뭇풀에 장애가 많음은 의심하게 하는 것이다. 새가 일어남은 복병(伏兵)이요, 짐승이 놀람도 복병(覆兵)이 있는 것이다. 먼지가 높고 날카로움은 전차가 오는 것이요, 낮고 넓은 것은 보병이 오는 것이다. 흩어져 나뭇가지 같음은 땔나무를 하고 있는 것이요, 적게 왕래하는 것은 군사를 재우는 것이다.

10// 衆樹動者는 來也라 衆草多障者는 疑也요 鳥起者는 伏也라 獸駭者는 覆也라 塵高而銳者는 車來也요 卑而廣者는 徒來也요 散而條達者는 樵採也요 少而往來者는 營軍也라

| 풀이 | 산림을 멀리서 전망하고 있는 넓은 범위에 수목이 이상하게 움직이고 있는 것은 적군의 내습(來襲)을 나타내는 것이다. 또 풀숲에 많은 결초(結草)로 만든 함정이 있을 때는 그 어떠한 계획이 있는 것으로 보아도 좋다. 낮게 날고 있던 새들이 떼지어 높이 날아오르면 반드시 복병이 있다고 보아도 좋다. 짐승들이 놀라서 달아나는 광경을 보았을 때도 또한 어딘가에 복병이 숨어 있다고 생각해도 좋다. 모래먼지가 높이 오르고 그 윗부분이 예각일 때는 병거

(兵車)가 다가오고 있다고 생각해도 좋다. 또 모래먼지가 높이 오르지 않고 낮게 널리 퍼질 때는 보병이 진격해 오는 것이다.

모래먼지가 한군데 뭉쳐 있지 않고 여기저기 가늘게 줄지어 오를 때는 군사들이 땔나무를 하고 있는 것이라고 생각해도 좋다. 그런데 이러한 먼지 줄기가 곳곳에서 올라올 때는 막사를 만들기 위하여 마땅한 장소를 찾고 있다고 보아도 틀림이 없다.

| 해설 | 상대의 움직임을 살펴 알 수 있는 실마리를, 어떻게도 숨길 수 없는 자연현상에서 구하는 것을 설명하고 있다. 이것은 사업 경영에서도 여러 가지 용품 조달 과정을 관찰함으로써 어느 정도의 움직임이 판단되는 것과 같다.

특히 출입하는 인쇄소 등에서 인쇄물 양의 증감, 그 종류 등을 알아내면 상당히 정확한 지식을 얻을 수 있고, 좀더 자세하게 말하면 공원(工員) 등의 복장의 더러움에 변화가 없는지를 조사하거나, 쓰레기, 유출하는 진액, 매각된 스크랩을 조사하는 등 여러 가지 방법이 있을 것이다. 숙련된 기술자가 관찰하면 굴뚝 연기의 색깔에서도 생산물의 종류나 특징을 알 수 있다고 한다. 상대를 알고 싶을 때는 이러한 곳을 빠짐없이 관찰해야 한다.

〔예화〕 수목의 움직임으로 적의 동정을 판단한다.
뭇나무가 움직임은 다가오

〔예화-줄거리〕 하수(夏首) 남쪽에 연촉량(涓蜀梁)이란 사나이가 있었다. 이 사나이가 어느 시대의 사람인지는 확실치 않으나〈열

선전(列仙傳)〉에 보면 '제인(齊人) 연자(涓子)가 있어 이름을 촉량이라고 한다.'라는 글이 나온다. 탕산(宕山)에 숨어 살며 풍우를 불러일으키는 재주가 있고, 산엉겅퀴의 정(精)을 마시며 300살을 살았다고 하였는데, 〈순자(荀子)〉 해폐편(解蔽篇)의 기술과는 너무나도 다르다.

〈순자〉에는 '연촉량은 어리석기가 짝이 없는데다 간도 작았다. 달밤에 혼자 거닐다가 무심코 자기 그림자를 돌아보고 복귀(伏鬼)인가 싶어 간이 덜컥 내려앉아 몸을 부들부들 떨었다. 다시 위를 쳐다보니 이번에는 머리를 풀고 산발한 귀신이 우뚝 서 있는 게 아닌가. 질겁을 하여 도망치듯 집에 왔는데 너무나도 놀란 나머지 당도하자마자 숨이 끊어져 버렸다.'라고 하였다.

물건을 똑똑히 보려고 할 때는 머뭇거리며 의심하거나 우물쭈물 뒤로 물러나며 편안치 않게 움직여서는 진정한 판단을 할 도리가 없는 것이다. 더욱이 사활이 걸린 것으로서 적의 동정을 판단하는 일에 있어서랴. 예를 들면 오장원(五丈原)에서 숨진 제갈공명이 나타나 위(魏)나라 장수 사마중달(司馬仲達)을 도망치게 한 고사 등, 전쟁터에서 냉정을 잃기 때문에 빚어지는 일들은 일일이 열거할 수 없을 만큼 많다. 그러므로 잘 관찰하여 판단을 해야 할 것이다.

는 것이다〔衆樹動者來也〕.

11

말은 겸손하면서도 대비를 굳게 하는 자는 진격하려는 것이다. 말은 강경하게 하되 나아가 달리는 자는 퇴각하려

11// 辭卑而益備者는 進也라 辭强而進驅者는

退也라 無約而請和者는
謀也라

약(約):궁약(窮約). 진퇴양난
에 빠지는 것.

는 것이다. 궁약함이 없이 화(和)를 청하는 자는 책모가 있는 것이다.

| 풀이 | 외교사령(外交辭令)이란 말이 있을 정도로 원래 외교 접촉은 듣기 좋은 말로 하는 것이다. 그러나 필요 이상으로 이쪽 뜻에 영합하거나 온갖 아부를 하며 은밀히 군비를 증강하고 있을 때는 반드시 가까운 시기에 진격해 올 것이라고 보아야 한다.

반대로 사신이 자신 있게 큰 소리를 치며, 어마어마하고 극단적인 말을 남기고 부리나케 돌아간다면 실은 퇴각할 작정임이 틀림없다.

또 막다른 골목으로 몰린 까닭이라면 몰라도 아무런 이유도 없이 화의를 청해 오는 일이 있다면 거기에는 반드시 남모를 계략이 숨겨져 있다고 보아야 한다. 예를 들면 진용을 재정비하기 위하여 시간을 벌자는 속셈 따위다. 이와 같이 모든 것의 이면을 생각해야 한다.

| 해설 | 여기서는 말과 속셈이 다른 경우가 많다는 점을 지적하고 있다. 이러한 경우에는 반드시 부자연스런 과장이 뒤따른다. 근본은 상대의 그와 같은 행동에 충분히 수긍이 갈 만한 근거가 있는지 없는지가 문제다. 그것을 유리하게 해석한다면 엉뚱한 속임수에 떨어지게 될 것이다.

당연히 눈치채야 할 계략에 걸리면 그것은 어느 모로 보나 이쪽의 실수가 된다. 한 대 맞고 나서 비겁하다고 떠들어

보아야 소용없는 일이다. 오히려 이쪽의 무지만을 드러내고 마는 것이다.

〔예화-줄거리〕 전국시대 때 진(秦)나라는 호상(胡傷)을 장으로 삼고 병력 20만 명을 주어, 한(韓)나라의 알여(閼與)를 포위하게 하였다. 이에 한의 이왕(釐王)은 곧 사신을 보내어 조(趙)나라에 구원을 청하였다.

조나라의 혜문왕(惠文王)이 군신을 모아놓고 알여를 구할 수 있는지를 물으니, 조의 명장 염파(廉頗)와 악승(樂乘)은 말하였다.

"길은 멀고 또 험한 곳입니다. 구하기가 어렵겠습니다."

그런데 조사(趙奢)라는 사람은 다음과 같이 말하였다.

"길이 먼 데다 험하고 좁다면, 예를 들어 두 마리의 쥐가 구멍 속에서 싸우는 격이니, 용기 있는 장군이 있는 편이 이길 것입니다."

이 말에 조의 왕은 곧 군사 5만 명을 주어 조사를 장으로 삼고 알여를 구하게 하였다.

조사는 조의 수도 한단(邯鄲)에서 나오자 겨우 30리쯤 행군한 곳에 포진하고 오로지 방벽(防壁)을 굳힌 후 28일 동안 그곳에 머무르고 있었다. 바로 근처까지 적의 척후대가 밀려와 도전을 해도 조사는 나가서 싸우기는커녕 더욱 방벽을 굳히기만 하였다.

진의 호상은 불안한 생각이 들어서 사신을 조사에게 보내어 싸울 것을 전하였다.

"우리 진나라는 알여를 공격하여 곧 함락시키겠다. 싸울 생각

〔예화〕 '하지 않는다'는 말은 곧 '한다'는 말이다. 말은 겸손하면서도 대비를 굳게 하는 자는 진격하려는 것이다〔辭卑而益備者進也〕.

이 있거든 빨리 해야지 늦으면 소용이 없어진다."

"천만에. 인방에서 급보가 들어와 한단을 수비하고 있는 것이다. 진나라와는 싸울 생각이 없다."

조사는 이렇게 대답한 후 진의 사신을 극진히 대접하고 방벽 등도 구경시켜 주었다. 사신이 돌아가서 보고하자 그제서야 호상은 크게 기뻐하며 말하였다.

"수도에서 30리쯤 나와 더 이상 군을 진격시키지 않고 부리나케 방벽만을 굳히고 있는 상대라면 싸울 의사가 없다고 보아도 좋겠지. 알여는 이미 내 것이로구나."

그리하여 호상은 조사의 군에 대비함이 없이 알여의 공격에만 전념하였다. 그러나 조사는 진나라 사신을 보내기가 무섭게 곧 군사들을 무장시키고 출발하였다. 밤낮으로 2일과 하룻밤이 걸려서 국경을 지나 알여에서 15리쯤 떨어진 지점에 도착하자, 진을 치고 누(壘)를 쌓는 한편 1만 명의 군사를 파견하고 북상(北上)하여 산성을 점거시켰다.

이것을 보고 호상이 크게 노하여 군사 일부를 시켜 알여를 포위하니, 조의 군사가 습격해 왔다.

그러나 이미 조의 군대를 잔뜩 업신여긴 데다가 산성까지 정압(征壓)당하고 있어서 싸울 실마리조차 잡지 못한 채 헛되이 날아오는 돌과 화살의 밥이 될 뿐이었다. 이때 조사는 번개같이 군사를 풀어서 공격하여 진의 군을 크게 격파하였다. 뿔뿔이 흩어져 패주하던 진의 군은 마침내 알여의 포위를 풀고 퇴각하였다.

대국 진나라를 상대로 알여의 성을 구한 조사는 진실로 용기 있는 장수였다. 정면 대결로는 도저히 승리할 수 없는 우세한 적에게 싸우지 않으려는 척 위장하여, 적이 방심하고 무방비 상태에 빠지기를 기다렸다가 한순간에 쳐부수는 신중한 전법을 썼던 것이다.

〔예화-줄거리〕 오(吳)나라의 왕 부차(夫差)는 북쪽 정벌 이후 진(晉)나라의 정공(定公)과 황지(黃地)에서 회합을 가졌다. 주왕실(周王室)을 받들고, 중국의 패자로서 제후에게 호령을 하려고 한 것이다.

그런데 그 틈을 타서 월(越)의 왕 구천(句踐)이 오나라를 공격하였다. 월의 군사 5000명이 오나라를 침입하더니 드디어 오의 태자를 포로로 삼기에 이르렀다. 빗살이 떨어져 나가듯 패전의 보고가 부차에게 이르렀다.

누설을 겁낸 부차는 사자를 막하에서 목을 베었다. 그러나 '주실(周室)에서 오(吳)는 형의 가계(家系)이므로 오가 장이 되어야 한다.'는 주장과 '주(周)와 동성(同姓)인 희성(姬姓) 중에는 오가 자작(子爵)인 데 대하여 진(晉)은 백작이므로, 마땅히 진이 장이 되어야 한다.'고 하는 시비가 끝없이 계속되는 회맹(會盟)은 용이하게 끝날 것 같지 않았다. 사태를 우려한 오의 왕 부차가 대신들을 모아 놓고 의논하였다.

"사태가 이러한데 회를 중단하고 귀국하는 것과, 회를 계속 진행하여 진을 앞지르는 것 중 어느 쪽이 좋을까?"

그러자 왕손락(王孫雒)이 말하였다.

'절대로 회를 속행하여 진을 앞질러야 합니다."

"어떻게 하면 앞지를 수 있겠는가?"

〔예화〕'한다'는 것은 '안 한다'는 것이다.
말은 강경하게 하되 나아가 달리는 자는 퇴각하려는 것이다(辭强而進驅者退也).

"오늘밤 싸움을 걸어서 민심(民心)을 넓힌다면 반드시 앞지를 수가 있을 것입니다."

그래서 오의 왕 부차는 무장한 군사 3만 명을 이끌고 진의 군으로부터 1리쯤 떨어진 지점으로 가서 천지가 울릴 정도로 함성을 질렀다. 진의 군에서는 무슨 일인가 싶어서 동갈(董褐)에게 밖의 정세를 살피게 하였다. 그러자 오의 왕 부차가 스스로 나와 동갈에게 말하였다.

"내가 주군을 모시는 것도 오늘에 있고, 주군을 모시지 않는 것도 오늘에 있다."

이 말을 듣고 놀란 동갈은 급히 진 안으로 들어가서 진 정공에게 보고하였다.

"오의 왕의 안색을 살피니 크게 결심한 바가 있는 듯합니다. 독살을 꾀하고 있는 것 같습니다. 진정으로 상대를 해서는 안 됩니다."

그리하여 진 정공은 맹세의 피를 머저 마시는 것을 오나라에 허락하니, 오의 왕 부차는 그날 중으로 무사히 회맹을 끝내고 귀국할 수가 있었다.

대개 유리한 태세로 빨리 물러가고 싶을 때는 호언장담으로 상대를 위협하는 것이다.

12

가벼운 병거가 먼저 나와 그 옆에 있음은 진을 치는 것이다. 분주하게 병거를 포진하는 것은 기약하는 것이다. 반쯤

12// 輕車先出居其側者는 陣也라 奔走而陳兵

진격하고 반쯤 퇴각함은 유인하는 것이다.

車者는 期也라 半進半退者는 誘也라

陣(陳):진(陣)과 같은 뜻.

| 풀이 | 가벼운 병거가 가장 먼저 움직여서 양쪽에 대열을 짓는다면 이는 그 중간에 진형을 만들려는 준비로, 진발태세(進發態勢)를 정비하기 시작한 것이라고 보아도 좋다. 만약 급히 서두르는 태도가 보일 때는 무엇인가 미리 예정되어 시일이 촉박한 것이라고 판단해야 한다.

예를 들어 이쪽 진중에 내통자가 있어서 약속이 되었거나 밖으로부터의 원군이 있어서 시각을 맞추어 협공할 예정이거나, 아무튼 온당치 않은 사정을 나타내고 있다고 보는 것이 좋다. 또 한쪽에서는 진격을 시작하고 있는데 다른 한쪽에서는 후퇴를 하는 모습을 보이는 것은 틀림없이 유인하는 수법이라고 보아야 한다.

| 해설 | 이번에는 직접 상대편의 징후에 따라 그 움직임, 목적, 이유 등을 간파하려는 것이다. 한 회사의 이야기이다. 이 회사에서는 새롭게 큰 일에 착수하려고 할 때는 반드시라고 할 만큼 직원 전부에게 유급 휴가를 준다. 이것을 눈치챈 경쟁 회사에서는 당황하여 새로운 계획이 무엇인가를 탐지하기 시작하였다고 한다.

이러한 경우에 상당히 대폭적인 배치 전환이 있는 것은 보통이다. 당연히 다른 회사에서 손을 뻗쳐 유능한 기술자를 뽑아오는 것이 새 사업의 시작을 예정하였을 때의 뚜렷한 특징인 회사도 있다. 이와 같은 점에 계속 날카로운 주의

를 기울여야 할 것이다.

13

13// 倚杖而立者는 飢也라 汲而先飲者는 渴也라 見利而不進者는 勞也라

지팡이를 의지하고 서 있는 것은 주린 것이다. 물을 길어 우선 마심은 목마른 것이다. 이로움을 보고도 나아가지 않음은 피로한 것이다.

| 풀이 | 적병들의 일거일동을 자세하게 관찰한 추리이다. 병기를 지팡이처럼 짚고 그것에 의지하여 서 있는 모습이 보일 때는 식량 부족으로 인하여 굶주리고 있다고 생각해도 좋다.

또한 물을 길어 온 군사가 우선 그 물을 마신다면, 그 마시는 모습으로도 다른 군사가 얼마나 물 부족으로 인하여 목이 마른가를 알 수 있다.

만사가 이러한 상태는 절호의 기회인데도 공격해 오지 않는다면 상대편은 상당히 피로에 지쳐 있다는 것을 입증하는 셈이다.

| 해설 | 사원이나 종업원을 관찰함으로써 상대 회사의 상태를 알고자 하는 것이다. 전체적으로 보았을 때 갑자기 복장이 좋아졌다거나, 현장 종업원의 구두가 잘 닦여 번쩍번쩍한다거나, 소지품이 사치스럽다거나 할 때는 급여 상황이 호전되었다고 보아도 좋다는 것이다.

반대로 어딘지 모르게 여러 사람들의 복장이 초라하거나 너덜너덜한 신발을 신은 사람이 많을 때는 급여 지급이 좋지 않음을 알 수가 있다. 즉 회사 경영이 순조롭지 않다는 이야기가 된다. 이 정도는 한 가지 예에 지나지 않는 것으로, 관찰점은 여러 가지가 있을 것이다. 가급적 억눌러 감추지 못하는 인간의 욕구에 초점을 맞추어 세밀한 곳을 살펴보아야 한다. 이것이 그 회사의 표정이며, 인간의 얼굴에 해당한다. 곧 사업체의 얼굴이다. 공표되는 사업의 손익 계산서보다도 훨씬 더 확실한 업태 보고서일 수도 있다.

〔예화-줄거리〕 산동성 사수현의 변성(卞城) 동북 변산(卞山) 그늘에서 도천(盜泉)이란 샘이 솟고 있었다.

춘추(春秋) 말, 유세 중에 있던 공자는 저녁때 그곳을 지났으나 피로해 있는데도 쉬려 하지 않고, 목이 마른데도 마시려고 하지 않았다. 도천이란 이름을 싫어하였기 때문이다.

이름이 나쁘다는 점만으로 판단한다는 것은 크게 곤란한 것이 현대이지만, 불의를 미워하고 예를 중히 여기며 왕도(王道)를 논하던 당시의 윤리 기준으로 보면 무릇 '도적〔盜〕'이란 글자가 붙은 물은 마실 수 없었는지도 모른다. 또 날이 저물어도 숙박을 하지 않았던 토지의 이름은 승모(勝母)였다고 한다. 어버이를 공경함이 두터웠던 공자로서는 그곳에서 머무를 수가 없었을 것이다.

하남(河南)의 악양자(樂羊子)가 길을 걷고 있을 때 길가에 절병(돈)이 하나 떨어져 있었다. 그가 그 절병을 주워들자 아내가 말하기를, "지사(志士)는 도천의 물을 마시지 않고, 염결(廉潔)한

〔예화〕 **규율의 문란을 틈타서 공격하라.**
지팡이를 의지하고 서 있음은 주린 것이다. 물을 길어 우선 마심은 목마른 것이다. 이로움을 보고도 나아가지 않음은 피로한 것이다〔倚杖而立者飢也 汲而先飮者渴也 見利而不進者勞也〕.

선비는 차래(磋來:동냥)로 주는 음식을 받지 않는다고 합니다. 그런데 당신은……."라고 하였다 한다.

그리고 어느 날, 남의 집 닭이 악양자의 밭으로 들어왔다. 시어머니가 그것을 잡아 먹으려고 하자 악양자의 아내는 울면서 손을 대지 않았다. 남의 집 고기가 소반에 오를 정도로 딱한 처지가 분하다고 우는 것이었다. 이윽고 시어머니는 그 닭을 놓아주었다.

그러나 이러한 윤리가 사졸, 잡역, 군무의 서민에게까지 미치고 있었다고는 생각되지 않는다. 오히려 더욱 소박하여 마음내키는 대로 행동하였을 것이다. 윤리도 군령도 없어진 상태라면 그야말로 공격할 기회가 아니냐고 손자는 말하고 있는 것이다.

14

14// 鳥集者는 虛也라 夜呼者는 恐也라 軍擾者는 將不重也라 旌旗動者는 亂也라 吏怒者는 倦也라 殺馬肉食者는 無糧也라 懸瓿不返其舍者는 窮寇也라

새가 모이는 것은 비었기 때문이다. 밤에 부름은 두렵기 때문이다. 군이 떠들썩한 것은 장수가 무겁지 않기 때문이다. 정기가 움직임은 혼란한 것이다. 관리가 노하는 것은 지쳐 있는 것이다. 말을 잡아서 육식함은 군량이 없는 것이다. 부(瓿)를 걸고 막사로 돌아가지 않음은 막다른 지경에 빠진 적군인 것이다.

부(瓿):부(釜)와 같은 뜻이니, 솥을 말하는 것.
궁구(窮寇):막다른 지경에 빠진 결사적인 적군을 뜻한다.

| 풀이 | 들새〔野鳥〕가 많이 모여 시끄럽게 지저귀고 있는 한, 그곳은 이미 철수하여 텅 빈 곳이라고 보아도 좋다. 야조는 습성적으로 인간이 생활하던 곳에는 반드시 식량 되는 것이 흩어져 있음을 알고 모여든다. 그러나 사람이 있으면

절대로 접근하지 않는다.

　어두운 밤에 사졸들이 큰 소리로 서로 부르는 것은 공포심이 꽉 차 있어 그것을 감추기 위함이다. 이러한 불안이 있다는 것은 퇴각 심리가 가득하다고 보아도 좋다.

　적진이 어쩐지 어수선하고 질서를 잃은 상태가 보이면, 그것은 지휘관의 위령(威令)이 미치지 않고 있는 것이라고 생각해도 좋다. 군기·신호기류가 정연함을 잃고 움직여 돌아다닌다면 대오가 통솔을 잃고 있다는 증거이다.

　책임자가 부하를 야단치고 다닐 때는, 그 군대는 장(長)이 진(陣)에 싫증을 내고 있다고 생각해도 좋다. 또 중요한 군마를 잡아 그 고기를 먹고 있을 때는 마침내 식량이 다한 것으로 판단할 수 있다.

　만약 취사도구를 주변 나뭇가지에 걸어놓은 채 막사로 돌아갈 기미가 없다면, 죽느냐 사느냐의 결전을 각오하고 있는 것으로 해석해도 좋다.

| 해설 | 여기서도 앞에서와 마찬가지로 도저히 숨길 수 없는 생물의 본능적 습성에서 상대의 동향을 살펴 알아내야 하는 것을 가르치고 있다.

　이 경우 전부 적진의 관찰이란 것으로 되어 있으나, 이것은 자기 진영의 상태를 아는 방법이 되기도 한다. 반복하여 말하지만 숨길 수 없는 것, 즉 자연히 나타나는 현상에서 그 본질을 알아챘다는 것에 착안점을 두어야 한다.

　자기 진영의 동정을 관찰하는데, 표면적인 관찰로는 도

저히 진실한 것을 알 수가 없다. 자세한 것, 아무렇지도 않은 것을 잡아 그것을 분석함으로써 사실을 알아내도록 노력해야 한다.

15

15// 諄諄翕翕하여 徐與人言者는 失衆也라 數賞者는 窘也라 數罰者는 困也라 先暴而後畏其衆者는 不精之至也라

순순흡흡하여 서서히 남에게 말함은 무리를 잃은 것이다. 수시로 상을 내림은 군색한 것이다. 수시로 벌함은 곤한 것이다. 먼저 사납고 후에 그 무리를 두려워함은 부정의 지극함이다.

순순(諄諄):형용사로 한 가지를 반복하여 말하는 모양.
흡흡(翕翕):합한다는 뜻으로 남과 가락을 맞추어서 영합하는 모양.
군(窘):괴롭다는 뜻.

| 풀이 | 부하와 말을 하는데 되풀이하여 길게 이야기하면서 단정적인 말을 못하고 상대의 안색을 살피는 것은, 이미 사졸(士卒)의 마음을 잡고 있지 못한 증거다. 그리고 마구 상을 주어서 비위를 맞춘다면 이것도 인심이반(人心離反)의 막다른 골목에 가 있는 것이라고 할 수 있다. 반대로 걸핏하면 엄벌을 앞세우는 것은 군령이 만족하게 지켜지지 않고 있는 탓으로 보면 된다.

또 최초에는 상당히 거칠고 엄한 태도로 부하를 대하면서, 점차 이반을 겁내어 심약해지는 것 등도 병사를 지휘 통솔하는 올바른 방법을 제대로 모르는 것이 아닌가 한다.

| 해설 | 이 대목을 보고 마음이 찔리는 사람이 없다면 다행이다. 첫번째 이야기 같은 것은, 수완이 없는 과장급 사람

들 중에서 흔히 볼 수 있는 경우이다. 내심으로는 극히 냉정하면서도 겉으로는 여자같이, 아니 공손한 말씨로 달콤한 말을 한다. 그러다가도 조금만 약점이 드러나면 잘못되는 것이 아닌가 하고 상대의 눈치를 살핀다. 이래서는 남을 부리지 못한다. 아무리 거친 말투로 척척 명령을 내려도 평소에 진정으로 부하를 사랑하고 있는 지휘자라면 꾸짖고 화를 내도 부하는 기꺼이 따르는 법이다.

인사(人事)의 상벌에서도 같은 말을 할 수 있다. 줄 것만 주면 그것으로 사람을 쓸 수 있다는 생각은 근본부터 잘못된 것이다. 그러한 방법이 아니고서는 모두가 움직이지 않게 된다면 일은 끝장이다.

처음에는 지독한 고자세로 나와 제멋대로 사람을 쓰다가 점차 그 방법이 통하지 않게 되면 당황하여 저자세를 취한다는 것은, 적어도 사람을 쓰는 법으로서는 어리석기 짝이 없는 것이다.

2000 수백 년 전의 손자 시대나 오늘날이나 사람을 쓰는 방법은 같다고 할 수 있다.

〔예화-줄거리〕 진(秦)나라 소왕 원년에 화리자(樗里子)는 장수로서 포(浦)를 공격하려고 하였다. 포의 수장(守將)은 이를 겁내어 호연(胡衍)에게 조정을 의뢰하니, 호연은 포를 위하여 화리자에게 말하였다.

"공이 포를 공격하려는 것은 진나라를 위해서인가 아니면 위(魏)나라를 위해서인가? 위나라를 위해서라면 좋지만 진나라를

〔예화〕 수시로 상을 주는 것은 괴로운 증거이다.
수시로 상을 내림은 군색한 것이다. 수시로 벌함은 곤한 것이다〔數賞者窘也 數罰者困也〕.

위해서라면 다시 생각해 볼 문제다. 위(衛)나라가 위로서 명맥을 유지하고 있는 것은 포가 있기 때문인데, 이제 포를 치면 포가 위(魏)나라에 붙으므로 위(衛)나라도 독립심을 잃고 역시 위(魏)를 따를지도 모른다. 위(魏)가 전에 서하(西河)의 바깥을 진나라에 빼앗기고 아직도 되찾지 못하고 있는 것은 군사가 약하기 때문이나, 만약 위(衛)가 위(魏)와 합병을 하면 위(魏)는 반드시 강대해질 것이다. 위가 강대해지면 서하의 바깥 땅도 위험을 면치 못할 것이다. 더욱이 진의 왕은 공의 군사 행동이 진나라에 해가 되고 위를 이롭게 한다는 것을 알면 반드시 공을 문책할 것이다."

"그럼 어떻게 하면 좋겠나?"

"포를 용서하고 공격하지 않는 것이다. 내가 공을 위하여 포로 가서 수장에게 설명을 하여 위(衛)의 군이 고마워하도록 주선을 하겠다."

"좋아."

호연은 포로 들어가서 수장에게 말하였다.

"화리자는 포가 피폐되어 있는 줄을 알고 반드시 포를 함락시키겠다고 공언하고 있습니다. 그러나 저라면 포를 용서하고 공격하지 않도록 설득할 수가 있습니다."

포의 수장은 겁을 먹고 재배하며 말하였다.

"부디 그렇게 해주십시오."

그리고 황금 300근을 보내며 말하였다.

"진의 군이 정말 퇴각을 하면 당신을 위(衛)의 군에게 추천하여 성주(城主)로 삼도록 노력하겠습니다."

화리자는 드디어 포의 포위를 풀고 돌아갔다.

이렇게 하여 호연은 포에서 돈을 받고, 또 극히 자연스럽게 위(衛)나라에서 높은 지위를 얻을 수가 있게 되었다.

16

와서 위사함은 휴식을 바라는 것이다. 군사가 노하여 서로 맞선 채 오랫동안 합하지 않고 떠나지 않으면 반드시 삼가 이를 관찰하라.

16// 來委謝者는 欲休息이라 兵怒而相迎하여 久而不合하고 又不相去면 必謹察之라

위사(委謝):인사차 인질을 보내는 것.
합(合):결전.

| 풀이 | 인질을 보내며 정중히 인사를 해도 진심으로 화목을 원하고 있다고는 볼 수 없다. 잠시 싸움을 쉬고, 진용을 재정비하거나 구원을 기다리는 등, 시간을 벌기 위한 경우도 있다.

상대가 상당히 화를 내고 있을 텐데 서로 흘겨보기만 하면서 오랜 시간을 기다려도 공격해 오지 않는다. 그렇다고 퇴진하는 기색도 없을 때는 절대적이라고 할 만큼 어떠한 계교를 가지고 시기를 기다리고 있는 것이므로, 잘 관찰하여 그 이유가 무엇인지를 알아야 한다.

| 해설 | 사물에는 무엇이든 그에 상당한 이유가 있는 법이다. 그것이 무엇인지 충분한 납득이 없는 한 간단히 승낙하였다가는 그야말로 혼쭐이 나게 된다.

'그때 좀 이상하다고 생각하였는데 설마 이렇게 남을 속이리라고는 생각지 못한 일'이라며 나중에 한숨을 쉬는 사

람이 있다. 이상하다거나 납득이 가지 않았을 때는 반드시 부자연스럽고 불합리한 점이 있었음에 틀림없는 것이다. 그러한 의문을 그대로 방치해 둔 것이 잘못의 근본이니, 생각지 못하였다는 말은 변명이 아니라 바로 원인이 되는 것이다.

17

17// 兵非益多也라 惟無武進하여 足以併力料敵取人而已라 夫惟無慮而易敵者는 必擒於人이라

병(兵)은 많음을 익으로 할 일이 아니다. 오직 무진함이 없이 힘을 합하고 적을 요량하여 사람을 취함으로써 족할 뿐이다. 깊은 생각 없이 적을 가볍게 보는 자는 반드시 사람에게 사로잡힌다.

무진(武進):무용을 믿고 함부로 진격하는 것.
이적(易敵):적을 가볍게 여긴다. 경시하는 것.

| 풀이 | 군사란 인원수가 많은 점만으로는 좋다고 할 수 없다. 지나치게 많아서 오히려 주체를 못하는 수도 있다. 따라서 적세(敵勢)를 잘 계산해 보고 상대하기에 부족함이 없는 정도가 좋다. 그리고 자칫 적을 얕보게 되면 사람의 부족으로 인하여 전원이 생포되는 불상사가 발생할 수도 있으므로 신중해야 할 것이다.

| 해설 | 적재적소라는 말도 중요하지만 적량적소(適量適所)라는 말도 중요하다. 수량이 압도적으로 많으므로 수량으로 밀고 나아가겠다는 생각은 대단히 위험하다. 과여부족(過如不足)이란 말과 같이 오히려 그것이 해가 될 수도 있기

때문이다. 이익 채산이 된다고 해서 불필요한 인원을 데리고 사업을 운용하다가는 그 때문에 실패하는 수도 있는 법이다.

최적의 인원은 일을 소화시킬 만큼의 적당한 인원이며, 그것이 가장 높은 능률을 올릴 수 있는 것이다. 그러나 지나치게 적은 인원으로 큰일을 소화시키려 하다가 무리가 따른다면, 일에 끌려서 만족한 성취를 이룰 수가 없다. 근대에는 기계화라는 수단이 있지만, 이것은 기계의 능률과 인원의 작업량을 같은 단위로 계산하므로 관계는 같다.

18

군사가 아직 친부하지 않은데 벌하면 곧 복종하지 않는다. 복종하지 않으면 곧 쓰기가 어렵다. 군사가 이미 친부하여 벌하지 않으면 곧 쓰지 못한다.

| 풀이 | 위아래가 아직 변변하게 친해져 있지도 않은데 엄벌주의를 내세워서 위압적으로 다루려고 하면, 그들은 절대로 복종하지 않는다. 일단 무시하게 되면 이처럼 다루기 곤란한 것도 없다.

그렇다고 너무 격의 없이 친해지면 버릇이 없어지고, 친함이 한도를 넘어 제대로 벌도 주지 못하게 되면 또한 쓸모가 없어지고 만다.

18// 卒未親附하고 而罰之면 則不服이라 不服則難用也라 卒已親附하여 而罰不行이면 則不可用也라

친부(親附): 친해서 가까워지는 것.

| 해설 | 통솔자와 일하는 사람 사이에 상호 이해가 조성되는 것, 이것이 인사(人事)에 있어서 가장 중요한 점이다. 압력만으로 사람을 다루려고 하는 것은 하책 중의 하책이다. 특히 상호 이해가 아직 없었는데 잘못 처벌을 하면 생기는 것은 반발뿐이니, 통솔이라는 점에 대해서는 역효과밖에 나지 않는 것이다.

요컨대 자신이 일하는 사람의 입장이 되어서 생각을 해야 한다. 아주 힘이 들고 노력이 필요한 일이기는 하지만, 그 노력 여하에 정비례하여 사람을 움직일 수 있는 것이라고 말할 수 있다.

그렇다고 남의 비위만을 맞추는 것이 좋은 사용법이냐 하면 절대로 그렇지 않다. 졸라매야 할 때 엄하게 졸라매지 않으면 기어오르기 십상이다.

서로 잘 이해하고 친밀도를 깊이 하면 큰 과실이 있어도 좀처럼 표면에 내세워서 처벌하기 힘들기 때문에 인정에 끌린 듯 그냥 지나쳐 버리게 된다. 이것이 재앙의 근본이 된다는 점을 잊어서는 안 된다.

한도는 엄하게 정해 놓고, 그리고 한가족같이 지낸다. 결코 쉬운 일은 아니지만, 이 점을 명심하지 않으면 사람을 능숙하게 다룰 수 없을 것이다.

〔예화〕 경우에 따라서 부하를 처벌하라.
군사가 아직 친부하지 않은데 벌하면 곧 복종하지 않는

〔예화-줄거리〕 사마양저(司馬穰苴)가 제나라 경공(景公)에 의하여 진(晉)과 연(燕)나라의 군을 공격하고자 장군에 임명되었을 때, 그는 경공에게 한 가지 부탁을 하였다.

"나는 비천한 출신으로 발탁되어 장군이 되었으므로, 사졸은 아직 진심으로 나를 따르고 있지 않습니다. 이래서는 명령을 해도 복종하지 않을까 봐 걱정입니다. 그러하오니 주군께서 총애하시는 신으로서 누구나가 존경하는 사람을 군감찰로 소신에게 붙여주시옵소서."

그리하여 장고(莊賈)가 선택되었고, 양저는 장고에게 명령과 같은 말을 하였다.

"내일 정오에 군문(軍門)에서 만납시다."

다음날이 되었다. 정오가 되었어도 장고는 나타나지 않았다. 마침내 장고가 도착한 것은 약속 시간보다 훨씬 늦은 저녁때였다. 양저는 이미 부대를 면밀하게 점검하고 군령을 정하여 알렸다. 따라서 군사들 사이에 골고루 전달이 되어 있었다.

친척과 측근들의 전송을 받느라고 늦었다는 장고의 변명을 듣고 양저는 말하였다.

"장수가 된 자는 출진 명령을 받는 날 집을 잊고, 군령을 정하면 육친을 잊고, 공격의 북이 울리면 몸을 잊는 법이다. 우리 백관중서(百官衆庶)의 생명은 귀관에게 달려 있다. 사사로운 일로 늦어서야 되겠는가."

그리고 군법관을 불러 물었다.

"군법에서는 약속 시간에 늦는 자는 어떠한 죄에 해당되는가?"

"참죄(斬罪)입니다."

곧 군법에 따라 장고는 참죄에 처해지고 전군에 알려졌다. 전군 사졸은 몸을 떨었다.

양저는 장군으로서의 급여를 전부 사졸에게 주고 양식도 사졸

다. 군사가 이미 친부하여 벌하지 않으면 곧 쓰지 못한다[卒未親附 而罰之 則不服 卒已親附 而罰不行 則不可用也].

과 평등하게 나누었다. 숙사나 우물, 취사도구까지 돌봐주고 병자를 조사하여 약을 먹이기도 하였다. 사졸은 감복하여 양저를 위하여 싸우려고 하였다.

이 말을 듣고 진의 군과 연의 군은 아예 군사를 거두어 퇴진하고 말았다. 이윽고 양저는 침략당하고 있던 제나라 영토를 되찾아 귀환하였다.

19

19// 故로 令之以文하고 齊之以武라 是謂必取라 令素行하여 以敎其民이면 則民服이라 令不行素인채 以敎其民이면 則民不服이라 令素信著者는 與衆相得也라

그러므로 영(令)하는 데는 문(文)으로써 하고 이를 가지런히 함에 있어서는 무(武)로써 한다. 이를 필취라고 한다. 영이 처음부터 행해져서 백성을 가르치면 곧 백성이 복종한다. 영이 처음부터 행해지지 않은 채 백성을 가르치면 곧 백성이 불복한다. 영이 처음부터 믿음이 있게 드러남은 무리를 얻는 것이다.

영(令):교령(敎令). 가르쳐서 인도하는 것을 말한다.
문(文):질서・예절이란 뜻으로서 무(武)와 대칭적으로 쓰이는 말.
필취(必取):싸우면 반드시 이기고, 공격하면 반드시 취한다는 고어(古語)에서 나온 말.

| 풀이 | 사졸을 이끌려면 질서와 상호 이해가 기본이나, 이것을 정비하여 실전에 적합하게 하는 것은 무덕(武德), 즉 위력적인 힘이 된다. 문과 무 양쪽을 겸비해야 비로소 백전백승이란 것이 가능하다.

이것은 질서가 충분히 잡히고 서로 이해가 원만하였을 때 지시교도(指示敎導)가 있으면 민중은 모두 따르고, 이것이 없으면 억지로 지시 호령을 하려고 해도 여간해서 따라오지 않는 것과 같다. 상호 이해가 원만하다는 것은 민중과

일체가 되어 있다는 것이다.

　거기에는 손톱만큼도 빈틈이 없는 굳은 단결이 있다. 이것이 바로 모든 것의 기본이 되는 것이다.

| 해설 | 이것이 행군편의 결문(結文)이지만, 일하는 사람과 지도자 사이의 호흡이 꼭 맞는다는 것은 모든 것의 근본이기도 하다. 그렇게 하려면 충분하고도 좋은 이해와 훌륭한 질서가 없어서는 안 된다. 나라를 움직이는 것도, 사업을 운영하는 것도 전부 이 점이 기본이라는 것이다.

지형편(地形篇)

- 부하를 분기시키는 법

이 편의 요지는 전투에 임할 때 승리를 위하여 반드시 알아야 할 4대 요강이다. 즉 ①지형을 알아야 하고, ②자기를 알고, ③적을 알고, ④천시(天時)를 아는 것이다. 따라서 이 편의 결론은 '적을 알고 자기를 알며 지리를 알고 천시를 알면 반드시 백전백승할 수 있다.'는 것을 말하고 있다.

1

1// 孫子曰 地形에는 有通者 有挂者 有支者 有隘者 有險者 有遠者라

괘(挂):갈고리 같은 데 걸린다는 뜻인데, 바뀌어져 방해한다는 뜻으로 쓰인다.
지(支):서로 맞서서 버틴다는 뜻.

지형에는 통하는 것이 있고, 걸리는 것이 있고, 버티는 것이 있고, 좁은 것이 있고, 험한 것이 있고, 먼 것이 있다.

| 풀이 | 지형에는 여러 가지가 있으나, 첫째는 훤하게 지나갈 수 있는 곳, 다음에는 방해물이 있어서 걸리는 곳, 상대가 버티고 있는 곳, 들어가기 어려운 곳, 험한 곳, 거리가 먼 곳 등 여섯 가지로 나눌 수 있다.

| 해설 | 천시는 지리(地利)와 같지 못하다는 말이 있는데, 여기서는 지형에 따라 취해야 할 전법상의 주의를 말하고 있다. 전부를 6형(六形)으로 나누어서 그 하나하나에 대하여 앞으로 자세히 설명하려는 것이므로 첫머리에 대한 설명은 생략하기로 한다.

2

2// 我可以往이고 彼可以來는 曰通이라 通形者는 先居高陽이어서 利糧道以戰則利라

고양(高陽):높고 밝은 곳을 말한다.
양도(糧道):군량을 공급할 수 있는 길.

내가 갈 수 있고 그도 올 수 있는 것을 통이라고 한다. 통형은 먼저 고양에 있어서 양도를 이롭게 함으로써 싸우면 반드시 이롭다.

| 풀이 | 서로 왕래가 편한 곳, 이것을 통이라고 한다. 이러한 통형에서는 가급적 높고 밝은 곳을 먼저 차지해야 한다. 왕래가 편한 만큼 자칫하면 양도를 끊길 염려가 있기 때문

에 그 점만을 충분히 생각하여 가능한 한 유리한 조건 밑에 두고 싸움을 개시하는 것이 좋은 계책이다.

3

갈 수는 있고 돌아오기 어려운 것을 괘라고 한다. 괘형은 적의 대비만 없으면 나아가 이에 이길 수 있고, 만약 적의 대비가 있으면 나아가 이기지 못하고 되돌아오기 힘들어서 이로움이 없다.

3// 可以往이고 難以返은 曰挂라 挂形者는 敵無備면 出而勝之라 敵若有備면 出而不勝이고 難以返하여 不利라

괘형(挂形):괘(挂)·괘(掛)는 건다는 뜻. 매달린 것 같은 경사지로서 내려갈 수는 있으나 다시 돌아서 올라오기는 힘든 지형.

| 풀이 | 이쪽에서 전진하기에는 편한 지형이지만 되돌아오기에는 어려운 곳으로 적의 대비가 불완전하거나 무방비 상태일 때는 결단성 있게 출격하면 승리를 거둘 수 있을 것이다. 그러나 만약 상대방이 충분히 방비를 하고 있을 때는 승리를 거두지 못할 뿐만 아니라, 후퇴마저 여의치 않아서 극히 불리한 싸움이 되고 말 것이다.

| 해설 | 확실한 승산이 없을 경우라면 이러한 지형에서는 싸움을 삼가야 한다. 그러나 이 지형에서도 거리낌없이 손을 대는 수가 있는데, 이와 같은 경우를 '멧돼지 전법'이라고 한다.

4// 我出而不利이고 彼出而不利를 曰支라 支形者는 敵雖利我라도 我無出也라 引而去之하여 令敵半出而擊之利라

지형(支形): 아군이 나아가도 불리할 뿐만 아니라, 적군이 나아가도 불리한 형세를 말하는 것. 이를테면 양군이 대치하고 있는 그 중간 지점 같은 곳.

4

내가 나아가도 이로움이 없고 그가 나아가도 이로움이 없는 것을 지라고 한다. 지형은 적이 우리에게 이롭게 한다 하더라도 우리는 나아가서는 안 된다. 후퇴하여 잠시 물러나 적으로 하여금 반쯤 나오게 하여 공격하는 것이 이로운 것이다.

| 풀이 | 이처럼 진퇴양난으로 서로 노려보고만 있는 상태에서 못박혀지는 정경은 흔히 볼 수 있다. 견디다 못하고 먼저 손을 내민 자가 진다는 냉전 상태이다. 긴박한 두 개의 대립 상태에 놓였을 때 양쪽 모두 애를 태우는 것이니, 조금만 자극하면 즉석에서 폭발하려고 한다.

이럴 때 유도하는 결정적인 수를 쓰면 그만 끌려나오게 된다. 입장이 크게 불리하다는 것을 뻔히 알면서도 자기도 모르게 비틀비틀 일어서게 되는데 이럴 때는 꾹 참고 견디는 것이 중요하다.

차라리 일단 후퇴를 하여 상대를 끌어낸다는 전법도 이와 같이 팽팽하고 긴장된 상태에서는 성공 가능성이 크다. 상대가 반쯤 끌려나왔을 때 공격하는 것은 앞에서 말한 강을 건너 싸울 때의 작전과도 같다.

| 해설 | 이쪽에서 출격을 해도 불리하고 상대도 또한 좀처럼 나오지 못하는 땅의 형세, 이것을 지형(支形)이라고 한다. 이러한 곳에서는 가령 상대가 유혹의 기미를 보인다 하

더라도 쉽사리 그 유혹에 걸려들어서는 안 된다. 오히려 진을 후퇴시키는 척하여 상대가 끌려서 반쯤 나왔을 때를 틈타 맹렬히 공격하는 편이 훨씬 유리하다.

5

애형(隘形)은 내가 먼저 이에 있으면 반드시 이를 충실하게 하여 적을 기다리고, 만약 적이 먼저 이에 있어 충실할 때는 쫓지 말고, 충실하지 않을 때는 쫓으라.

5// 隘形者는 我先居之면 必盈之以待敵하고 若敵先居之면 盈而勿從하고 不盈而從之라

| 풀이 | 애형(隘形)이란 앞에서도 말한 바와 같이 입구가 좁고 양쪽이 산으로 둘러싸인 토지이다. 이러한 곳에서는 먼저 당도하여 점거하고 있을 때는 입구를 충분히 방비하여 적이 공격해 오기를 기다리는 편이 좋고, 반대로 적이 먼저라면 입구를 방비하고 있는 한 적의 뒤를 쫓아 공격하지 않도록 해야 한다.

영(盈):충실한 수비.
종(從):공격.

이 관계는 양쪽이 다 같다. 그러나 상대에게 방비가 없을 때는 그때야말로 상대의 뒤를 쫓아 뛰어드는 편이 좋다.

| 해설 | 독점 사업이라는 것이 있다. 어느 좁은 범위의 수요처이지만, 단단하게 결합이 되어 있는 사업이다. 소위 연결·결합이 튼튼한 사업으로, 특수한 성능을 가지고 있는 제품에 관한 것 등이 이에 해당될 것이다. 이와 같은 사업을 지켜 나가려는 경우, 또는 밖에서 이를 침범해 오려고 할 때

가 바로 애형에 해당될 것이다.

　이 경우는 독점 사업에 맞는 결합이나 연고 관계 또는 특수 성능을 어디까지나 중요시해야 한다. 습관이 되어 방심한 나머지 실수를 한다면 이것은 입구를 수비하지 않고 있는 것과 같이 밖으로부터 공격을 받을 염려가 있다.

6

6// 險形者는 我先居之면 必居高陽以待敵이고 若敵先居之면 引而去之하여 勿從也라

　험형(險形)은 내가 먼저 있으면 반드시 고양(高陽)에 있어서 적을 기다리고, 만약 적이 먼저 있으면 물러나 이에서 떠나 쫓지 말아야 한다.

| 풀이 | 험한 지형에 점거하고 있을 때는 가급적 높은 남쪽의 밝은 곳을 택하여 진을 친 후 적의 공격을 기다리는 것이 좋고, 반대로 적이 먼저 있을 때는 후퇴를 하여 공격할 생각을 하지 않는 것이 좋다.

| 해설 | 천연의 요해(要害)란 역사나 전통에 의한 명성이라고 생각할 수 있다. 그러한 것을 의지하고 있는 영업은 되도록 명성을 높이고 남보다 뛰어나도록 노력하며, 또 그 명성이나 평판에 손상을 입히지 않도록 하는 것이 고양(高陽)에 있는 것이 아닌가 한다.

7

원형(遠形)은 기세가 균등하여 도전하기 어렵고 싸움을 해도 이롭지 못하다.

7// 遠形者는 勢均難以挑戰이고 戰而不利라

원형(遠形):양군의 위치가 서로 멀리 떨어져 있는 것.

| 풀이 | 적이 아주 먼 곳에 진을 치고 있고, 서로 세력이 엇비슷할 때는 급하게 먼저 손을 내민 자가 손해를 보게 된다. 싸움이 벌어진다 하더라도 아마 승리를 거두지 못하는 싸움이 될 것이다.

그 까닭은 군사가 피로해지고 보급선이 길어지는 등, 앞에서 여러 번 나온 원인들 때문이다. 원거리라도 실력에 뚜렷한 차이가 있다든가, 그것을 보충할 만한 무엇인가를 가지고 있을 경우는 물론 이야기가 다르다.

| 해설 | 교통 수단이 발달된 현대와 같은 시대에는 고리타분하고 얼토당토않은 이야기가 되겠지만, 이것은 단지 거리라는 것이 중요한 요소가 되지 않기 때문에 그 근본 이론은 예나 지금이나 같다.

중소기업 등에서 가끔은 볼 수 있는 현상이다. 목적도 훌륭하고 수단 방법도 올바른 일을 하려다가, 도중에 계획이 틀어져 자금을 구하기 위하여 팔방으로 뛰어다녔으나 끝내 주저앉고 마는 경우가 있다.

이것은 실력과 일의 균형에 대하여 생각지 않고 싸움을 시작하였기 때문이다.

8

8// 凡此六者는 地之道 也라 將之至任으로 不 可不察也라

무릇 이 여섯 가지는 땅의 도이다. 장수의 지극한 임무인 만큼 살피지 않을 수 없다.

| 풀이 | 이상 여섯 가지는 지형에 의한 전투의 관찰, 추론 방법이다. 통솔자로서는 가장 중요한 임무 가운데 하나이기 때문에 충분한 이해가 필요하다.

| 해설 | 통형·괘형·지형·애형·험형·원형 등 여섯 가지 이론은 통솔자가 반드시 사전에 판단을 내리지 않으면 안 될 중요한 점이다. 이 중에는 이미 거의 상식화된 것도 있으나, 어느 것에나 병법의 본질과 요령이 포함되어 있다. 구체적인 전례를 기억해야 한다는 것보다도 본질적인 것을 이해하는 것이 중요하다. 말로는 표현하기 어려운 것으로서 미루어 살피지 않으면 안 된다는 것이다.

9

9// 故로 兵에는 有走者 有弛者 有陷者 有崩者 有亂者 有北者라 凡此 六者는 非天地之災이며 將之過也라

그러므로 군사에는 달리는 자가 있고, 해이한 자가 있으며, 빠지는 자가 있고 무너지는 자가 있으며, 어지러운 자가 있고, 도망치는 자가 있다.

무릇 이 여섯 가지는 천지의 재앙이 아니라 장수의 과실이다.

| 풀이 | 주(走)·이(弛)·함(陷)·붕(崩)·난(亂)·배(北) 등 여섯 가지 경향은 자칫하면 군사에게 나타나기 쉬운 것들이다. 전 조항까지는 인력으로 어떻게도 할 수 없는 지형이라는 자연현상과 결부된 것이었으므로 그에 순응할 수밖에 없었으나, 이 여섯 가지는 어느 것이나 자연과는 전혀 관계가 없는 순수한 인간적인 것이기 때문에 잘 판단해야 할 것이다.

따라서 이것은 어디까지나 통솔자의 결함 때문에 생기는 것이라고 해도 좋다. 또한 이것은 제4장 군형편과 제9장 행군편 등에서 설명한 일 등이 잘 이해되고 있지 않기 때문에 생겨난다 해도 좋을 것이다.

| 해설 | 군사의 여섯 가지 유형(有形)에는 주·이·함·붕·난·배가 있다. 그것은 천재적(天災的)인 것이 아니라 인위적인 재난인데, 지도자의 위치에 있는 사람의 책임이라는 것을 전제한 다음, 차례대로 여섯 가지 경향에 대하여 간단한 해설이 더해지고 있다.

10

무릇 세력이 같아서 1로써 10을 치는 것을 주(走)라고 한다. 졸이 강하고 이(吏)가 약함을 이(弛)라고 한다. 이가 강하고 졸이 약함을 함(陷)이라고 한다.

10// 夫勢均하여 以一擊十을 曰走라 卒强吏弱을 曰弛라 吏强卒弱을 曰陷이라

이(吏):군에서 책임이 있는 자, 즉 일반 장교나 하사관 등을 가리키는 말.

|풀이| 군사의 소질, 무기의 우수성, 장비의 충실도 등 군세가 대등해도 1대 10이라는 큰 차이가 있는 숫자로 상대에게 대항한다면 아무래도 싸우다가 도망치기 쉬운 법이다. 또한 군사가 강해도 이를 지휘하는 하급장교나 하사관 등이 겁이 많으면 그 군대는 버티는 힘이 없다. 반대로 하사관만이 강하고 가장 중요한 군사가 모두 겁쟁이라면 제대로 싸우지도 못하고 패하게 된다.

|해설| 군병(軍兵)에게는 여섯 가지 경향이 있으며, 그러한 특색이나 경향이 생기는 간단한 이유를 관찰하고 있다. 이것은 현대의 직장 분위기와 바꾸어 생각해 볼 수도 있을 듯하다.

맨 먼저 주병(走兵)이다. 1로써 10과 겨룬다는 것은 제3장 모공편(謨攻篇)에서 말한 포위작전을 펼 수 있는 것과 반대가 되는 병력이다. 이는 상대하려는 무리에서 생기는 결과이다. 따라서 당연히 있어야 할 인원이 아주 부족하다거나 불완전 설비 따위의 상태에서 능력 이상의 작업을 강요한다고 가정하자. 단시일은 그럭저럭 버틴다 하더라도 그러는 동안에 파탄이 생겨서 인원이나 설비에 상응되는 능률이 오르지 않게 될 것이다.

'과유불급(過猶不及)'이라는 말을 하였는데, 미치지 못하는 것도 정도를 넘으면 넘치는 것과는 비교도 되지 않는다는 것이다.

5의 실력으로 6 정도의 일은 어떻게든 해낼 수가 있겠지만 9, 10이란 일의 양을 기대하면 반대로 4, 3의 양밖에 해내지 못한다. 양은 가능할지 몰라도 질에서 결함이 생긴다. 이것을 주병(走兵)이라고 칭하는 것이다.

이(吏)는 과장·계장·직장(職長)·주임(主任) 등 이른바 책임이 있는 사람들이다. 일단 사원이나 공원(工員)이 아무리 우수하고 근면해도 윗사람에게 결점이 있다면 전체 분위기가 늘어져서 일이 계획대로 진행되지 않는 것이다. 직장에 권태감이 흐르고 의욕이 상실되어 버리는데, 이것이 이병(弛兵)이다.

반대로 책임 있는 윗사람들이 아무리 긴장하고 의욕에 불타도, 평사원이나 공원들의 소질이 미치지 못하면 만사가 헛돌게 된다. 이것이 함병(陷兵)이다.

주병(走兵)·이병(弛兵)·함병(陷兵)의 상태가 되면 대개 윗사람들이 책임추궁을 당하기 쉬우나, 이들에게 책임을 묻기 전에 이러한 진용(陣容)을 꾸민 최고 간부가 먼저 반성할 필요가 있다.

11

큰 관리가 노하여 복종하지 않고, 적을 만나자 원한을 품고 스스로 싸운다. 장수는 그 능력을 알지 못하는 것이니, 이것을 붕이라고 한다.

11// 大吏가 怒而不服하고 遇敵懟而自戰이라 將不知其能이니 曰崩이라

| 풀이 | 최고 지휘관에게 그럴듯한 기량이 없으면 휘하의

고급 지휘관이 분개하고 있으므로 좀처럼 말을 듣지 않는다. 적과 만나도 내심 재미가 없으므로 자기 멋대로 작전을 꾸며서 싸운다. 휘하의 기능이나 능력을 살 줄 모르고, 활용할 줄 모르는 최고 지휘관을 받들고 있으면 이와 같은 결과를 보게 되는 수가 있는 법이다.

| 해설 | 사장·회장·중역 등이 사업을 경영하는 지식이 부족하면 유능한 간부사원의 의견을 듣지도 않고 얼토당토 않은 방침만을 내놓는 수가 많다. 이렇게 되면 부장이나 공장장급의 사람들은 숨어버린다. 이쯤 되면 이 위치에 있는 사람들이 각각 자기 판단으로 일을 하지 않으면 안 된다. 각 부서의 방침이 전혀 연결성 없이 세워져서 제멋대로 움직이게 된다면 통제가 잡힌 운영은 되지 않는다. 이것이 붕병(崩兵)이다.

12

12// 將弱不嚴하고 敎道不明하며 吏卒無常하고 陣兵縱橫을 曰亂이라

장수가 약하여 엄하지 못하고, 교도가 분명치 못하며, 이졸(吏卒)이 일정치 않고, 군사를 벌이는 데 종횡한 것을 난(亂)이라고 한다.

교도(敎道):지휘 명령이라는 실전적인 것과 군사 교련이라는 두 가지의 해석이 있으나 어느 쪽으로도 가능하고,

| 풀이 | 총지휘관이 의지가 박약하고 결단성이 없다. 따라서 평소의 훈련도 철저하지 않다. 만사가 부득요령이다. 이렇게 되면 이를 따르는 사관이나 병졸도 일정한 규율이라는

지형편 • 273

것이 없어서 마침내 실전이 되어도 전투에 통일성이 없고, 혹은 종횡으로 제각기 떨어져 행동 통일이 이루어지지 않는다. 이것이 난병(亂兵)이다.

또 어느 쪽을 택해도 좋다. 여기서는 후자를 따른다.

| 해설 | 엄하지 않다 함은 휘하에 대해서라기보다 수뇌자 자신에 대하여 해석하는 것이 옳다.

스스로 돌아보아 자신에게 엄하지 않는 한, 아무리 시끄럽게 잔소리를 해도 교육 훈련 등이 될 리가 만무하다. 따라서 사내의 공기는 어딘지 모르게 어수선해져서 긴장이 감도는 규율이란 것이 생기지 않는다. 일상 업무에도 이것이 나타난다. 각 부서가 제각기 따로따로 놀고 제멋대로 일을 하게 되는 것이다. 그러한 태도로는 절대로 실적이 오르지 않는다. 실적이 오르지 않는다고 해서 시끄럽게 집무 규정을 만들거나 잔소리를 퍼부으면 오히려 역효과를 낳기 때문에 한층 더 문란해지고 만다.

13

장수가 적을 제대로 파악하지 못하고, 소(少)로써 무리에 합하고, 약세로써 강을 공격하며, 군사에게 선봉이 없음을 배(北)라고 한다. 무릇 이 여섯 가지는 패하는 길이다. 장수의 지극한 임무인만큼 살피지 않을 수 없다.

13// 將不能料敵하고 以少合衆하고 以弱擊强하며 兵無選鋒을 曰北라 凡此六者는 敗之道也라 將之至任으로 不可不察也라

| 풀이 | 총대장에게 적의 실력을 정확하게 판단하는 능력

선봉(選鋒): 창이나 삼지창의

칼날 끝이란 뜻으로, 군의 선두 정예 부대를 말한다.

이 결여되어 있으면 소수 병력으로 다수의 적과 대항을 시키거나, 약세 부대를 강제로 강력 부대에게 대항시키거나 한다. 이 형태로는 도저히 정예 부대를 선두에 세워서 당당한 진용으로 만든다는 것은 엄두도 내지 못할 것이다. 따라서 패배한 병사들은 제멋대로 도망을 친다. 이것이 배병(北兵)이다.

　이상 주·이·함·붕·난·배의 여섯 가지 형태는 패군의 전형이다. 이와 같은 결과에 대한 최고 책임은 총대장에게 있으니, 유의해 두어야 할 것이다.

| 해설 | 수뇌부가 일의 비중을 분별할 능력이 없는 채 덮어놓고 덤벼든다. 덤벼들어서 전력을 쏟으면 길은 열리겠지, 하는 사고방식으로는 도저히 큰 일을 할 수가 없다. 이렇게 조종되는 것이 배병(北兵)이다.

　이상 여섯으로 분류한 사업 경영 형태가 전부 패배의 길이며, 최악으로 사람을 쓰는 방법이라고 한다. 이것을 근대기업에 적용시켜 보면 다소 예외가 있을지 모르나 웬만한 것은 다 말하고 있는 것 같다. 손자의 충고를 존중하면서 크게 살펴야 할 문제가 아닌가 한다.

14// 夫地形者는 兵之助也라 料敵制勝하고 計

14

무릇 지형은 군사의 도움이다. 적을 파악하여 승리를 얻고, 험액·원근을 꾀하는 것은 총지휘관의 길이다. 이를 알고 싸움을 하는 자는 반드시 승리하고, 이를 모르고 싸우는 자는 반드시 패배한다.

| 풀이 | 이렇게 고찰을 거듭해 보면, 지형이란 결국 전투의 보조적인 것이 되고 만다. 상대를 알고, 이겨야 할 틀림없는 방법을 세우며, 나아가 지형의 원근이나 그 험한 것을 고려한다. 이것이 총지휘관의 임무다. 따라서 이 이치를 충분히 터득하고 이 법칙대로 싸움을 하면 반드시 승리를 얻을 수 있을 것이다.

| 해설 | 객관적 정세가 어쩌고 저쩌고 해도 결국은 실전 부대를 어떻게 움직이느냐에 달려 있다. 면밀한 계획과 정확한 계산 아래 경영되는 사업이 실패하지 않는 것이지만, 더욱이 통제가 잘 되는 일사분란한 조직의 손으로 운영되어 가면 여기에 필승의 길이 있는 것이다.

險阨遠近이란 上將之道也라 知此而用戰者는 必勝이고 不知此而用戰者는 必敗라

험액(險阨):험하고 좁은 곳으로 통로에 대한 지형.

15

그러므로 전쟁에서 반드시 승리를 거둘 수 있을 때는 임금이 싸우지 말라고 하더라도 반드시 싸우는 것이 옳다. 전쟁에서 승리를 거둘 수 없을 때는 임금이 싸우라고 하더라도 싸우지 않는 것이 옳다. 그러므로 나아가도 이름을 구하지 않고, 물러서서는 죄를 피하지 않으며, 오직 백성을 편안하게 보전하여 임금을 이롭게 하는 것이 나라의 보배이다.

15// 故로 戰道必勝이면 主曰無戰이라도 必戰可也라 戰道不勝이면 主曰必戰이라도 無戰可也라 故로 進不求名이고 退不避罪이며 惟民是保하여 而利於主는 國之寶也라

| 풀이 | 충분히 검토한 결과, 승리가 틀림없다고 판단하였을 때는 군주가 싸우지 말라는 명령을 내릴지라도 이를 거역하고 싸워도 좋을 것이다. 반대로 싸우라는 군명이 있어도 가망이 없다고 판단하였을 때는 절대로 싸우지 말아야 한다.

더욱이 진퇴에 있어서는 명성을 찾지 않고, 처벌을 두려워하지 않으며 민심을 편안케 하는 데 노력하여, 주군을 유리하게 하는 수단에 몰두하는 명장이 되면 그것이야말로 가히 나라의 보배라고 할 만하다.

〔예화〕 **지휘자는 자기 판단으로 군을 움직여라.**
전쟁에서 반드시 승리를 거둘 수 있을 때는 임금이 싸우지 말라고 하더라도 반드시 싸우는 것이 옳다. 전쟁에서 승리를 거둘 수 없을 때는 임금이 싸우라고 하더라도 싸우지 않는 것이 옳다
(戰道必勝 主曰無戰 必戰可也 戰道不勝 主曰必戰 無戰可也).

〔예화-줄거리〕 상(上)의 기략(機略), 중(中)의 기략과 하(下)의 기략을 모은 병법서 〈삼략(三略)〉은 장량이 진시황의 암살에 실패하고 도피 중에 있을 때, 흙다리 위에서 황석공(黃石公)이란 노인에게서 받은 것이라고 전해진다. 이 삼략설을 암송하고 있던 장량은 드디어 일가(一家)를 이루어 한왕조(漢王朝) 건국에 공을 세웠다고 한다. 황석공의 아내 황석파(黃石婆)가 장량을 도와 책략을 써서 관문지기를 속이고 무사히 그를 도망치게 하였다는 말도 있다.

황석공은 성명(聖明)한 군왕의 지장(智將)의 관계에 대하여 다음과 같이 말하고 있다.

"군을 진격시키고 사(師)를 보내는 것은 장군이 혼자서 결정해야 할 일이다. 진퇴에 대해서까지 일일이 다른(군주의) 곳에서 명령을 받아서는 공을 세우기가 어렵다. 그러므로 영명한 천자가 장수를 보낼 때는 스스로 수레를 밀었던 것이다. '국내 문제는 내

가 맡겠다. 장군은 국외 문제를 처리해 주게.'라고 하면서."

16

군사 보기를 어린아이같이 한다. 그러므로 함께 깊은 골짜기도 갈 수 있다. 군사 보기를 사랑하는 자식같이 한다. 그러므로 함께 죽을 수 있다. 두텁게 해도 쓸 수 없고, 사랑해도 명령할 수 없으며, 어지러워도 다스릴 수 없음은 이를테면 교만한 자식과 같아 쓸 수가 없는 것이다.

16// 視卒如嬰兒라 故로 可與之赴深谿라 視卒如愛子라 故로 可與之俱死라 厚而不能使이고 愛而不能令이며 亂而不能治는 譬如驕子라 不可用也라

| 풀이 | 장군이 병졸을 돌보고 기르는 것은 마치 어버이가 젖먹이 아이를 키우듯 해야 한다. 이렇게 해야만 깊고 무시무시한 골짜기 속이나 나락(奈落) 속에서라도 함께 손을 잡고 갈 수가 있다. 또 군사를 보살필 때 사랑스런 친자식을 대하듯 하면 죽어도 같이 죽고 살아도 같이 산다는 기분이 되는 것이다.

그런데 그 사랑하는 방법이 문제이다. 한 가지만 틀려도 엉뚱한 결과를 초래하므로, 마치 철부지 아이처럼 타이르는 말을 듣지 않고, 질서를 어지럽혀도 손을 쓸 수 없는 개구쟁이가 되고 만다. 이렇게 되면 전혀 쓸모가 없어지고 말 것이다.

| 해설 | 사용인과 고용인과의 관계가 혈연으로 맺어진 부모 자식과 같이 서로 말이 통하는 것은 이상적인 관계이지

만 역시 위험은 숨어 있다. 너무 순하게 굴면 깔보고 덤빈다는 것이다. 그러나 이 관계를 준 것만큼은 받자는 식으로 유지해도 좋지 않다. 이러한 가족적인 관계를 전근대적이라고 하지만, 양쪽이 하나의 사업을 한다는 기분으로 빈틈없이 보조를 맞출 수가 있다면 역시 같은 관계가 생기게 될 것이다.

모든 것이 사업이란 것을 개재시키고 행해진다면 그만이지만 사정(私情)·사생활에까지 구별없이 적용되면 곤란할 것이다. 물론 사정이나 사생활에 대해서도 이해나 원조가 있다고 나쁠 것은 없다. 그러나 그것은 어디까지나 가까운 사람끼리의 애정이라야 한다. 이것과 사업장을 혼동하면 수습할 수 없는 사태가 발생하고 만다.

〔예화〕 **부하를 사랑하면 생사를 같이한다.**
군사 보기를 어린아이 같이 한다. 그러므로 함께 깊은 골짜기도 갈 수 있다. 군사 보기를 사랑하는 자식 같이 한다. 그러므로 함께 죽을 수 있다〔視卒如嬰兒 故可與之赴深谿 視卒如愛子 故可與之俱死〕.

〔예화-줄거리〕 장수가 된 자는 군사를 자기 자식과 같이 사랑하고 보살피면 반드시 나중에는 그 군사가 어떠한 위험도 가리지 않고 생사를 같이하게 된다.

춘추전국시대의 위(衛)나라 사람 오기(吳起)는 위(魏)나라의 문후(文侯)가 현군(賢君)이라는 말을 듣고 부하가 되려고 생각하였다. 이것을 알고 문후는 이극(李克)에게 물었다.

"오기란 어떠한 인물인가?"

"오기는 이름을 탐내는 호색한입니다. 그러나 용맹에 관해서는 사마양저도 따르지 못합니다."

그래서 위 문후는 오기를 장군으로 임명하여 진(秦)나라를 치게 하였다. 오기는 진의 성 다섯 군데를 함락시켰다.

장군으로서의 오기의 일상생활은 최하급 병사와 의식을 같이 하고, 잘 때도 요를 깔지 않았으며, 수레나 말을 타지 않고, 스스로 양식을 운반하는 등 병사들과 노고를 같이하였다.

병사 중 종기를 앓는 자가 있었다. 오기는 손수 그 병사의 고름을 입으로 빨아주었다. 그러자 병사의 어머니는 그 소식을 듣고 울며 슬퍼하였다. 이상하게 생각하고 한 사람이 그 까닭을 물었다.

"아드님은 병사인데 장군께서 손수 고름을 빨아주셨습니다. 그것은 기뻐해야 할 일인데 어째서 우십니까?"

"그렇지 않습니다. 옛날에 오 장군은 그 애 아버지의 고름을 빨아주셨습니다. 그래서 그 아버지는 감격하여 싸움에서 한걸음도 후퇴하지 않다가 그만 적진에서 쓰러지고 말았습니다. 이번에 또 장군이 그 애의 고름을 빠셨다면 그 애도 틀림없이 감격할 것입니다. 어디서 전사를 할지 모르는 일입니다."

부하를 두텁게 사랑할 뿐 적재적소에 쓸 줄 모르고, 명령할 줄 모르고, 잘못해도 고칠 줄 모른다면 도저히 장군의 그릇이라고 말할 수 없다.

17

나의 군사로 공격해도 된다는 것을 알되, 적을 쳐서는 안 된다는 것을 모르면 승리의 반이다. 적을 쳐도 좋다는 것을 알되, 나의 군사로 쳐서는 안 된다는 것을 모르면 승리의 반이다. 적을 쳐야 함을 알고 나의 군사로 쳐야 함을 알아도,

17// 知吾卒之可以擊하고 而不知敵之不可擊하면 勝之半也라 知敵之可擊하고 而不知吾卒之不可擊하면 勝之半也

라 知敵之可擊하고 知
吾卒之可以擊해도 而不
知地形之不可以戰이면
勝之半也라

싸울 수 없는 지형임을 모르면 승리의 반이다.

| 풀이 | 적을 격멸할 수 있을 정도의 실력인 줄은 알고 있어도 적의 실력을 잘 모른다면 이 승부는 승패 상반이라고 할 수 있다. 또 상대의 실력을 잘 알고 있더라도 자기편의 실력을 잘 모르는 경우 또한 승패는 반반이라 하겠다.

또 양쪽을 다 알고 있어도 전쟁터의 지형을 잘 모른다면 역시 승부는 반반이라고 할 수 있다.

| 해설 | 능력의 측정이 일방적이라면 사고의 원인이 된다는 것이다. 상대에 따라 그 경우의 능력 측정이 한쪽으로 기울어져 있으면 승리의 가능성은 반감되고 만다. 그러므로 그 사업장의 주위 환경, 객관적인 정세 등의 판단을 그르치는 것도 같은 결과가 될 것이다.

18

18// 故로 知兵者는 動
而不迷이고 擧而不窮이
라 故曰 知彼知己면 勝
乃不殆이고 知天知地면
勝乃可全이라

그러므로 군사를 아는 자는 움직이면 망설이지 않고 일어나면 궁하지 않다. 그러므로 말하기를, 그를 알고 나를 알면 승리는 곧 위태롭지 않고, 하늘을 알고 땅을 알면 승리는 곧 완전할 것이다.

| 풀이 | 지금까지 말해 온 바와 같이, 싸움이라는 것은 잘 알고만 있으면 움직이고 나서 망설일 필요도 없고, 일단 일

을 벌인 뒤에는 막다른 골목으로 들어가는 실패도 없을 것이다. 이것이 이른바 상대를 알고 자기를 알면 승리의 위태로움은 없을 것이고, 천시(天時)를 알고 지리(地利)를 알면 완전한 승리를 얻을 수 있다는 고어(古語)의 말대로 되는 것이다.

승리는 절대로 우연이란 것이 없다. 이길 만한 이유가 있기 때문에 이기는 것이다. 지형이란 병술(兵術)의 분야도 이러한 활용에 의하여 산다고 생각해야 할 것이다.

| 해설 | 지형편의 결문(結文)이다. 단독으로는 한낱 지식에 지나지 않지만 이것이 총합되었을 때 비로소 움직이게 된다는 것을 주장하고 있으나, 그것도 지식으로서의 총합이 아니라 실전에 응용할 만한 능력이 없으면 안 된다는 것을 요구하고 있는 것 같다.

지형이란 전쟁터로서 객관적인 정세이다. 이것을 자기 사업에 적용시켜 나가는 방법은 결국 사람의 관계에 있다는 사고(思考)인 듯하다. 지형편이라 해놓고 주로 사람을 쓰는 방법을 말하고 있는 것은 그와 같은 이유에서가 아닌가 한다. 객관 정세라는 것에 대한 고찰은 아직 끝나지 않고, 다음 장 9지(九地)편에서 구지구변(九地九變)으로 계속된다.

구지편(九地篇)

- 극한 상태에서의 대처법

여기서는 원정군으로서의 통과지, 혹은 진지가 그들에게 미치는 이해관계를 중심으로 구분한 것이다. 손자는 여기서 이해관계로 본 땅을 산지·경지·쟁지·교지·구지·중지·비지·위지·사지의 아홉으로 구분하였다. 이 구지편은 손자의 진면목이 가장 잘 나타나 있는 편이라고 할 수 있다.

1

1// 孫子曰 用兵之法에는 有散地 有輕地 有爭地 有交地 有衢地 有重地 有圮地 有圍地 有死地라

산지(散地):산만해지기 쉬운 토지.
경지(輕地):동요되기 쉬운 토지.
쟁지(爭地):빼앗고 빼앗기고 하는 토지.
교지(交地):출입이 쉽고 편리한 토지.
구지(衢地):교통의 요충지로서 당시 사정으로는 각 국으로 통하는 국경지대에 있는 요지.
중지(重地):경지의 반대로 어떻게도 할 수 없는 토지.
비지(圮地):출입이 곤란한 황무지.
위지(圍地):산과 강으로 둘러싸인 토지.
사지(死地):이젠 최후라는 절대절명의 토지.

용병법에는 산지가 있고, 경지가 있고, 쟁지가 있고, 교지가 있고, 구지가 있고, 중지가 있고, 비지가 있고, 위지가 있고, 사지가 있다.

| 풀이 | 처음은 산지·경지·쟁지의 3지(三地)에서, 나중은 제8장 구변편의 모두에 나오는 6지(六地)로 열거된 것 같다. 무엇 때문에 같은 문제가 다시 등장하였는가 하는 이유는, 전혀 다른 관점에서 음미되고 있기 때문이다.

그러나 9지(九地)의 내용이나 견해차 등은 나중에 하나씩 들어 해설되는데 여기서는 용병에 대하여 구지구변이란 법칙이 있다는 것만을 소개한다.

| 해설 | 이 장에서는 앞의 지형편에 계속하여 지리적인 것에 관계되는 전반적인 문제, 즉 구지구변이란 것을 비롯하여 그것과 관련된 사고방식을 발전시켜서 설명하려는 것이다.

2

2// 諸侯自戰其地者는 爲散地라 入人之地而不深者는 爲輕地라 我得則利이고 彼得亦利者는 爲爭地라

제후가 스스로 그 땅에서 싸우는 것을 산지(散地)라고 한다. 남의 땅으로 들어가도 깊지 않은 것을 경지(輕地)라고 한다. 내가 얻으면 곧 이롭고 그가 얻어도 또한 이로운 곳을 쟁지(爭地)라고 한다.

| 풀이 | 제국의 왕후가 자기 영토 내에서 싸울 경우에는 모두 연고가 깊은 토지로서 가까운 친척과 아는 사람들이 많이 있는 곳이다. 따라서 싸움에 임한 사기가 좀처럼 하나로 뭉쳐지지 않기 때문에 자칫하면 산만해지기 쉽다. 이것이 산지이다.

또 타국의 영토에 침입하여 벌이는 전투는 깊숙이 들어가서 싸우는 경우가 아니라면 고국에 대한 미련이 남기 쉬울 뿐만 아니라, 고국에 대한 정보가 귀에 들어오기 쉽기 때문에 이 또한 자칫하면 동요되기 쉽다. 이것이 경지이다. 그리고 손에 넣으면 전략상 극히 유리한 토지는 한걸음 앞서서 점령하는 쪽이 승리를 얻는다. 그러한 곳은 앞을 다투어서 손에 넣으려고 한다. 이것이 쟁지이다.

3

나도 갈 수 있고 그도 올 수 있는 곳을 교지(交地)라고 한다. 제후의 땅이 세 나라에 접하고 있어서 먼저 이르면 천하의 무리를 얻는 곳을 구지(衢地)라고 한다. 남의 땅에 깊이 들어가 성읍을 등지는 일이 많은 곳을 중지(重地)라고 한다.

3// 我可以往이고 彼可以來者는 爲交地라 諸侯之地三屬하여 先至而得하면 天下之衆者는 爲衢地라 入人之地深하여 背城邑多者는 爲重地라

| 풀이 | 이쪽에서도 가기 쉽고 상대편도 오기 쉬운 곳, 이것이 교지이다. 또 요지 중의 요지라는 급소, 이것이 구지이다. 그리고 적의 성지보다 더 깊숙하게 들어간 곳이 중지이다. 이곳까지 들어가면 결코 간단하게 행동을 할 수 없다.

| 해설 | 누구나 손쉽게 할 수 있는 일이 있으며, 누구의 손에도 잡힐 수 있는 경우도 있을 것이다. 이것이 교지이다.

또 이곳만 꽉 잡고 있으면 모든 방면의 목덜미를 누를 만한 급소와 같은 곳이 있는 법이다. 그러한 곳은 급소인만큼 많은 사람들과 직접 이해관계가 큰 곳이다. 그만큼 어려운 곳이기도 한데 이것이 구지이다.

그리고 돌이키려고 해도 돌이킬 수 없는 경지, 즉 돌이키면 주위의 희생이 너무나도 큰 영역을 중지라고 한다.

4

4// 行山林險阻沮澤등 凡難行之道者는 爲圮地라 所由入者隘하고 所從歸者迂하며 彼寡可以擊吾之衆者는 爲圍地라 疾戰則存이고 不疾戰則亡者는 爲死地라

산림·험지·늪지대 등 무릇 가기 어려운 땅을 가는 것을 비지(圮地)라고 한다. 따라서 들어가는 길목은 좁고, 멀리 돌아서 가야 하며, 적이 적은 수효로 이쪽의 많은 수효를 칠 수 있는 곳을 위지(圍地)라고 한다. 속히 싸우면 살아 남아도 속히 싸우지 않으면 곧 망하는 곳을 사지(死地)라고 한다.

| 풀이 | 깊은 산속의 밀림이나 험준한 곳 또는 질척질척한 습지 등 모든 군사를 행군시키는 데 있어서 곤란을 느끼는 경지를 비지라고 한다.

입구가 아주 좁은 데다 돌아가려고 할 때는 크게 우회하지 않으면 안 되는 악조건을 밀고, 적은 병력으로 이쪽의 대병력을 공격할 수 있는 곳을 위지라고 한다.

결단성 있게 속전속결이라는 비상수단을 씀으로써 혹 살아나올 수 있을지 모르나, 그러한 수단을 쓰지 않는 한 십중팔구 전멸할 위기에 빠지는 곳을 사지라고 한다.

| 해설 | 소위 내우외환이 번갈아 닥치는 극히 재미없는 경지에서 우물쭈물하고 있을 수 없는 경우도 생길 것이다. 이것이 비지에 해당할 것이다.

다소의 무리를 각오하고 뛰어들면 어떻게든 될 것 같은 곳, 그러나 들어갔다가 간단히 뛰쳐나오기도 곤란한 거추장스런 일이 예측되는 곳이지만 오직 일 자체는 뜻밖에 쉽기 때문에 그러한 용단을 내릴 각오만 있으면 되는 곳이 있다. 이것을 위지라고 한다.

또 죽느냐 사느냐의 기로에서 우물거리다가는 목숨까지 잃을지도 모르나 결연히 부딪쳐 나아가면 생각보다 일이 쉽게 풀리는 수도 있을 것이다. 이것이 사지이다.

이상 아홉 종류로 나누어서 여러 가지 경지를 놓고 이름을 붙였는데, 이와 같은 경지를 만났을 때 어떻게 하는 것이 최선의 방법인가 하는 점은 다음에 설명되어 있다.

5

그러므로 산지에서는 싸우지 말고, 경지에서는 머무르지 말며, 쟁지에서는 공격하지 말라.

5// 是故로 散地則無戰하고 輕地則無止하며 爭地則無攻이라

| 풀이 | 이상 말한 아홉 종류의 이상(異常) 경지에 대처하는 데 필요한 대책을 요약하여 설명하고 있다.

산지에서는 무엇보다도 싸움을 벌여서는 안 된다. 가급적 국외로 유도하지 않으면 사기가 하나로 집결되지 않는다. 사기가 집결되지 않는다는 것이 크게 방해가 되는 까닭은 제10장 지형편에서 설명한 바 있다.

경지에서는 꾸물거리지 말고 되도록 빨리 전진해야 한다. 이러한 곳에서 제자리걸음을 하고 있는 것은 절대 금물이다.

쟁지는 만약 이쪽에서 늦었을 경우라면 공격하는 것은 손해이다. 상대도 손쉽게 포기하려 들지 않을 것이다. 이는 토지 자체가 그렇게 해야 할 만큼 유리한 지역이기 때문이다.

| 해설 | 산지(散地)를 사업적으로 말한다면, 같은 종류의 일만 쫓아다녀 한곳에서 맴돌고 있으면 아무런 발전이 없다는 것이 아닌가 생각한다. 한 주형에 틀이 박힌 일은 편하기는 하지만 아무래도 제자리걸음이 되기 쉽다. 바로 여기에 위험이 내포되어 있는 것이다. 변함이 없는 쉬운 일이라면 차라리 제대로 일을 더 파고들거나 결단성 있는 비약을 하여 어느 한쪽을 취해야 한다. 이것도 저것도 아닌 어중간한 일은 그만두는 편이 좋다.

다른 업자가 손을 댄 일에 다시 손을 대려고 할 경우라면 이것은 하나의 경지(輕地)라고 보아도 좋다. 남의 영토의 길목에서 주춤거리고 있듯, 같은 제품이나 사업을 뒤쫓고 있다가는 전혀 희망이 없는 일이 되고 만다.

힘들지 않고 편하게 할 수 있다는 것만으로 아무나 할 수 있는 일에 손을 대서는 안 된다. 이론적으로는 누구나 알고 있는 일이지만, 현실적으로는 이와 같은 쟁지 산업이 너무도 많은 것이 우리나라의 실정이다. 이 경고는 다음 교지(交地)에서도 통하고 있는 것이다.

6

교지에서는 곧 끊지 말고, 구지에서는 곧 사귐을 합하며, 중지에서는 곧 약탈하라.

6// 交地則無絶하고 衢地則合交하며 重地則掠하라

| 풀이 | 사방으로 통하여 교통이 편리한 곳에 들어가면 부대 사이에 틈이 생기지 않도록 주의해야 한다. 상호 연락이 긴밀하지 않으면 사방에 눈이 있으므로 허를 찔릴 위험이 도사리고 있기 때문이다.

각 국이 국경을 접하고 있는 지역에서는 그 여러 나라와의 접촉을 빈틈없이 살피지 않으면 안 된다. 헛된 마찰은 싸움의 장애가 되는 것이다. 그리고 타국 내부로 깊숙이 들어갔을 때는 가능한 한 양식 등은 현지조달을 하고, 불가피할 때는 약탈을 할 결심도 필요하다.

| 해설 | 어쩌다 한 번 소비자들의 인기를 얻으면 우후죽순격으로 같은 제품이 쏟아져나와 경쟁을 시작한다. 이것은 교

지(交地)의 일종이다. 이러한 경우에 꼭 필요한 대항책은 손자가 말하는 '끊지 말라.'는 것으로 파고들 틈을 주어서는 안되는 것이다. 어느 정도의 지반과 성가(聲價)가 결정될 때까지 단숨에 밀고 나아가는 것이 무엇보다도 중요하다.

한 차례 성가가 결정되면 그 후는 소위 추종자이므로, 이쪽에 일일(一日)의 장이 있어서 절대로 유리한 입장에서 서게 된다. 경쟁이 벌어져도 이쪽의 주춤거림만 없으면 되므로 방어하기에 아주 편하다.

이것과 상황이 다소 비슷한 것으로 구지가 되면 오직 앞에서 예로 든 유행이 아니라 누구나 당연히 손을 대는 일이라는 것이다. 누구와도 공통점이 있는 제품의 생산이 이에 해당될 것이다.

이 경우에는 절대로 자만해서는 안 된다. 일반 수요의 동향, 각사 제품의 움직임, 그 특성과 결점·장단점에 늘 세심한 주의를 기울일 필요가 있다. 이것이 곧 '사귐을 합한다.'는 것이다.

'중지에서는 곧 약탈하라.'는 말은 상대의 이러한 특징을 전부 소화시켜서 남김없이 자기 것으로 만들라는 것이다. 또한 더 우수한 것으로 만들어서 될 수 있으면 상대의 단골까지도 자기 손아귀에 넣는 노력이 필요하다.

7// 圮地則行하고 圍地

7

비지에서는 곧 가고, 위지에서는 곧 꾀하며, 사지에서는 곧 싸우라.

則謀하며 死地則戰하라

| 풀이 | 불리한 곳, 즉 비지에서는 절대로 머무르지 말고 온갖 고난을 극복하여 전진해야 한다.

또한 산속 분지라든가 강 어귀의 삼각주처럼 사방이 막힌 토지에서의 싸움은 상대의 의표를 찌르는 묘책을 써야 한다. 이것이 위지(圍地)의 계략이다.

사지에서는 이론도 책략도 없다. 오직 싸움만 있을 뿐이다. '죽음속에 살아남아 있다.'란 이러한 경우를 두고 한 말일 것이다.

| 해설 | 일단 시황(市況)이 정체 기미를 보이거나 상황(商況)이 불경기일 때는 빨리 그 상태에서 탈출하지 않으면 안 된다. 그것에 잡혀서 우물거리고 있으면 그대로 침체되어 어떻게도 할 수 없는 위험에 빠지고 만다. 상황에 보조를 맞추어 소극책을 쓰는 것보다는 다소 적극책을 써서 어려운 상태를 극복하는 것이 좋다.

그와 같은 상태가 더욱 심해져서 진퇴양난에 빠질 때라면 적극책보다는 더 결단성 있는 대담한 술책을 써서 단숨에 결판을 내는 타개책을 강구하는 것이 좋다.

마침내 완전히 막다른 골목으로 들어갔을 때는 오직 싸움에 임할 뿐 쓸데없는 망설임이 있어서는 안 된다. 죽음을 각오하고 부딪쳐 나아가면 뜻밖의 활로가 열리게 된다. 무슨 일이 있더라도 개죽음을 당해서는 안 된다. 가능한 한도

까지 최후의 일전을 시도해야 할 것이다

[예화] 포위되었을 때는 기수기계로 우선 탈출하라.

위지에서는 곧 꾀하라[圍地則謀].

[예화-줄거리] 만이(蠻夷)의 땅에 봉해진 오(吳)나라가 강대해진 것은 춘추시대의 합려(闔閭)가 왕이 되었을 무렵이다.

초(楚)나라를 치고 월(越)나라를 쳐서 국력을 크게 신장시킨 그들에게 무장 손무(孫武)의 존재가 있었다는 것을 잊어서는 안 된다.

여기서는 오의 왕과 손무의 '위지'를 둘러싸고 토론한 군사전략 문답을 보기로 든다. 위지란 나아갈수록 험하고 좁아져서 되돌아서려 해도 길이 멀고, 그냥 참고 견디려면 양식이 바닥나는 곳이다. 따라서 소수의 군사로 상대의 대군을 칠 수가 있다.

합려가 손무에게 물었다.

"우리들이 위지로 들어가 앞에 강적을 맞이하고 뒤가 험준하면 적은 우리의 양도(糧道)를 끊고 유인하여 움직이게 한 뒤 우리의 행동을 엿볼 것이다. 어찌하면 좋겠는가?"

손무가 대답하였다.

"위지에서 버티려면 길을 막고 왕래를 못하게 해야 합니다. 전군(全軍)이 한집안같이 되어 마음을 합하고 힘을 합해야 합니다. 그리고 수 일이 지나 밥 짓는 연기가 보이지 않게 되면 당장이라도 격파할 수 있는 약하디 약한 형태로 보일 것입니다. 적이 이 모습을 보면 대비에 허점이 생기는 법입니다. 그때 병사들을 격려하고 분발시켜서 진에는 정예를 매복시키고, 험준한 곳을 골라 징과 북을 울리며 공격해 나아가는 것입니다. 만약 적과 마주치면 빠르고 날카로운 공격으로 전후를 열고, 좌우 군사를 머무르게 하여 적을 제압하면 됩니다."

"그러나 적이 포위 속에서 조용히 잠행하여 기발한 꾀로 유인하고, 기를 은현시켜 혼란케 하여, 무엇이 무엇인지 모르는 상태가 되었을 때는 어떻게 하나?"

"1000명이 기로써 혼란케 하고, 전략상 중요한 길을 막고 적은 군사로 도발해도 진에서 공격해 나아가면 안 됩니다. 이것이 기발한 꾀를 깨는 수단입니다."

춘추전국시대 때 중원에서 패권을 다툰 제장(諸將)·제후(諸侯)의 싸움 중에서, 위지를 둘러싸고 벌인 공방전은 수없이 많다. 적을 빈틈없이 알고 벌이는 전투는 일진일퇴였음에 틀림없다. 지금 여기서 말할 수 있는 것은 위지에 빠졌다고 깨달았을 때는 기수기계, 즉 생각도 하지 못한 수를 써서 탈출할 수밖에 없다는 것이다.

8

이른바 예로부터 군사를 잘 쓰는 자는 능히 적으로 하여금 전후가 미치지 못하게 하고, 많고 적은 것이 서로 의지하지 못하게 하며, 귀천이 서로 돕지 못하게 하고, 상하가 서로 거두지 못하게 하며, 군사가 흩어져 모이지 못하게 하고, 군사가 합하여 정제하지 못하게 한다. 이(利)에 합하면 움직이고, 합하지 않으면 그친다.

8// 所謂古之善用兵者는 能使敵人前後不相及하고 衆寡不相恃하며 貴賤不相救하고 上下不相收하며 卒離而不集하고 兵合而不齊라 合於利而動이고 不合於利而止라

| 풀이 | 예로부터 전쟁을 잘하여 명장이란 이름을 얻은 사

람은 대체로 다음과 같은 방법을 쓰고 있다. 먼저 적군의 전진(前陣)과 후진(後陣) 사이에 연락이 닿지 않게 하거나 대부대와 각각의 소부대가 전혀 별개로 활동하여 상호 원조의 길이 막히도록 하였다.

또 상관과 군사, 막료 간부와 전선 부대 사이에 협력 관계를 유지하지 못하도록 상하의 불일치·불통일을 초래시키고, 혹은 제각기 흩어지거나 한곳에 뭉쳐서 정연한 전력이 되지 못하도록 하였던 것이다(자기 군대라면 몰라도 적군을 그렇게 마음대로 휘두를 수 있을 것인가 하고 생각하겠지만 그 방법은 다음 조항 이하에서 설명된다).

더욱이 전쟁 시기의 유리함과 불리함에 대한 식별이 날카로워 유리하다고 보면 지체 없이 움직이고, 불리하다고 보면 자중하여 꼼짝도 하지 않는 태세를 잘 분간하여 썼던 것이다.

| 해설 | 여기서는 소위 교란전술이 주가 되고 있다. 상대의 기능을 약화시키려면 짜임새 있는 운영과 총력이 하나로 집결되는 것을 방해하는 것이라고 가르치고 있다.

그러나 이것은 사업과 전쟁의 차이다. 전쟁에서 이기기 위해서는 수단 방법을 가리지 않겠지만, 사업에 있어서 그런 비상수단을 쓰게 되는 것은 극히 특별한 경우일 것이다. 싸움에서는 정정당당하게 통용되는 수단 방법도 사업에서는 음험하고 비열한 것이 되기 때문이다.

따라서 이 전후의 것에서는 이쪽에서 손을 내밀어 능동

적으로 해야 하는 것이라고 생각지 말고, 상대가 스스로 그와 같은 태세가 되는 것을 절대로 그냥 보아 넘기지 말아야 한다고 해석하고 참고해야 한다.

여기서 설명하고 있는 내용은 지금까지 여러 곳에서 설명된 것이므로 새로운 것은 하나도 없다. 이쪽으로 보아 그렇게 되어서는 안 될 일을 적에 대해서는 그렇게 되기를 바라는 일이기 때문에, 상대를 찔러서 무너뜨리면 먼저 그 태세를 혼란시켜야 하며, 그리고 그 방법이 무엇인지는 앞으로 설명될 것이다.

9

감히 묻노니, 적의 무리가 정연하여 장차 오려고 하면 어떻게 기다리는가. 말하기를, 먼저 그 사랑하는 곳을 빼앗으면 곧 들을 것이다. 군사의 정(情)은 신속함을 주로 한다. 남이 미치지 못함을 틈타 생각지도 않는 길을 따라 그 경계하지 않는 곳을 공격하는 것이다.

9// 敢問이니 敵衆整而將來면 待之若何오 曰 先奪其所愛則聽矣라 兵之情主速이라 乘人之不及하여 由不虞之道하여 攻其所不戒也라

청(聽): 시키는 대로 듣는 것.
병지정(兵之情): 작전하는 정상.

| 풀이 | 질서정연하게 정비된 당당한 적군이 바로 공격하려 하고 있다. 이렇다 할 결함도 발견되지 않는 경우라면 기다리고 있는 쪽에서는 어떻게 해야 좋겠는가.

먼저 적의 가장 관심 깊은 것을 탈취하는 것이다. 이것이 무엇인지는 경우에 따라 다르겠지만, 상대편의 장수라든가 계속(係屬), 식량 창고·탄약고·보급로 등 여러 가지가 있

을 것이다. 그중 가장 중요하게 생각하고 있는 것을 먼저 공략하게 한다. 이렇게 하면 확실한 효과가 있다. 전략적인 가치라기보다도 정신적인 충격을 주어서 상대를 심리적으로 동요케 하는 것이 목적인 것이다.

상대편에게 일단 동요가 생기고 나면 이쪽 작전이 파고들 여지가 생긴다. 그곳을 파고들어 감으로써 상대편의 정연함에 혼란을 줄 수가 있다.

싸움에 임하였을 경우, 그 군사의 움직임과 태세는 무엇보다도 속도가 제일이다. 이를테면 다소 상대편의 손이 미치지 못한다고 생각하였을 때는 바로 틈을 주지 말고 상대편이 뜻하지 않은 의외의 방향에서 특별한 경계를 하지 않고 있는 곳을 공격하는 방법이다.

| 해설 | '교란전술은 기습으로부터'라는 말이다. 기습은 상대의 급소에 가하여 상대의 태세를 무너뜨리고 휘저어놓는다. 전쟁터에서의 거래란 신속이 제일이다. 기상천외한 곳에서 상대의 허를 찌르는 것이다.

여기서 주목할 점은 우선 상대의 태세를 흐트려놓고 그곳으로 파고드는 수단이다. 상대의 태세를 교란시키는 방법은 상대가 가장 관심을 가지고 있는 곳을 혼란에 빠뜨리는 것이다.

이 방법은 일상 대인적인 교섭 등에도 그대로 적용되는 것이다. 논쟁을 해야 할 때도 반드시 필요한 지식이다. 정면에서 똑바로 공격해 가는 것은 좀처럼 승리를 얻기 힘든 방법이다. 먼저 상대의 급소를 찌르면 상대는 반드시 당황한다. 그러나 그 당황함을 피하고 그대로 파고들면 싸움이 길어지므로 재빨리 방향을 바꾸어서 상대가 생각지도 않은 곳에 공격을 가한다. 이것은 만만치 않은 상대를 대할 때의 논쟁 방법이다.

〔예화〕 상대의 불비는 틈을 주지 말고 공격하라.
군사의 정(情)은 신속함을 주로 한다〔兵之情主速〕.

〔예화-줄거리〕 당(唐)나라 무덕(武德) 8년 8월에 이정(李政)은 기주(冀州)에 군사를 크게 모으고, 강릉에 근거지를 정하고 저항하는 소선(蘇銑)을 토벌하였다. 때는 마침 가을, 끊임없이 비가 쏟아지는 계절이라 강물은 넘칠 듯 불어나고 삼협(三峽)의 길도 물에 잠겼기 때문에 이정의 군사가 진격을 못할 것이라고 판단한 소선은 드디어 병사들을 쉬게 하고 방비도 제대로 하지 않고 있었다.

9월에 이정은 군사를 이끌고 진격하여 협(峽)을 내려가려고 하니, 휘하의 뭇장수들은 입을 모아 말하였다.

"병을 머무르게 하고 물이 빠지기를 기다리도록 합시다."

그러나 이정은 말하였다.

"싸움은 신속이 첫째이다. 기회를 잃어서는 안 된다. 지금 비로소 군사를 모았으나 소선은 모르고 있을 것이다. 넘쳐흐르는 수세를 틈타서 갑자기 성하에 나타나면, 신뢰(迅雷)에는 귀를 막을 틈도 없다는 말과 같이 당황하여 군사를 모아도 아군을 막을 도리는 없을 것이다. 반드시 포로가 될 것이다."

이렇게 하여 전함 2000여 척을 이끌고 동쪽으로 내려가 바로 형문(荊門)과 의도(宜都) 두 성을 함락시키고 이릉(夷陵)에 이르렀다. 그런데 소선의 장수 문사홍(文士弘)이 정예 군사 수만 명을 이끌고 청강(淸江)에 주둔하고 있었다. 효공(孝恭)이 공격하려고 하였으나 이정은 극구 말렸다.

"저것은 원군이기 때문에 아무런 책략도 세우지 못하고 있다. 따라서 저 기세는 오래가지 못할 것이다. 잠시 남안(南岸)에서 동태를 살피자. 하루쯤 지나면 적은 반드시 그 군사를 나누어 반은 남아서 우리 군사를 막고, 반은 돌아가서 수비를 할 것이다. 군사가 분산되면 그 기세는 약화된다. 그 약화된 점을 노리고 공격하면 이기지 못할 리 없다. 지금 갑자기 공격을 하면 적은 힘을 합치고 죽자 사자 덤빌 것이다. 초나라 군사는 겁이 없어서 다소 힘든 상대이다."

효공이 말을 듣지 않고 스스로 군사를 이끌고 공격하였다가 과연 패주하여 겨우 남안에 와 닿았다. 소선의 군사는 배를 버리고 군화(軍貨)를 약탈하여 뒤질세라 무거운 짐을 졌다. 이정은 때를 놓치지 않고 군사를 파견시키고 공격을 퍼부어 크게 격파한 후 승승장구 강릉으로 들어갔다.

10

10// 凡爲客之道는 深入則專이므로 主人不克이라 掠於饒野하여 三軍足食하면 謹養而勿勞하고 倂氣積力하며 運兵計謀하며 爲不可測하고 投之無所往이면 死

무릇 객(客)의 길은 깊이 들어가면 곧 전력을 다하므로 주인이 이기지 못한다. 풍요로운 들을 약탈하여 삼군의 식량이 넉넉하면 삼가 길러서 수고롭게 하지 말고, 기운을 합쳐 힘을 축적하며, 군사를 운용하는 계략을 써서 추측하지 못하게 하고, 갈 곳이 없는 곳으로 던지면 죽을지라도 도망하지 않고, 죽고 나면 얻을 것이 없으므로 군사는 힘을 다하여 싸울 것이다.

| 풀이 | 객군(客軍)으로서 적지에 깊숙이 침입하였을 경우라면 그곳은 적지이므로 추호의 방심도 없이 긴장하고 있을 것이다. 침공을 받는 쪽으로서는 산지(散地)의 이론처럼 진실성이 없기 때문에 이쪽과 비교할 때 사기가 떨어져 있다고 해도 좋을 것이다.

따라서 중지(重地)에서의 싸움이기 때문에 될 수 있는 한 식량을 상대국의 농경지에서 현지 조달하여 양식 수송으로 인하여 병력을 따로 쓰지 않음으로써 병사들의 기분이나 건강 상태를 편하게 해주어야 한다.

이렇게 배려해 주면 전군은 결속을 하게 되고, 기력도 하나로 뭉치게 된다. 이른바 중지의 근심이 없어지게 되는 것이다.

이러한 자세로 전투 배치를 하거나 세밀한 계획을 실행에 옮긴다면 설사 죽음과 같은 위기에 처한다 하더라도 도망칠 염려는 없다. 이미 죽을 각오를 하고 나면 안 되는 일이 없는 법이다. 도망쳐도 죽고 싸워도 죽는 상황에 직면하면 군사는 절대로 강해진다. 목숨을 걸고 분전할 것이다.

| 해설 | 여기서는 중지전에서의 최후 작전 같은 것을 설명하고 있다. 이른바 사력을 다하여 활로를 여는 것이다. 막다른 골목으로 몰리면 마치 화재(火災)에서 보이는 어머니의

且不北하고 死焉不得士人盡力이라

객(客):적지로 쳐들어간 군대.
주인(主人):침공을 받은 나라.
무소왕(無所往):갈 곳이 없는 것.

초인간적인 힘과 같은 것이 생겨난다. 그러나 이러한 힘을 평상시에 기대하는 것은 다소 무리가 아닌가 한다.

[예화 – 줄거리] 조(趙)나라의 혜문왕(惠文王)이 초(楚)나라의 화씨(和氏) 구슬을 손에 넣었다. 그 사실을 안 진(秦)나라의 소왕(昭王)이 진의 15개 성(城)과 화씨 구슬을 교환하자고 제안하니, 혜문왕은 인상여(藺相如)를 불러서 말하였다.

"진나라가 15개 성과 화씨 구슬을 교환하자고 하는데, 어떻게 할까?"

"진나라는 강국이고 우리 조나라는 약소국이니 내주지 않을 수 없겠습니다."

"그러나 진나라가 구슬만 가져가고 성을 우리에게 주지 않는다면 어떻게 되는가?"

"진나라가 성과 구슬을 바꾸자고 하였을 때 조나라가 듣지 않으면 약점은 조나라에 있고, 조나라가 구슬을 주었는데 성을 주지 않는다면 약점은 진나라에 있는 것입니다. 양쪽을 비교해 보면 우리 제안을 들어주고 상대로 하여금 약점을 지게 하는 것이 좋겠습니다."

그리하여 조의 왕은 상여에게 구슬을 주어 진나라에 보냈다. 진의 왕은 상여가 바치는 구슬을 보고 크게 기뻐하며 구슬을 돌려 궁녀와 가까이 있는 신하들에게 구경시켰다. 신하들은 크게 환호하였다. 상여는 진의 왕이 조나라에 성을 내줄 의사가 없는 것을 눈치채자 앞으로 나서며 말하였다.

"구슬에 흠이 있으니 가르쳐 드리겠습니다."

[예화] **자기 영토에서는 방심이 되는 법이다.**
무릇 객(客)의 길은 깊이 들어가면 곧 전력을 다하므로 주인이 이를 이기지 못한다 [凡爲客之道 深入則專 主人不克].

왕이 구슬을 내주자, 상여는 그것을 받아들고 일어나 뒤에 있는 기둥에 몸을 기댔다. 그리고는 분노에 찬 음성으로 다시 말하였다.

　"대왕께서는 구슬이 탐이 나서 조의 왕에게 서신을 보내셨군요. 조의 왕은 군신을 불러모아 회의를 하고 진나라에 구슬을 보내지 않겠다고 결정하였다. 그러나 나는 주장하기를, '필부의 교제에서도 속이는 법이 없는데, 대국인 진나라가 어찌 속일 수 있겠습니까. 더욱이 구슬 하나로 강국인 진나라의 기분을 상하게 하는 것은 좋지 않습니다.' 라고 하였습니다. 그래서 조의 왕은 목욕재계한 후 내게 구슬을 맡겨 진의 궁정에 전하라고 하셨습니다.

　그런데 대왕은 나를 자기 신하처럼 취급하고 극히 오만하군요. 구슬을 가지고 궁녀와 신하들에게 희롱시키는 법이 어디 있단 말입니까? 나는 대왕이 성을 내줄 의사가 없는 것을 알았습니다. 그래서 나는 다시 구슬을 회수한 것뿐입니다. 대왕께서 만약 나를 죽이려 든다면 그때는 이 구슬과 함께 내 머리를 기둥에 부딪쳐 자결해 보일 것입니다."

　상여는 구슬을 들고 기둥을 노려보았다. 금방이라도 부딪쳐 버릴 듯하였다. 진의 왕은 놀라고 두려워서 그 동안의 실례를 사과하였다. 이렇게 하여 상여는 다시 구슬을 조나라로 가지고 옴으로써 진나라에 대한 큰 일을 무사히 끝냈다.

　이것이야말로 객이 상대편에 깊이 들어가면 전력을 다하게 되므로, 자기 세력권 내라고 하여 긴장이 풀린 상대는 이기지 못한다는 것이다.

11// 兵士甚陷則不懼이고 無所往則固며 入深則拘이고 不得已則鬪라 是故로 其兵不修而戒며 不求而得이며 不約而親이며 不令而信이라 禁祥去疑이면 至死無所之라

불수(不修):정비하지 않다.
불약(不約):강제하지 않는 것.
상(祥):길흉의 예언.

11

병사가 깊이 빠지면 곧 두려워하지 않고, 갈 곳이 없으면 곧 굳혀지며, 들어감이 깊으면 곧 구속되고, 불가피하면 곧 싸운다. 그러므로 그 병사가 정비하지 않고 경계하며, 구하지 않고 얻으며, 강제하지 않고 친해지며, 명령하지 않고 믿는다. 상(祥)을 금하고 의심을 버리면 죽을 때까지 배반하는 일은 없을 것이다.

| 풀이 | 막판에 이른 싸움에 관한 태도가 계속 이어지고 있다. 병사란 막판에 몰려 어떻게도 할 수 없게 되면 오히려 결심이 굳어져서 강해지는 것이니, 최악의 경우로 몰리면 비틀거리지 않게 된다. 이렇게 적진 속으로 깊이 들어갔을 때는 제멋대로 행동할 수가 없으므로 상당한 전투력을 발휘하게 된다.

그러므로 이렇게 되면 그들은 특히 귀찮게 말하지 않아도 충분히 스스로 경계한다. 별로 요구를 하지 않아도 충분히 뜻대로 움직여 주는 것이다. 강제하지 않아도 의사는 서로 통하고 명령으로 강요하지 않아도 상호 신뢰가 있으므로 움직여야 할 방향을 이해하게 된다.

이러한 때의 금물로서는 여러 가지 미신, 즉 길흉의 예언 같은 것만 없으면 설사 죽음의 길로 몰리더라도 일치협력의 상태에 배반되는 일은 생기지 않는다.

| 해설 | 생사의 갈림길에서는 모든 장병들이 한데 뭉치지

않고 제각기 흩어지는 것이 가장 두려운 일이다. 그렇지 않으면 이러한 경우의 모든 장병들의 활동은 의외로 강하다. 오직 두려운 것은 뒤지기 쉬운 점이다. 의심 등이 일어나는 상태라면 그 불안감으로 인해 자연히 헛소문이 생기기 때문에 인심의 소재를 정확하게 잡아 처리하지 않으면 최후의 생사를 건 작전은 성공하지 못한다.

　일을 하는 사람들 사이에 군소리가 많아지면, 그것은 이미 말기 증세로 판단해도 좋으니, 한시라도 빨리 불안을 해소하는 수단을 써야 한다. 서투르게 우물쭈물하다가는 오히려 사태를 악화시킨다. 설마하고 생각할 정도로 아랫사람들은 잘 알고 있는 것이다. 차라리 당당히 위기를 선언하고, 또 그 타개책이 뚜렷하게 서 있다는 것을 믿도록 하는 것이 상책일 것이다.

　흔히 '부모의 마음을 자식이 모른다.'라고 하지만 결코 그렇지만은 않다. 알려야 할 것을 알리지 않기 때문이다. 최후의 길에 솟아나오는 강함 힘을 살펴서 쓰려면 무조건 신뢰할 수 있도록 만들면 된다. 의심을 품게 해서는 안 된다. 이것이 첫째인 동시에 최후의 것이다.

12

우리 군사에게 남은 재물이 없음은 재물을 싫어해서가 아니다. 남은 목숨이 없음은 오래 살기를 싫어해서가 아니다. 명령이 떨어지는 날 사졸 중 앉은 사람은 눈물로 옷깃이

12// 吾士無餘財는 非惡貨也라 無餘命은 非惡壽也라 令發之日에 士卒坐者涕霑襟이고 偃

臥者涕交頤라 投之無所
往者면 諸劌之勇也라

제귀(諸劌): 전제(專諸)와 조귀(曹劌)를 말한다. 전제는 오(吳)나라 공자(公子)의 명을 받고 오의 왕 요(僚)를 암살하려고 단신으로 나아가 뜻을 이룬 용사. 조귀는 노(魯)나라 사람으로서 노의 왕 장공(莊公)의 사랑을 입고 장군이 되었다. 제(齊)나라와 싸워 몇 번이고 패전을 하자 그것이 죄송하여 제의 왕 환공(桓公)과 강화 조인을 하는 자리에 뛰어들어 제의 왕을 단도로 위협하고 빼앗긴 땅을 되찾았다는 난폭자.

젖고, 누운 사람은 눈물이 턱에서 사귄다. 이를 갈 바 없는 곳에 던지면 제·귀(諸劌)의 용맹이다.

| 풀이 | 마침내 생사를 건 막다른 길로 쫓겨 들어갔을 때는 물질욕이라는 것이 없어지므로, 전쟁 때 약탈하여 모은 금전 재보에 대한 집착까지도 없어지고 만다. 그리고 오늘 하루만 산 목숨이라고 생각하면 의외로 뱃심도 생긴다. 이것도 또한 죽어도 좋다는 생각이 있어서가 아니라, 생사를 초월하여 그리 문제시하지 않기 때문이다.

이러한 상황에 처하였다고 해서 누구나 욕심이 없어지고 생사에도 태연한 영웅이냐 하면 반드시 그렇지는 않다. 최후의 결전 명령이 내려진 날의 모습을 보면, 조용히 앉아 눈물을 흘리며 옷깃을 적시는 자도 있고, 누워 있는 자는 턱밑으로 흘러내리는 눈물을 씻으려고도 하지 않고 그냥 내버려 두기도 한다. 자신의 생을 마감해야 한다는 슬픔 때문이다.

그러나 마침내 최후의 결전이 되면 만감이 교차되던 착잡한 심정을 깨끗이 잊고 전제나 조귀의 용맹에 뒤지지 않는 전력을 충분히 발휘하는 것이다. 이것이 바로 상식을 초월한 전투의 실제이다.

| 해설 | 꼼짝달싹도 할 수 없는 긴급한 정세로 쫓겨 들어갔을 때는, 일하는 사람도 회사측의 태도에 따라 죽을 먹으면서도 해야겠다는 각오를 다지게 된다. 물론 평상시에 대우를 어떻게 했는지에 따라 이럴 때 그 효과가 뚜렷하게 나

타나는데, 이러한 경우에 종업원이 약점을 틈타려는 태도를 보인다면 보통 때 간부들의 결함이 아주 많았었다고 볼 수 있다.

월급을 줄이거나 늦게 주어도 마음에 두지 않는 종업원의 태도야말로 바람직한 것이겠지만, 이것은 여간 곤란한 문제가 아니다. 그러나 운영 요령만 올바르게 알고 있으면 생각지 않던 곤란도 어느 정도 극복할 수 있다. 물론 간부가 이것을 기대한다면 오히려 역현상이 생겨날 염려도 있다.

사업체로서는 이러한 중지 작전이 결코 바람직한 일은 아니지만 만일의 경우를 말하는 것이다. 따라서 경영자로서는 충분한 연구가 있어야 한다. 물론 평상시에는 그리 진가를 발휘하지 못하지만 비상시에만은 눈부시게 제 역할을 톡톡히 해내는 사람도 있다. 그러나 경우에 따라서는 항상 헤아려 연구하는 사람과는 대단한 차이를 보일 수가 있다. 아무튼 중지 작전을 편하게 처러 나갈 수만 있다면 일상 운영에 눈부신 바가 있을 것이다.

13

그러므로 군사를 잘 다루는 사람을 비유하여 솔연과 같다고 한다. 솔연은 상산의 뱀이다. 머리를 치면 곧 꼬리가 이르고, 꼬리를 치면 곧 머리가 이르고, 중간을 치면 곧 머리와 꼬리가 함께 이른다. 감히 묻노니, 군사는 솔연과 같이 할 수 있는가. 말하기를, 할 수 있다. 무릇 오나라 사람과 월

13// 故로 善用兵者를 譬如率然이라 率然者는 常山之蛇也라 擊其首則尾至이고 擊其尾則首至이며 擊其中則首尾俱至라 敢問이니 兵可使如率然乎인가 曰可라 夫

吳人與越人相惡也이나
當其同舟而濟遇風이면
其相救也가 如左右手라

솔연(率然):재빠르다는 뜻의 형용사이나 여기서는 재빠른 뱀의 이름을 말하는 것.
상산지사(常山之蛇):상산(常山)은 중국 5악(五岳)의 하나인 유명한 산. 상산에 사는 전설 속의 큰 뱀은 매우 빠르고 난폭하여 사람들은 이것을 '솔연'이라 부르며 두려워하였다고 한다.

나라 사람이 서로 미워하나, 배를 같이 타고 가다가 바람을 만나서 서로 구함이 좌우와 손과 같다.

| 풀이 | 군사를 잘 다루는 방법은 비유하자면 솔연뱀과 비슷하다. 솔연이란 상산에서 사는 뱀으로 머리를 치면 꼬리가 재빠르게 반격을 해 오고, 꼬리를 치면 머리가 습격해 온다. 한가운데를 치면 머리와 꼬리가 양쪽에서 날아온다.

군사를 움직이는 데 솔연뱀과 같이 할 수 있겠는가라는 질문이 있으면, 그렇다고 단언한다. 예를 들면 극히 사이가 나쁜 오나라 사람과 월나라 사람이 같은 배를 타고 항해하다가 도중에 돌풍을 만나 배가 침몰하게 되었다고 가정하자. 그러한 경우에는 평소의 증오나 반감은 말끔히 사라지고 함께 힘을 모아 배의 침몰을 막을 것이다. 마치 한 사람이 두 손을 쓰듯 일치 협력할 것임에 틀림없다.

속으로는 서로 적대시하고 있는 오나라와 월나라 사람도 그와 같다.

사람이란 여차하면 서로 돕고 협력할 소질은 반드시 지니고 있는 것이다. 그것을 잘 끌어내어 쓸 수 있느냐 하는 것이 바로 문제이다.

| 해설 | 막다른 골목에 처하였을 때 발휘하는 초자연적인 힘에 대하여 왜 그렇게 되는지 분석을 시도한 것이다. 돌풍을 만난 배를 예로 들은 것도 적절한 비유인지라 지금도 오월동주라는 말이 남아 있다.

오른쪽이 곤경에 빠지면 왼쪽이 달려와서 돕고, 왼쪽이 피로하면 오른쪽이 도우러 온다는 상산의 뱀 같은 활동이 사지전(死地戰)에서 끝까지 버티고 나아가는 최대의 이유이다. 놀라운 힘이 나온다고 생각해도 전혀 이상하지 않다. 하나가 되어 움직이는 든든함이 그 본체라고 설명하고 있는 것이다.

14

그러므로 말(馬)을 줄지어 묶어놓고, 차륜을 묻어도 아직 믿을 수가 없는 것이다. 용(勇)을 일제히 해서 하나같이 하는 것은 정치의 길이다. 강유를 모두 얻음은 지리(地理)다. 그러므로 군사를 잘 다루는 사람이 손을 잡고 한 사람을 부림과 같음은 부득이하기 때문이다.

14// 是故로 方馬埋輪
車이라도 未足恃也라
齊勇若一은 政之道也라
剛柔皆得은 地之理也라
故로 善用兵者가 携手
若使一人은 不得已也라

| 풀이 | 일치협력 태세라는 것은 군마를 일렬로 세워서 고삐를 서로 묶어놓는다거나 병거(兵車)의 바퀴를 땅에 파묻어서 멋대로 움직이지 못하게 하는 것이 아니므로, 강압적인 형태만을 놓고 안심할 수 있는 성격의 것은 아니다.

용감한 사람은 앞으로 나아가고 약한 사람은 꽁무니를 뺀다는 불일치를 없애고, 전부를 한몸같이 만드는 것은 오로지 군정의 힘이다.

용감하거나 나약한 병사들 모두를 가치 있게 쓰는 것은 땅의 이(理)에 맞추어 가기 때문이며, 9지(九地)에 각각 적당한 방책을 쓰기 때문이다. 다시 말하면 이상적인 용병법으로 각자의 손을 잡듯 진퇴에 보조를 같이하는 것이다. 마치 한 사람과 같이 움직이게 한다는 것은 자연히 그렇게 하지 않으면 안 되기 때문이다. 강제로 되는 것은 아니다. 자연적으로 그렇게 되어 간다. 이것이 주요 비결이다.

| 해설 | 눈부신 활동이란 강압적으로 시킨 행동에서 생기는 것은 아니다. 각본을 짜서 할 수 있는 연기와 같은 얄팍한 것이 아니라, 일하는 사람들이 본연의 욕구에 따라 맹목적으로 움직이는 것이 자연의 이치에 맞는 경지를 나타내는 것이다.

거기에는 조작이나 꾸밈새 따위는 전혀 보이지 않는다. 높은 곳에서 낮은 곳으로 물건이 구르듯, 이치에 맞는 것이 아니면 안 된다. 더욱이 각자가 방향을 정하지 않고 덮어놓고 움직여서는 아무것도 되지 않는다. 일정한 목적을 향하여 한 방향으로 일사불란하게 움직이지 않으면 도저히 성취될 수가 없는 것이다.

15

장군은 고요하고 그윽하며 바름으로써 다스린다. 능히 사졸의 이목을 어리석게 하여 알지 못하게 하고, 그 일을 바꾸고 계략을 고쳐서 남이 알지 못하게 하며, 그 있는 곳을 바꾸고, 그 길을 돌아 남으로 하여금 생각지 못하게 한다.

15// 將軍之事는 靜以幽이며 正以治라 能愚士卒之耳目하여 使之無知하고 易其事革其謀하여 使人無識하며 易其

| 풀이 | 장군으로서 하지 않으면 안 될 일을 들어보면 다음과 같다. 우선 침착 냉정하며 속깊은 곳이 있고, 또 사리 바르게 통치해야 한다. 기밀에 속하는 일은 일체 병사들의 귀에 들어가지 못하도록 하여 그들을 귀머거리로 만들고, 한 번 한 일은 반복하지 않으며, 전에 썼던 모략은 두 번 다시 쓰지 않도록 하여 아군에게도 작전의 진실을 모르게 해야 한다.

居하고 迂其途하여 使人不得慮라

그렇게 하기 위해서는 작전 본부의 소재지를 자주 바꾸거나 통로도 빙빙 돌아야 하는 길을 택하는 등 될 수 있는 한 정체를 파악할 수 없도록 한다. 이것이 장군된 자가 지켜야 할 주의사항이다.

| 해설 | 알리지 말고 의지하게 하라는 것은 당시 위정자들의 방법이었으나 현대에는 통하지 않는다. 그러나 기밀을 필요로 하는 근본은 역시 알리지 않는 것이 핵심임에는 변동이 없다. 오직 알리지 않는 것만으로는 사람들이 따라오지 않는다. 따라서 의지하게 하는 신뢰감을 얻지 못하면 안 된다는 것을 잊지 말아야 할 것이다.

모략을 반복하지 말라는 것, 즉 한 번 쓴 작전은 쉽게 또다시 쓰지 말라는 것도 중요한 방법이다. 바둑이나 장기 등에서 대가들의 대전에도 이 점은 필요조건으로 되어 있다. 한 번 성공한 방법은 좀처럼 그 맛을 잊지 못하여 궁해지면 다시 쓰게 되는 것이므로 오히려 그 함정에 빠질 수가 있다.

싸움을 할 때나 경영을 할 때도 마찬가지다. 환경 조건에 맞추어서 그 당면하는 국면마다 고심(苦心)과 연구를 거듭해야 한다. 고요하면서도 그윽한 명인·달인의 경지와 통하는 무언가가 없어서는 안 되는 것이다.

16

16// 帥與之期를 如登高而去其梯라 帥與之深入諸侯之地하여 而發其機면 焚舟破釜라 若驅群羊이 驅而往驅而來하여 莫知所之라 聚三軍之衆하여 投之於險이라 此將軍之事也라 九地之變 屈伸之利 人情之理를 不可不察也라

(군대를) 인솔하고 함께 기약하는 것을 높은 곳에 올라 그 사닥다리를 버리는 것과 같이 한다. (군대를) 인솔하고 함께 깊이 제후의 땅으로 들어가 그 기(機)를 발하면 배를 불태우고 솥을 깨뜨린다. 그리고 양떼를 모는 것과 같이 몰고서 왔다 갔다 하여 그 가는 바를 알 수 없음과 같이 한다. 삼군의 무리를 모아 이를 험지에 투입한다. 이것이 장군의 일이다. 9지의 변화와 굴신의 이익, 인정의 이치를 살피지 않으면 안 된다.

| 풀이 | 막상 군대를 이끌고 적과 대결한다는 것은 높은 곳으로 올라가 사닥다리를 떼어버리는 일과 같은 것이기 때문에 어떠한 급박한 일이 생긴다 하더라도 물러날 수 없다는 각오를 가지게 해야 한다.

하물며 적지로 깊숙이 들어가 일을 꾀할 때는 돌아오지 않을 굳은 결의를 다지고 양치기가 양떼를 몰듯 가고 오는 것이 오직 그의 채찍에 달려 있는 것처럼 되어야 한다.

전군을 사지(死地)에 투입시킨다. 그곳에 있는 것은 오직 지휘자의 심중뿐이니, 이 순간의 처리야말로 장군된 자의

생명일 것이다. 변통 자재한 9지법의 응용과 진퇴 굴신의 행동 사이에 인간의 미묘한 심리 등을 세세히 살펴 얄미울 정도로 알고 있을 필요가 있다. 장군된 자의 진가가 발휘되는 것은 바로 이러한 때이다.

| 해설 | 사지로 들어갔을 때 일하는 사람의 심리적인 움직임은 지금까지 충분히 관찰되었다고 생각된다. 그러나 이것을 그저 되어가는 대로 맡겨두어서는 안 된다. 이것을 속속들이 알고 자연의 추세라는 것에 일정한 방향을 잡아주는 것이 최고 수뇌부가 해야 할 일이다.

여기에 손자는 교묘한 예를 들고 있는데, 양치기가 양떼를 몰 때의 기술이 군중을 이끄는 요령이라 한다. 일정한 방향으로 양떼를 향하게 하는 것은 결코 위협적인 명령으로는 안 되는 것이다.

그러므로 군중 그 자체를 잘 알고 있지 않으면 안 된다. 여러 사람들이 모여서 하나의 힘이 되어 있을 때 그 자연적인 움직임이란 것을 잘 알고 있지 않으면 안 된다. 소수라면 한 사람씩 인도할 수도 있겠지만, 커다란 집단일 경우는 불가능하다. 따라서 자기가 갈 방향을 모르는 양떼로 만들어버리는 것이 바람직하다.

중요한 것은 양떼를 이끄는 양치기로서의 숙달이 수뇌부에 결여되어 있다면 파국으로 끝날 위험이 강하다. 더욱이 이와 같은 경우의 집단은 온순한 양이 아니라, 어느 정도 흥분된 사나운 소 같은 존재인 때가 많을 것이다. 이 점도 잊어서는 안 될 것이다.

17

무릇 객(客)으로서의 길은 깊으면 곧 전력을 모으고 얕으면 곧 흩어진다. 나라를 떠나 국경을 넘어 장수가 됨은 절지(絕地)다. 사방으로 통하면 구지(衢地)다. 깊이 들어가면 중지다. 얕게 들어가면 경지다. 굳은 것을 등지고, 좁은 것을 앞으로 하면 위지다. 갈 곳이 없으면 사지다.

| 풀이 | 이 조항은 앞에서 설명한 9지법(九地法)의 복습으로, 그것을 간추려서 다시 한 번 설명하였을 뿐 독립된 뜻은 없는 것 같다. 9지(九地)에서의 수뇌자가 조심해야 할 점을, 표현을 바꾸고 착안점을 바꾸어서 재인식이 필요하다고 강조한 것이 아닌가 한다. 따라서 해설은 생략해도 좋을 듯싶다.

17// 凡爲客之道란 深則專淺則散이라 去國越境而師者란 絕地也라 四達者면 衢地也라 入深者면 重地也라 入淺者면 輕地也라 背固前隘者면 圍地也라 無所往者면 死地也라

18

그러므로 산지에서 장차 나는 뜻을 하나로 하려고 한다. 경지에서 장차 나는 그를 귀속시키려고 한다. 쟁지에서 장차 나는 그 뒤로 가려고 한다. 교지에서 장차 나는 그 지킴을 삼가려고 한다. 구지에서 장차 나는 그 결함을 굳히려고 한다.

18// 是故로 散地에서 吾將一其志라 輕地에서 吾將使之屬이라 爭地에서 吾將趨其後라 交地에서 吾將謹其守라 衢地에서 吾將固其結이라

| 풀이 | 9지에 있어서 장이 된 자의 자세는 여러 차례 설명하였으나, 다시 한 번 중점적으로 생각해야 할 것은 다음과 같다.

산지에서는 무엇보다도 여러 사람의 기분을 하나로 뭉치게 하는 데 힘쓴다. 경지에서는 가급적 밀집 대형을 취하도록 한다. 쟁지에서는 상대를 그곳에서 끌어내고 그 자리를 차지하도록 노력한다. 교지에서는 충분한 수비에 중점을 둔다. 구지에서는 외교를 굳게 한다. 해설은 특별히 새로운 것이 없으므로 생략한다.

19

중지에서 장차 나는 그 먹을 것을 이으려고 한다. 비지에서 장차 나는 그 길을 전진하려고 한다. 위지에서 장차 나는 그 빈 데를 막으려고 한다. 사지에서 장차 나는 보이는 데 살지 않으려고 한다. 그러므로 병의 정(情)은 둘러싸이면 곧 막고, 부득이 하면 곧 싸우고, 지나치면 곧 쫓는다.

19// 重地에서 吾將繼其食이라 圮地에서 吾將進其道라 圍地에서 吾將塞其闕이라 死地에서 吾將示之以不活이라 故로 兵之情은 圍則禦하고 不得已則鬪이며 過則從이라

| 풀이 | 적지 깊숙한 중지에서는 군량이 떨어지지 않도록 하는 것이 중요하다. 발판이 약한 비지에서는 빨리 통과하는 계책을 쓴다. 팔방이 막힌 위지에서는 적이 설치한 함정인 한쪽의 혈로를 나와 내 손으로 막고, 사지와 같은 전법을 취한다. 사지가 되면 살아나갈 가망성이 없다는 각오를 시키는 것이 제일이다.

이상과 같이 군대란 것은 완전히 포위되어 이젠 도망칠 수 없다고 생각하면 싫든 좋든 힘껏 싸우는 법이다. 다른 방법이 없으면 필사적으로 싸울 뿐이니, 위기도 도가 지나쳐서 절대절명이 되었다고 생각하면 자기라는 것을 잊고 될대로 되라는 식의 배짱이 생긴다. 이것이 인정이고 인간의 본성이다.

| 해설 | 인간이 가지고 있는 본래의 약점은 어떻게도 제어할 수 없는 본능적인 것이다. 최악의 싸움이 벌어질 경우에는 이것까지도 활용해야만 한다는 것이다. 그 활용은 순응하는 수도 있고, 역용하는 수도 있다. 이것은 당면하는 그때 그때의 정세에 따라 적당히 판단을 하여 바로 실시하지 않으면 안 된다.

20

그러므로 제후의 계략을 알지 못하는 자는 미리 사귈 수 없다. 산림·험조·저택의 지형을 알지 못하는 자는 군을 진격시킬 수 없고, 향도를 쓰지 않는 자는 땅의 이(利)를 얻을 수 없다. 사오의 하나라도 알지 못하면 패왕의 군사가 아니다.

| 풀이 | 이웃한 제후로서 모략의 지식이 없는 사람과 손을 잡으면 손해라든가, 산림·험조·난소·습지 등 지리적인

20// 是故로 不知諸侯之謀者는 不能預交라 不知山林險阻沮澤之形者는 不能行軍이라 不用鄕導者는 不能得地利라 四五者不知一이면 非霸王之兵也라

사오(四五):4+5=9, 즉 9지(九地)를 말하는 것.

지식이 없으면 군을 움직이기가 어렵다든가, 현지인 길잡이를 얻지 못하면 완전하게 지리(地利)를 잡을 수 없다든가 하는 것은 이미 제7장 군쟁편에서 설명한 것이다. 이와 같은 지식에 덧붙여서 9지의 지식이 없어서는 안 된다는 것을 말한다.

9지법 중에 하나라도 빠지면 천하를 취할 만한 군사라고 할 수가 없는 것이다.

| 해설 | 객관 정세와 인간의 심리 관계를 빈틈없이 결부시켜 생각지 못하는 사람은 도저히 천하를 취할 수 없다고 한다. 그러한 특기를 지닌 사람이 있으나 그것만으로는 단순히 특기에 지나지 않는 것이다. 사람들은 이와 같은 사람을 정보통이라고 부른다. 또 실로 여러 가지 지식을 가지고 있으나, 돈벌이는 전혀 못하는 사람도 있다. 이는 사람을 움직여야 할 경우와 그러한 상태에 놓여 있을 때 사람을 움직이는 요령을 능숙하고 완전하게 결부시키는 재능을 가지고 있지 않기 때문이다.

알고 있다는 것은 언제나 중요하다. 움직이는 방법을 알고 있는 것도 중요하다. 그러나 이 두 가지를 연관시킬 수 있는 재능이 없어서는 사업의 성취가 어렵다고 하겠다.

21

무릇 패왕의 군사는 대국을 치면 그 무리가 모이지 않는

21// 夫霸王之兵은 伐

大國이면 則其衆不得聚라 威加於敵이면 則其交不得合이라 是故로 不爭天下之交이고 不養天下之權이며 信己之私이고 威加於敵이라 故其城可拔이고 其國可隳이라

불양천하지권(不養天下之權): 권력의 증강에 조력하지 않는다는 뜻.
신기지사(信己之私): 단독의 힘을 신장시키는 것.
휴(隳): 파(破)의 뜻. 즉 깨뜨리다.

다. 위세가 적에 가해지면 곧 그 사귐은 합할 수 없다. 그러므로 천하의 사귐을 다투지 않고 천하의 권세를 기르지 않으며, 자기 자신을 믿고 위엄을 적에게 가한다. 그러므로 그 성을 함락시킬 수 있고, 그 나라를 격파시킬 수 있는 것이다.

| 풀이 | 한 번 천하를 잡은 패왕의 군세가 다른 대국을 치게 되면 그 강력감과 관록에 눌려서 상대국의 민심이 하나로 결집되지 못하고, 그 위력이 적국에 가해짐에 따라 그 나라와 평상시에 친교를 맺고 공수동맹을 맺은 나라들도 접촉을 하지 않게 되는 것이다.

그러므로 천하를 잡는 강국의 세력 아래 참가하거나 그 도움을 기대하는 정책을 취하는 등 강국의 세력 증강에 도움이 되는 일을 해서는 안 된다.

다른 나라에 의지하지 말고, 차라리 스스로의 힘을 기르고 독립 자존하여 그 국위가 상대국으로 점차 미치도록 하는 것이 훨씬 좋다. 이렇게 되어야 비로소 싸움의 불길이 타오를 때 그 상대의 성(城)을 함락시키고 그 나라를 격파할 수 있는 것이다.

| 해설 | 권력자의 힘을 빌린다는 것은 바꾸어 말하면 그 권력자의 힘을 더욱더 크게 만드는 것이 된다. 여기서 바로 독점 자본의 폐단이 생긴다. 가능하면 스스로의 힘으로 뻗어나가야 하지만, 근대 자본 경제 기구로서는 반드시 그렇게 되지 않기 때문에 어려운 일이다.

그러나 커다란 경제 기구와 관련을 갖는다는 것은 모든 점에서 중요하기는 하다. 반대로 그 압력을 받는 입장에 선다는 것은 충분히 계산에 넣고 행동하지 않으면 반드시 후회를 남기게 된다. 이용하기는커녕 이용당하는 데 지나지 않는다는 것만은 잘 알고 나서 행동해야 할 것이다.

독점 자존도 이상(理想)이다. 이상과 현실은 반드시 일치하지는 않는다. 현단계의 경제 기구로 볼 때 공연히 이상적인 형태를 추구한다는 것은 전근대적인 소박하고도 단순한 생각이라고 하겠으나, 이론적으로는 손자의 착안이 옳다고 본다.

[예화-줄거리] 제(齊)나라 환공이 노(魯)나라를 공격하였다. 노나라 장군 조말(曹沫)은 세 번 싸워서 세 번 패하였다. 노 장공은 겁을 먹고, 드디어 화평을 청하였다. 이에 환공은 그를 용서하고 가(柯)에서 만나 화평을 맹세하였다. 그때 조말은 단검을 쥐고 단상으로 뛰어 올라가 환공을 협박하여 말하였다.

"제나라는 강하고 노나라는 약하다 하더라도 귀국이 노나라를 침략하는 데는 극히 심한 점이 많다. 지금 노나라 성은 함락되고, 제나라 국경이 압박을 가하고 있는 상태. 적당히 배려하라."

환공은 이를 허락하고 노나라에서 탈취한 땅을 전부 반환하겠다고 하니, 조말이 단검을 버리고 물러나 군신의 자리로 돌아갔으나, 안색도 변하지 않고 말투 또한 여전하였다. 환공이 노하여 그 약속을 어기고 조말을 죽이려 들자 관중(管仲)이 말하였다.

"그건 안 됩니다. 작은 이익을 탐내어 스스로의 쾌락을 구한다

[예화] 상대의 입장이 되어 생각하라.
천하의 사귐을 다투지 않는다(不爭天下之交).

면 제후들이 신의를 버리기 때문에 결국 천하의 도움을 잃게 됩니다. 돌려주는 것이 상책입니다."

마침내 환공은 조말이 세 번 싸워서 잃은 땅을 다시 노나라에 돌려주었다. 제후들은 이 말을 듣고, 제나라를 믿고 그 휘하로 들어오기를 희망하였다. 이것이 원인이 되어 환공은 중원에서 패를 이루게 되었다.

시대가 바뀌어 민왕(湣王) 때, 제나라는 위력을 뽐내어 초(楚)나라의 재상 당매(唐昧)를 중구(重丘)에서 격파하고, 한(韓)·위(魏)·조(趙)나라의 삼국을 관진(觀津)에서 꺾었으며, 드디어 그들과 함께 진(秦)나라를 공격하고 조나라를 도와 중산(中山)을 멸망시키고, 송(宋)나라를 격파하여 1000여 리의 땅을 넓혔다. 그 후 민왕은 진의 소왕과 힘을 겨루어 제(帝)라고 칭하였다.

민왕은 스스로 뽐내며 노나라에 가서 다음과 같이 호언장담을 하였다.

"천자가 순수(巡狩)할 때 제후는 그 궁전을 천자에게 양보하고, 열쇠를 내놓으며 위의를 갖추고 당하(堂下)에서 배선(配膳)을 감독하고, 천자의 식사가 끝난 후 비로소 물러나 정사를 보는 법이다."

이로 말미암아 점차 제후의 신의를 잃었으며, 후에 민왕의 교만함을 못마땅하게 여긴 조·한·위·연나라의 제후가 연합하여 제나라를 토벌하였다. 연합군이 제나라 수도 임치(臨菑)를 함락시키자 민왕은 패주해 버렸다. 제멋대로 행동하다가 나라를 망쳐버린 좋은 본보기다.

22

법에도 없는 상을 내리고 정사에 없는 영을 내세움은, 삼군의 무리를 쓰는 것이 한 사람을 쓰는 것과 같다. 이를 쓰는 데 일로써 하고, 고하는 데 말로써 하지 말며, 이를 쓰는 데 이(利)로써 하고, 고하는 데 해로써 하지 말라.

22// 施無法之賞하고 懸無政之令이란 犯三軍之衆이 若使一人이라 犯之以事하고 勿告以言하며 犯之以利하고 勿告以害라

| 풀이 | 여기서 이야기는 방향을 달리하여 전쟁터에서 장군이 군사 등을 쓰는 방법론으로 옮겨진다.

싸움터에서는 평상시와 같은 일정한 법령은 통하지 않는다. 정세에 따라 그때그때 적당한 상을 주거나, 또는 평상시 같으면 위법인 것도 눈감아 주거나, 보통 법에 없는 법령을 내려도 상관이 없다. 이렇게 하지 않으면 많은 군대를 자기 수족 같이 자유롭게 움직일 수가 없기 때문이다.

싸움터에서는 만사가 무언실행(無言實行)이니, 이론 없이 오직 행위만이 있을 뿐이다. 설명도 변명도 교훈도 없다. 행위가 곧 말인 것이다.

또 군사에게는 전투의 유리한 면만 들리게 해야 한다. 손실·손해 등 불리한 점은 일체 덮어두는 것이 좋다. 이것이 싸움터에서 취하는 방법이다.

| 해설 | 전쟁이란 특수한 투쟁장에서 행해지는 특수한 것인데 이것을 그대로 일상생활에 도움이 되게 할 수는 없다. 전진훈이나 진중 요령 같은 것을 노동 관리에 적용시키는 방식이 일부에서 유행되고 있는 듯하나, 싸움터에서는 이례

적인 강제 방법이 허용된다. 그러나 산업·기업은 합법적이라야 한다. 만약 이상한 것이 섞이면 그 용인 방법은 어딘가에서 파국으로 치닫고 말 것이니, 둘 사이에 가로놓여 있는 선에 대하여 뚜렷한 인식을 가져야 할 것이다.

이를 쓰는 데 일로써 하고, 고하는 데 말로써 하지 말라를 무언실행이라고 썼으나, 무언실행이란 자기 행동에 대해서 하는 말이다. 이것을 남에게 영향이 미치게 하면 독재가 되니, 극히 비민주적인 방법이요, 전근대적인 방법이다.

그러나 평상시에는 절대로 피해야 할 수단·방법이라도 일단 비상사태를 만났을 때 원칙대로 여러 사람의 의견을 묻다가는 제대로 처리할 기회를 잃기 쉽다. 그러므로 부득이 독단행정의 비상수단이 필요하게 된다. 그러나 그 방법이 자주 반복되어서는 안 되므로, 평상시와 비상시의 구별을 뚜렷하게 해야 한다. 일단 큰일에 부딪치면 독재적 전제를 강행해도 잘못이 없다는 판단력을 길러두어야 한다.

또 중요한 것은 부득이한 독재적 전제에 의하여 만의 하나라도 잘못되었을 때, 그 책임 추궁이 자기에게 돌아올까 두려워서 결단에 망설임이 있어서는 안 된다는 것이다. 이럴 때 결연히 책임을 지고, 단호한 태도로 나갈 만한 각오와 용기가 없어서는 안 된다. 평상시에 헤프게 휘둘러대지 않는 특별한 용기를 지니고 있어야 한다는 것이다.

23

멸망의 땅에 던져진 후에 살아남고, 죽음의 땅에 빠뜨린 후에 산다. 무릇 무리는 해로움에 빠진 후 능히 승패를 이룬다. 대저 병사는 뜻을 순상하는 데 있다. 적을 한 방향으로 몰아 천 리에 장수를 죽인다. 이를 일러 교묘하게 하여 능히 일을 이룬다고 한다.

23// 投之亡地然後存이고 陷之死地然後生이라 夫衆陷於害에 然後能爲勝敗라 夫爲兵之事는 在順詳敵之意라 並敵一向하여 千里殺將이라 是謂巧能成事라

| 풀이 | 꼼짝 못할 경지로 빠져들면 비로소 그곳에 활로가 생긴다. 누구나 그렇듯, 사느냐 죽느냐라는 절대절명에 빠지면 그때 진정으로 잠재력이 나오는 것이다. 이 심리는 전쟁에도 이용해야 한다. 그러려면 상대의 움직임에 거역하지 않는 것이 상책이다. 상대가 나아가면 이쪽은 물러서고, 상대가 물러서면 이쪽은 나아간다. 하나하나 상대의 뜻을 따라, 그 의도에 대응하여 진퇴하는 방법을 취하면서 서서히 상대를 꼼짝할 수 없는 방향으로 몰아넣는 것이다. 이렇게 하면 자연히 천 리 밖에 있는 적장이라도 물리칠 만한 재주를 부릴 수가 있다. 이것이 무리 없이 그리고 교묘하게 행해질 때 커다란 승리를 기대할 수가 있다.

순상(順詳):상대에 거역하지 않고, 일체를 상대의 움직임에 따라 행하는 것.
병적일향(並敵一向):외가닥 길로 몰아넣는 것. 달리 변호 방법을 강구할 여지가 없는 한정된 방향으로 움직임을 통일시킨다는 뜻.

| 해설 | 막다른 골목으로 몰렸을 때 영웅적인 승리는 전기담(戰記談) 등에서는 인기가 있지만, 그것은 진정한 싸움이 아니라는 것이 손자의 본래 주장임을 상기해 주기 바란다.

정정당당한 싸움이야말로 진정한 싸움이지만 싸움에는 서로 다른 면이 있는 법이다. 전혀 다른 두 면이 그때그때

장소에 따라 만족한 처리를 받는 것이 필승의 비결이라고도 할 수 있다. 기업의 수뇌자에도 평시형·전시형이 있는데, 양쪽을 모두 겸비한 형의 사람은 좀처럼 찾아보기 힘들다. 결국 어떠한 사태에 부닥쳐도 놀라지 않는 마음가짐이 필요한 것이다.

24

24// 是故로 政擧之日에 夷關折符하고 無通其使하여 厲於廊廟之上하여 以誅其事라 敵人開闔이면 必亟入之하여 先其所愛하고 微與之期라 踐墨隨敵하여 以決戰事라

그러므로 정거하는 날에 국경을 폐쇄하고 통행을 막아서 적국의 사신을 통과시키지 말고, 낭묘 위에 격려하여 그 일에 책임을 지운다. 적이 열고 닫으면 반드시 재빨리 들어가 그 사랑하는 바를 선사하고 가만히 밀약을 맺는다. 침묵을 지키면서 적의 정세를 따라 전투를 결행한다.

정거지일(政擧之日):동원령을 내리는 날이라는 뜻. 일설에는 개전(開戰)에 대한 결정이라고도 한다.
이관(夷關):국경을 폐쇄하는 것.
절부(折符):통행증을 폐기하는 것. 즉 일체의 교통을 봉쇄하는 것.
낭묘(廊廟):조정이란 뜻.

|풀이| 마침내 전쟁이 시작되면 먼저 국경을 폐쇄하여 일체의 교통을 정지시킨다. 이는 상대방의 군사(軍師)나 외교 사절의 입국을 허락지 않는 것이다. 안에서는 최고회의가 개최되어 최고 책임자가 정해진다.

상대국의 동정에 변화가 생기면 그 기회를 놓치지 말고 적의 급소를 발견하여 습격할 준비를 은밀히 세운다. 이것은 앞에서도 말한 바와 같다. 그 후는 만사를 정법(正法)대로 상대의 움직임에 따라 전투를 펴 나간다.

|해설| 싸움이란 언제나 질풍작전(疾風作戰)이어야 하지

만, 그 상태로 들어가기 전에 일정한 순서가 있다. 국교 단절, 국경 봉쇄, 조정 회의의 결정, 최고 지휘관의 임명 등이 그것이다. 이러한 것들도 크게 보면 일종의 사지(死地) 작전과 통하는 것이라는 점을 말하고 싶었던 것이 아닌가 생각된다.

9지(九地)의 작전에는 그 객관적 정세에 따라 싸워야 할 수단이나 방법에 각각 차이가 있으나, 모든 것을 통하여 '불가피한 경지'에 있어서의 마음가짐과 일맥상통하는 점이 있다는 것이 바로 그 구지편의 주장인 것 같다.

절대절명의 긴급한 제약이야말로 오히려 개방으로 연결되는 계기라는 것인데, 그것을 확실한 해방으로 이끌어주는 것이 올바른 정법이요, 틀림없는 순서라는 것이다.

사업에도 그와 같은 것이 숨어 있어서 그로 말미암아 사업에 발전이 있다고도 할 수 있는 것이 아닐까. 이러한 병법의 이론이 경영이나 경제 판단에 도움이 된다는 것도 같은 이유에서라고 말할 수 있다.

25

그러므로 처음에는 처녀와 같고, 적이 문을 연 후에는 탈토와도 같아서 적이 미처 막을 여유가 없게 한다.

| 풀이 | 개전이 되었을 때 최초에는 조용히 몸을 지키고 있는 듯 밖에서 보이지 않으므로 일견 수줍은 처녀같이 보

25// 是故로 始如處女라 敵人開戶이나 後如脫兎이니 敵不及拒라

탈토(脫兎): 덫에서 빠져나와 달아나는 토끼.

인다. 그래서 상대도 방심을 한다.

그 틈을 타서 일단 공격을 가하게 되면, 마치 덫에서 뛰쳐나온 토끼같이 신속하게 행동을 취한다. 막으려 해도 막을 수 없는 속도이다. 이러한 행동은 빈틈없이 준비된 다음에야 비로소 가능한 것이다.

'처음에는 처녀와 같고' 라는 말은 현대인에게는 다소 다른 의미로 쓰이고 있으나, 〈손자〉에서는 전쟁의 핵심을 집약한 유명한 문구이다. 이것으로 구지편은 끝을 맺는다.

| 해설 | '처음에는 처녀와 같고' 라는 말은 겉모양을 꾸민다는 식으로 해석되는 수가 많으나, 실은 그렇게 보이도록 하는 것이 아니라 그렇게 보이는 것이다. '보이게 한다' 와 '보인다' 의 차이는 본질적으로 아주 크다.

대내적으로나 대외적으로 결함 없는 준비 태세를 갖추고 상대의 진퇴에 순응하면서 조용히 때를 기다리는 모습이 처녀 같을 뿐, 드디어 공격해 나아갈 때는 그때까지 축적되고 내포되었던 것이 일시에 폭발하므로 '탈토와도 같이' 라는 막을 수 없는 기세가 되는 것이다.

안에 깊은 투지를 감추고 신중하게 만전지책을 강구하면서 생각을 속에 품고 있는 것이 태도나 외부에 나타나지 않아야 상대도 방심을 할 것이다.

사실 그 불빛 같은 눈빛은 먹이를 노리는 맹수와 같이, 상대의 작은 움직임에도 눈을 떼지 않은 채 방심하지 않고, 온 신경을 긴장시켜서 피부로 상대를 느끼고 있는 것이다. 그

부동자세가 조용하면 조용할수록 긴장도는 강해진다.

싸움에서 승리하려면 처음부터 주도권을 잡으려고 하지 않는다는 것도 대단히 중요한 일이다.

상대의 움직임에 따라 움직이며 서서히 주도 태세로 끌고 들어간 바둑에서, 말하자면 '후수의 선수'가 사업경영에서도 늘 필요하다.

화공편(火攻篇)

- 공격의 방법을 연구하라

화공이란 불로써 적을 공격하는 전술이다. 그러나 이 편의 후반은 화공과는 관계없는 명군(明君)과 양장(良將)들의 감정적인 행동을 경계하고 있다. 즉 전쟁이나 전투는 한때의 감정이나 흥분으로 시작되는 것이 아니라, 국가의 존망이 달려 있는 중대사라는 것을 항상 생각하라는 것이다.

1// 孫子曰 凡火攻有五
라 一曰火人 二曰火積
三曰火輜 四曰火庫 五
曰火隊라 行火必有因이
고 煙火必素具라 發火
有時이고 起火有日이라
時者天之燥也이고 日者
月在箕壁翼軫也라 凡此
四宿者는 風起之日也라

연화(煙火):화공 도구로서 기름을 내뿜는 펌프를 말한다. 즉 이에 점화하는 화전(火箭)이란 화살 끝에 기름을 먹인 헝겊을 감은 것 등을 가리키는 말.
기(箕) · **벽**(壁) · **익**(翼) · **진**(軫):고대 중국의 별자리 이름. 3원(三垣) 28수(二十八宿)로 분류된 천체 가운데의 4수(四宿).

1

무릇 화공에는 다섯이 있다. 하나는 사람을 태우는 것이요, 둘은 군수품을 태우는 것이요, 셋은 수송차를 태우는 것이요, 넷은 창고를 태우는 것이요, 다섯은 부대를 태우는 것이다. 불을 쓰는 데는 반드시 까닭이 있어야 하고, 연화는 반드시 처음부터 갖추어야 한다.

불을 발하는 데는 때가 있고, 불이 일어나는 데는 날이 있다. 때는 하늘의 건조이고, 날은 달의 기 · 벽 · 익 · 진에 있다. 무릇 이 4수는 바람이 이는 날이다.

│ 풀이 │ 전화(戰火)라는 이름이 있듯 전투에 불을 쓰는 것은, 당시 효과적인 공격 수단이었으므로 이 화공편이 더해진 듯하다.

화공법에는 다섯 종류가 있다. 첫째는 사람을 불태우는 것, 이것은 적진 · 민가 등을 태워버리는 것이다. 둘째는 적이 축적해 놓은 양식 · 군수품을 태우는 것, 셋째는 수송 부대를 태워버리는 것, 넷째는 군수 창고를 태워버리는 것, 다섯째는 적의 대열을 직접 불로 공격하여 대열을 혼란시키는 것이다.

화공을 실행함에는 반드시 적당한 조건이 갖추어져야 한다. 맑은 날이 계속되어 이상 건조 상태에 있거나, 마침 좋은 바람이 불거나, 적진 내에 내통자가 있어서 쳐들어가는 실마리를 주기 위해서라는 등의 이유가 있어야 한다.

물론 화공에 필요한 도구가 미리 준비되어 있어야 함은

두말할 나위도 없다. 그러나 준비가 되어 있다고 하여 아무 데나 덮어놓고 불을 지르는 것은 아니다. 적당한 때와 날짜가 있는 것이다.

때란 맑은 날이 계속되어 모든 것이 건조되어 있을 때다. 날짜란 달의 기수·벽수·익수·진수 중 어느 성수와 겹쳐졌을 때다. 이 네 개의 성수는 예로부터 바람이 부는 날로 정해져 있다.

| 해설 | 화공(火攻)·수공(水攻) 하면 현대의 우리로서는 아주 인연이 먼 이야기로서 형식에 대한 해설조차 할 필요가 없을 것 같다. 구체적으로는 아무것도 얻는 바가 없을 것이다. 이것을 쓰는 요령이라면 반드시 현대의 싸움에도 한 가닥 서로 통하는 것이 어딘가에 있을 것이므로, 한 번 훑어보아 지식을 얻는 데 도움이 되게 할 필요는 있다.

2

무릇 화공은 반드시 다섯 가지 불의 변화에 따라 응한다. 불이 안에서 나면 빨리 밖에서 응하라. 불이 나도 군사가 조용하면 기다리고 공격하지 말라. 그 불의 힘을 다하여 쫓아야 할 것은 쫓고, 쫓아서는 안 될 것은 그친다.

2// 凡火攻은 必因五火之變而應之라 火發於內면 則早應之於外라 火發兵靜者면 待而勿攻이라 極其火力하여 可從而從之하고 不可從而止라

| 풀이 | 화공이란 것을 다섯으로 나누어 그 불길이 올랐을 때 적의 진형에 생기는 변화를 잘 보고 즉석에서 대응책을

취하지 않으면 안 된다.

만약 상대의 진중에서 불길이 올랐다면 이것은 적 중에 내통하는 자가 있어서 이쪽을 끌어들이려는 것이므로, 우물쭈물하지 말고 바로 외부에서 공격을 개시해야 한다.

그러나 이미 불길이 올랐는데도 적병들이 떠들거나 당황하는 행동을 보이지 않는다면 섣불리 손을 대지 말고 잠시 형편을 살펴보아야 한다.

그대로 불길이 오르느냐 또는 가라앉느냐에 따라 공격을 하거나 보류해야 할 것이다.

| 해설 | 화재의 발생을 회사 안의 내분이나 쟁의에 적용시켜서 생각할 수도 있다.

상대편이 평정을 잃고 있을 때는 두드리면 곧바로 응할 정도의 신속함으로 공격하지 않으면 의미가 없다. 그러나 평정을 잃은 성질이 무엇인가를 알아보지도 않고 덤벙거리며 떠들다가는 아무 소득도 없다. 그 규모가 큰 것인지 작은 것인지, 뿌리가 깊은 것인지 얕은 것인지, 또는 간단히 회복되는 것인지를 재빠르고 정확하게 판단하는 것이 무엇보다도 중요하다.

평정을 잃은 곳에 상대 간부의 처리 능력이나 객관적인 정세의 움직임 등을 충분히 관찰하지 않으면 안 된다. 만약 이를 공격하게 될 경우에는 가장 유효적절한 기회를 포착해야 할 것이다.

3

불을 밖에서 낼 수 있으면, 안에서 기다리지 말고 때를 맞추어 발하게 하라. 불이 상풍에 발하면 하풍을 공격하지 말라. 낮에 바람이 오래 불면 밤에 바람이 그친다.

3// 火可發於外면 無待於內하고 以時發之라 火發上風이면 無攻下風이라 晝風久면 夜風止라

| 풀이 | 차라리 밖에서 불을 지르는 편이 좋다고 판단되었을 때는 일부러 적진에서 불이 나기를 기다릴 것 없이 시각과 풍향 등을 판단하여 적당한 방법을 취하는 편이 좋다.

또 불길이란 바람이 부는 쪽으로 번져 나가게 마련이다. 그러므로 아래쪽에서 공격을 개시하였다가는 함께 불길에 휩싸여서 고전을 면치 못할 경우도 생길 것이다.

그리고 낮 동안 바람이 계속해서 불며 그치지 않을 때는, 반드시 그날 밤에는 바람이 그친다는 것을 상식적으로 알아 둘 필요가 있다.

| 해설 | 외부에서 조금만 건드리면 곧 혼란이 생길 일촉즉발의 상태인 경우, 필요하다면 밖에서 불을 질러서 혼란을 일으키는 것도 있을 수 있으나, 이럴 때 발화점이 될 곳을 잘못 보았다가 오히려 사태를 악화시키고 마는 수도 있을 것이다.

그리고 속담에 '잠자는 사자의 코를 찌른다.' 라는 말이 있듯 자칫 잘못하면 상대편의 혼란에 휘말릴 우려도 있다. 이야말로 바람부는 쪽을 향하여 싸우는 격이 된다.

수많은 업계의 실정을 살펴보면 흔히 이와 같은 식으로

싸우는 경우를 볼 수 있다. 부당한 가격 인하 경쟁 등도 바로 여기에 속하는 것이 아닌가 한다.

또 바람과 밤낮의 관계는 나라의 지세라든가 그때의 기압 배치 등과 밀접한 관계가 있으므로, 일률적으로 어디에나 해당된다고는 단정할 수 없다. 이러한 것을 경험 법칙이라고 한다. 과거의 경험이 가르쳐 주는 일정한 법칙은 절대 무시해서는 안 될 것이다.

그러나 맹목적으로 경험만을 믿으면 때로는 위험하다. 그때그때의 객관적 정세와 자세하고 정확한 판단을 하는 것이 절대로 필요하다. 호황·불황의 교체 등에도 갖가지 이론이 있는 듯한데, 이것도 될 수 있는 대로 귀담아 두어야 한다.

4

4// 凡軍必知五火之變하고 以數守之라 故로 以火佐攻者明이고 以水佐攻者强이라 水可以絶이라도 不可以奪이라

수(數):실수(實數)로서, 4수(四宿)나 전후의 천후 등 실질적인 고려라는 뜻.

무릇 군사는 반드시 다섯 가지 불의 변화를 알고, 수로써 이를 지킨다. 그러므로 불로써 공격을 돕는 것은 밝고, 물로써 공격을 돕는 것은 강하다. 물은 끊을 수 있어도 빼앗을 수는 없다.

| 풀이 | 다섯 개의 목표를 가진 화공이란 것이 상대를 공격하는 수단이라 함은, 아군이 받아야 할 공격 수단이기도 한 것이다. 그러므로 이 점에 대해서는 충분한 지식을 가지고 있어야 함과 동시에 그때그때의 실제에 적용시켜서 만전

의 경계를 갖추어야 한다.

보조 수단으로 화공을 쓰면 한층 확실한 승리가 얻어질 것이다. 수공(水攻)도 비슷한 보조 수단으로서 강력한 것이다. 단지 화공과 수공을 비교하면, 수공은 양도·탈출·연락·구원·출격 등을 봉쇄할 수는 있으나 상대가 가지고 있는 것을 못 쓰게 하는 데는 부적당한 것이다. 이것이 불과 물의 다른 점이다.

| 해설 | 공격하는 측의 무기는 공격을 받는 때 상대편의 무기가 되기도 한다. 이것은 전편을 통한 모든 병법에 통용되는 것이다. 그러나 공격할 의사가 없고, 그럴 필요도 없다고 생각해도, 언제 어디서 상대에게 공격을 받을지 모르므로 항상 대응할 수 있는 지식을 갖추고 어느 정도의 대처 방법은 준비하고 있어야 한다.

그리고 덧붙여 썼다는 인상이 깊으나, 수공법은 상대를 고립상태로 몰아넣는 전법이다. 이것은 이쪽이 상당히 강력하지 않는 한 효과가 없다. 더욱이 완전한 포위 대형을 취하지 않으면 안 된다. 단 한 곳이라도 빠져나갈 구멍을 남겨놓아서는 아무런 의미도 없다.

기업전으로서는 노력이 큰 만큼 효력이 작은 전술에 속한다. 특히 상대에게 지구력이 있을 때는 오히려 피해야 할 전법이다.

5// 夫戰勝攻取하되 而不修其功者면 凶이라 命曰費留라 故曰 明主慮之이고 良將修之라 非利不動이고 非得不用이며 非危不戰이라

비류(費留):경비를 쓰며 군대를 주둔시킨다는 뜻.

5

무릇 싸워서 이기고 공격해서 취하려고 하되, 그 공을 거두지 못하면 흉하다. 이름하여 비류(費留)라고 한다. 그러므로 말하기를, 어진 임금은 이를 근심하고 뛰어난 장수는 이를 닦는다고 한다. 이롭지 않으면 움직이지 않고, 얻는 것이 아니면 쓰지 않으며, 위태롭지 않으면 싸우지 않는다.

| 풀이 | 싸우면 이겨야 하고, 공격하면 취해야 하는 것은 당연한 이야기이다. 싸워서 이기지 못하고 공격하고도 취하지 못하면 그야말로 최악이니, 이처럼 싱겁고 허황스런 일은 없다. 이것을 이름하여 비류(費留)라고 한다. 나라 경비의 장기적인 소모에 지나지 않기 때문이다. 그러므로 헛되이 일을 일으키지 말고, 충분히 감안한 후 비로소 움직이는 것이 현명한 임금이요, 확실한 전과를 기대하는 것이 뛰어난 장수이다.

나라의 이익이라고 여겨지지 않는 한 섣불리 움직이지 말고 무엇이든 얻는 것이 없는 한 군사를 움직여 나아가지 말 것, 또는 나라의 안위에 관계되는 것이 아닌 한 싸움은 절대로 피하지 않으면 안 된다. 이것이 바로 전술이다.

| 해설 | 이익이 없으면 움직이지 말고, 얻는 것이 없으면 쓰지 않으며, 위험함이 없으면 싸우지 말라는 것은 기업전의 지침으로 삼아도 좋을 것이다. 그중 하나만 빠져도 절대로 전투적인 행동을 취하지 말아야 한다.

물론 혹자는 말하기를, "이익을 보고 움직이지 않으면 용기가 없다."라고 하는데, 돈을 번다는 것만이 유일한 목적이 되어서는 안 된다. 얻는다는 것을 이상적으로 해석하면, 개인이 얻는다는 것뿐 아니라 사회가 얻는 것이니, 사회적인 요구를 충족하는 것이 된다. 부디 그렇게 되어야만 할 것이다.

6

임금은 노여움으로써 군사를 일으켜서는 안 되고, 장수는 분노로써 싸움을 해서는 안 된다. 이익에 합치되면 움직이고, 그렇지 않으면 그친다. 노여움으로써 다시 기뻐해야 하며, 분노로써 다시 기뻐해야 하지만, 망국이 다시 존재할 수는 없고, 죽은 자를 다시 살릴 수는 없다. 그러므로 밝은 임금은 이를 삼가고, 뛰어난 장수는 이를 경계한다. 이것이 나라를 편안히 하고 군사를 온전케 하는 것이다.

6// 主不可以怒而興師이고 將不可以慍而致戰이라 合於利而動이고 不合於利而止라 怒可以復喜하며 慍可以復悅이지만 亡國不可以復存이고 死者不可以復生이라 故로 明主慎之이고 良將警之라 此安國全軍之道也라

|풀이| 한 나라의 임금이란 그저 화가 났다거나 괘씸하다는 이유로 군사를 움직여서는 안 된다. 장군도 마찬가지로 사소한 원한이나 노여움에 흥분하여 싸움으로 돌입하는 등의 경거망동을 해서는 안 된다.

국가 이익에 합치된 후에야 비로소 움직이고 합치되지 않으면 깨끗이 단념해야 한다. 그러면 노여움도 풀리고 기분이 좋은 날도 있을 것이나, 일단 멸망한 나라는 두 번 다

시 존재할 수 없다. 일단 죽은 자는 다시 살아날 수가 없지 않은가.

어진 임금이란 바로 이 점에서 신중을 기할 것이고, 뛰어난 장수는 이 점에 최대의 경계를 할 일이다. 이렇게 해야만 나라를 태평하게 다스리고 군사를 안전하게 할 수 있다.

| 해설 | 사업이나 경영에 있어서 감정은 절대 금물이니, 강철과 같은 냉정함이 만사를 지배한다. 경영자나 수뇌부도 인간이다. 그러나 인간이어서 좋은 면과 절대로 인간이어서는 안 되는 면이 있다. 더욱이 일시적인 감정으로 경솔하게 일을 처리하는 것은 천만 부당한 일이다. 아무리 그것이 공분(公憤)이라도 결과는 사분(私憤)과 같게 되니, 대의 명분이 있고 없는 것은 둘째 문제다.

동기야 어찌 되었든 행동이 감정에 지배되어서는 모든 것이 헛수고다. 어디까지나 타산에 이은 타산, 냉철에 가해진 냉철이야말로 사업 경영자의 본래 모습이다. 말할 나위도 없이 이 타산은 눈앞의 욕심이라는 작은 것이 아니라 대국적으로 보는 타산이다.

〔예화〕 **언덕을 구르기 전에 막으라.**
망국이 다시 존재할 수는 없고, 죽은 자를 다시 살릴 수는 없다〔亡國不可以復存 死者不可以復生〕.

〔예화―줄거리〕 왕위에 오른 오(吳)나라의 부차(夫差)는 대신 백비(伯嚭)를 발탁하여 총리대신에 임명하고 자기는 군사 훈련에 전념하였다. 이듬해 오왕은 모든 정병을 이끌고 월(越)나라를 공격하여 월의 군을 부추산(夫湫山)에서 격파하였다. 월의 왕 구천(句踐)은 잔병 5000명과 함께 회계산(會稽山)에 웅거하여 대신

종(種)을 파견시켜서 백비에게 뇌물을 보내고 화평을 청하였다. 백비의 주선으로 왕은 화평을 허락하였으나 오자서(伍子胥)가 오의 왕에게 충고하였다.

"월의 왕은 괴로움을 잘 견디어내는 인간입니다. 지금 완전히 멸망시키지 않으면 반드시 후회하게 될 것입니다."

이때 오자서는 오나라가 멸망할 징조를 눈치채고 있었음에 틀림없다. 그러나 오의 왕은 그의 충고를 듣지 않고 백비의 말을 좇아 월나라와 강화해 버렸다.

그리고 7년 후에 오의 왕은 제(齊)나라를 공격하였다. 이때도 오자서는 충고하였다.

"월의 왕 구천은 고생을 이겨 넘기고, 백성을 사랑하여 국력 회복에 전념하고 있습니다. 구천이 죽지 않는 한 오나라의 근심은 끊이지 않을 것입니다. 그런데 월나라를 내버려두고 제나라를 공격하는 것은 크게 잘못입니다."

그러나 오의 왕은 역시 듣지 않았고, 제나라를 공격하여 제군(齊軍)을 애릉(艾陵)에서 격파하였다. 이 승리로 부차의 콧대는 높아졌으나, 오자서의 눈에는 오나라의 멸망이 더욱더 뚜렷하게 비쳤음에 틀림없다. 부차 9년에는 추(騶)나라를 위하여 노(魯)나라를 징벌하고, 10년에는 제나라를 공격하였으며, 11년에도 제나라를 토벌하였으나, 월나라에 대해서는 손도 대지 않았다. 뿐만 아니라 월의 왕 구천이 문안차 찾아와 많은 물건을 상납하자 오의 왕은 크게 기뻐하였다. 오자서는 오나라의 멸망을 겁내며 다시 오의 왕에게 충고하였다.

"월나라는 우리 몸 속에 숨어 있는 병과 같습니다. 제나라의 메

마른 땅을 탐내지 말고 먼저 월나라를 처치하는 것이 급선무입니다."

그러나 오의 왕은 듣지 않고, 오히려 오자서를 제나라에 사신으로 파견하였다. 오자서는 아들에게 말하였다.

"오나라는 이제 끝장이 났다. 너는 오나라와 같이 망할 필요는 없다."

오자서는 아들을 제나라 대신 포목(鮑牧)에게 맡긴 다음 귀국하여 오의 왕에게 사신으로서의 보고를 끝냈다. 그러자 총리대신 백비는 봉동(逢同)과 공모하여 오자서를 오의 왕에게 중상하였다.

"오자서는 어쩐지 모반을 꾀하고 있는 듯합니다. 자기 아들을 제나라에 맡기고 온 것이 무엇보다 큰 증거입니다."

오의 왕은 그 말을 듣고 크게 노하여 오자서에게 속루(屬鏤)라는 이름의 명검을 하사하였다. 그 검으로 자살을 하라는 뜻이었다. 오자서는 죽음에 앞서 말하였다.

"내 무덤에는 반드시 가래나무를 심어다오. 그것으로 왕의 관을 짤 수 있을 것이다. 그리고 내 눈을 도려내어 오나라 동문(東門) 위에 걸어다오. 월나라 군대가 공격해 와서 오나라가 망하는 것을 보아야겠다."

그 말을 들은 오의 왕은 격노하여 오자서의 사체를 말가죽으로 만든 주머니에 넣어 장강(長江)에 던져버렸다. 오자서를 죽이고 나서 오의 왕은 드디어 제나라로 공격해 들어갔으나 크게 패하고 말았다.

부차 13년에는 노(魯)나라와 위(衛)나라의 군주를 불러 탁고(橐

皐)에서 패자(覇者)를 정하는 회합을 열었고, 14년에는 제후를 황지에 모아 다시 패자를 정하는 회합을 열었다. 그런데 그 틈을 타서 월의 왕 구천이 오나라를 공격하여 오의 태자 우(友)를 사로잡아 버렸다.

이 소식을 들은 오의 왕은 재빨리 군사를 이끌고 귀국하였으나 국외에 너무나 오래 있었기 때문에 장졸이 모두 피폐되어 있었다. 그래서 사신을 파견하여 대량의 뇌물을 보내고 월나라와 화친을 맺었다.

18년에 월나라는 더욱더 강해져 또다시 오나라를 공격하더니 오의 군을 입택(笠澤)에서 격파하였다. 20년에 월의 왕은 또 오나라를 공격하고 21년에는 드디어 오의 수도를 포위하였다. 23년이 되자 월나라는 기어이 오나라를 멸망시키고 말았다. 월의 왕 구천은 오의 왕 부차를 용동(甬東) 땅으로 옮겨 백헌(百軒) 촌의 촌장으로 삼으려고 하였으나 오의 왕은 사퇴하였다.

"이미 늙어 다시는 군주를 모실 수가 없다. 오직 오자서의 말을 듣지 않고 이러한 처지에 빠진 것을 후회할 뿐이다. 아아, 오자서는 이미 죽어 다시는 살아나지 못하지만, 그래도 오자서를 대할 면목이 없다."

부차는 드디어 스스로 목숨을 끊고 말았다.

망할 운명에 있는 나라는 오로지 망하는 길로 치닫기 때문에 옆에서 어떻게도 할 수가 없는 법이다. 망하는 길로 치닫는 것은 비단 나라뿐만이 아니다. 따라서 망하는 길로 치닫는 것에서는 되도록 빨리 뛰어내려야 한다. 그렇지 않으면 오자서와 같이 미리 살해를 당하고, 한 번 죽으면 다시는 돌아오지 못하는 것이다.

용간편(用間篇)

- 정보를 살펴서 쓰는 법

용간이란 첩자를 사용한다는 말이다. 즉 정보 활동을 뜻하는 것이다. 적정을 알려면 반드시 첩자가 필요하다. 적을 알지 못하고 섣불리 용맹만을 믿고 싸운다면 승리를 약속할 수는 없다. 〈손자병법〉 13편의 요점을 한마디로 표현하면 지피지기(知彼知己)로서, 정보가 첫째다. 따라서 이 편을 잘 살펴보아야 한다.

1// 孫子曰 凡興師十萬이고 出征千里라면 百姓之費와 公家之奉이 日費千金이고 內外騷動이며 怠於道路이고 不得操事者가 七十萬家라 相守數年에 以爭一日之勝이라 而愛爵祿百金하여 不知敵之情者는 不仁之至也라 非人之將也요 非主之佐也요 非勝之主也라

백성지비(百姓之費):일반 백성에게 부과된 군역(軍役), 강제노동, 전시과세 등의 출비 부담.
공가지봉(公家之奉):국가가 부담하는 전비와 봉록.
내외소동(內外騷動):국내와 전쟁터에서의 소연한 활동. 쉴 사이도 없는 심한 노동이란 뜻.
태어도로(怠於道路):전쟁터와 본국 사이의 수송에 피로하여 발이 재빠르게 움직이지 않는다는 뜻.
부득조사자 칠십만가(不得操事者七十萬家):고대 중국의 제도에서는 1리평방의 땅을 정(井)자형으로 9등분하여 중앙의 1구획을 공전(公田)이라 하고, 그 수확을 조세로서 공납하는 방법을 썼다. 그리고 나머지 8구획은 8가구에 1구획씩 주어 경작시키되 그 수확은 사유 소득으로

1

 무릇 군사를 일으키기 10만 명이고, 나아가 정벌하기 천 리라면 백성의 비용과 봉록이 하루에 천 금을 소비하고, 내외가 소동하며, 도로에 지치고 일을 못하는 것이 70만의 가구다. 서로 지키기 수 년에 하루의 승리를 다툰다. 그러나 벼슬과 녹과 백금을 아껴서 적정을 모르는 것은 어질지 못함의 지대함이다. 사람의 장수가 아니요, 임금의 도움이 아니요, 승리의 주인이 아니다.

| 풀이 | 만약 10만 명의 군사를 움직여서 천 리나 먼 곳으로 파병한다고 가정하자. 이 때문에 소비되는 백성의 출비(出費)와 국가 지출 등을 합산하면 거액의 돈을 소비하게 될 뿐만 아니라, 내지·외지를 불문하고 벌집을 쑤신 듯 큰 소동이 벌어지며, 본업을 포기해야 할 인구가 무려 70만 가구에 달할 것이다.

 적과 서로 대치하는 상태가 몇 해이고 계속된 끝에 많은 준비와 전비를 갖춘 결과가 극히 단시일 내에 승패를 가름하는 전투가 되므로, 관위(官位)나 봉록을 아껴서 적정 정찰을 충분히 하지 않고 싸움에 돌입하는 것은 극히 무모한 짓이다. 이래서는 사람의 장수라 할 수 없고, 군주를 보좌하는 그릇도 되지 못하며, 또 승리의 주인공이 될 수 없다는 것이다.

| 해설 | 일장공성만골고(一將功成萬骨枯)란 말이 있으나, 공이 이루어지는가 이루어지지 않는가 하는 것은 결과의 문

제다. 공이 이루어지지 않는다고 하더라도 싸움이란 군민이 마지막 피 한방울까지 말릴 만큼 전력을 다하는 것이다.

커다란 희생의 대가가 요구되는 싸움에는 사전에 충분한 조사가 필요하다는 것이 이 용간편의 주장이다. 사업 경영으로 말하면 사전 조사에 해당할 것이다. 충분한 사전조사 없이 수립된 기획만큼 위험한 것은 없다. 날카로운 판단력, 소위 육감이란 것도 필요하다. 이 육감을 뒷받침하는 조사가 있어야 비로소 올바른 판단을 내릴 수 있다는 것을 알아야 한다.

하였는데, 중앙 1구획의 공전은 이들 8가족이 노동력을 공출하여 공동으로 경작하였다. 그런데 전쟁이 터지면 이 8가족 1단위 중에서 청년 한 사람을 군인으로 내보냈다. 그리고 군인이 나오지 않은 7가족은 군수품 수송 등에 동원된다. 따라서 10만 명의 군사를 일으키게 되면, 군무 이외의 참전자는 70만 가구란 계산이 나온다. 이를 가리키는 말.

2

그러므로 어진 임금과 현명한 장수가 움직여서 남보다 우수하고, 공을 이룸이 무리보다 뛰어난 까닭은 먼저 알기 때문이다. 먼저 아는 것은 귀신에게 취하는 것도 아니고, 다른 일을 통하여 아는 것도 아니고, 도(度)를 시험해서도 아니며, 반드시 사람을 취하여 적정을 알아야 한다.

2// 故로 明君賢將이 所以動而勝人하고 成功出於衆者는 先知也라 先知者는 不可取於鬼神이고 不可象於事이고 不可驗於度이며 必取於人知敵之情者也라

| 풀이 | 예로부터 어진 임금, 현명한 장수라고 불리는 사람들이 한 번 움직이면 반드시 만인(萬人)에 뛰어나 전승의 훈공을 성취하는 것도 우선 상대의 실정을 충분히 예지한 다음에 일을 일으켰기 때문이다.

예지한다 하더라도 신불의 알림으로 미지의 일을 판단한다든가, 다른 일과 비교하여 아전인수격으로 판단하는 것은

취어귀신(取於鬼神):신불(神佛)에 의하여 판단하는 근거를 찾는다는 말.
상어사(象於事):전혀 다른 세계의 일에 해당시켜서 그 유사점만을 실마리로 하여 판단한다는 뜻.
험어도(驗於度):당시의 풍습인 귀복(龜卜), 즉 거북의 껍데기를 태워서 그 갈라져 터

지는 금을 보고 치는 점. 이것을 일월성신의 운행도라 풀이하여 별점(星占)이라고 하는 설도 있다.

아니다. 더욱이 별점이나 귀갑의 판단 등으로 천하의 일대사를 결정지을 수는 없는 것이기 때문에 사람의 힘으로 적의 실정을 탐지하지 않으면 안 된다.

| 해설 | 예견이란 극히 어려운 것이지만 어림만은 잡고 싶을 것이다. 그렇다고 구체적인 형태를 만들어내는 것도 아니고, 또 그것 때문에 막대한 경비나 인력을 들이는 것도 우습다고 생각하여 자칫 손을 대게 되는 것이 점(占)이다.

점이 백발백중 맞기만 한다면 시간적으로도 빠르고 경비도 얼마 들지 않으므로 안성맞춤일지는 모른다. 그러나 그와 같은 방법으로 무엇인가 알 수 있으리라고 생각하는 것부터가 이미 잘못이다. 바꾸어 말하면 사전조사의 필요성을 제대로 인식하지 못하고 있기 때문이라고 볼 수 있다.

어떠한 일을 시작하려고 할 때 충분히 사전조사를 한다. 일은 뜻밖에 순조로워 아무 사고도 없이 무사히 끝난다. 뒤돌아보면 별로 사전조사를 하지 않아도 좋았을 것 같은 생각이 든다. 이쯤 되면 조사비용이나 시간, 그리고 노력이 공연한 것 같은 느낌이 든다.

그러나 조사 없이 일을 시작하였을 때와 비교하면 불필요한 먼 길을 더듬지 않고 훨씬 가까운 거리를 지나 목적지에 도달하였다는 사실을 알게 될 것이다. 최악의 경우를 생각하면 난관에 부딪쳐서 일이 막혀 있을지도 모르며, 막대한 손실이 덮쳐 왔을지도 모른다. 그것을 무사히 뚫고 왔다면 조사에 소요된 노력이나 비용 따위는 극히 싸다는 생각이 들 것이다.

  손자 시대에는 길흉의 점이란 것이 비중이 커서 그것을 위한 관직까지 있었을 정도로 만사를 점(占)에 의하여 결정 지었다. 그 시대에 결연히 사람에 의하여 적정을 알아야 하며, 그러한 자만이 명군이며 현명한 장수라고 단언한 손자에게 경의를 표하지 않을 수 없다.

3

  그러므로 간첩을 쓰는 방법에는 다섯 가지가 있다. 향간이 있고, 내간이 있고, 반간이 있고, 사간이 있고, 생간이 있다. 5간(間)이 동시에 일어나 그 길을 아는 자가 없다. 이것을 신기(神紀)라고 한다. 임금의 보배이다.

3// 故로 用間有五라 有鄕間 有內間 有反間 有死間 有生間이라 五間俱起하여 莫知其道라 是謂神紀라 人君之寶也라

| 풀이 | 적정을 살피는 첩보 활동에는 다섯 종류가 있다. 즉 향간·내간·반간·사간·생간이다. 이 다섯 종류의 간첩을 동시에 기용하여 혹은 바꿔치고, 혹은 갈아 치우는 등 계속 사용하면 어떠한 수단으로 적정을 입수하는지, 적이든 아군이든 전혀 눈치채지 못한다. 이것이 마치 신과 같다고 하면 그야말로 국보적인 존재라고 아니할 수 없다.

신기(神紀):기(紀)는 기강, 조리 있게 다스린다는 말로 신묘불가사의한 경륜의 재능이라는 뜻.

| 해설 | 조사라고 하면 바로 정면에서 정정당당한 모습을 연상하게 되나, 간첩 활동이 되면 은밀한 것이 주안점이다. 그러나 실제로는 조사와 간첩의 한계점은 흔히 불투명한 때

가 많다.

그런데 최근과 같은 고성능의 계산기를 사용하게 되면, 어떠한 가정적인 명제를 기재에 넣었을 때 모든 경우의 변화를 예상하여 기계가 해답을 줄 것이다. 따라서 오문(誤聞)이나 오산(誤算)이 수반되기 쉬운 간첩 활동에 의한 정보 입수 분야는 점차 좁아지고 조사에 의한 판단이 넓어져 가게 될 것이다. 그러나 현실과 가정 사이에는 아무래도 넘을 수 없는 선이 있으므로, 손자의 5간설(五間說)에도 일단 귀를 기울일 필요가 있는 듯하다.

4

4// 鄕間者는 因其鄕人而用之라 內間者는 因其官人而用之라 反間者는 因其敵間而用之라 死間者는 爲誑事於外하여 令吾間知之하고 而傳於敵也라 生間者는 反報也라

향간은 고을 사람에 의하여 쓴다. 내간은 관인에 의하여 쓴다. 반간은 적의 간첩에 의하여 쓴다. 사간은 밖으로 거짓 일을 꾸며 아군의 간첩을 시켜 알게 하고, 적에게 전하는 것이다. 생간은 돌아와 보고한다.

│풀이│ 향간이란 상대국의 농촌이나 마을 사람들을 잘 구슬러 이용하는 간첩이다. 내간은 상대국 백성이 아니라 관리이다. 반간이란 상대국의 간첩을 역이용하는 경우인데 소위 이중간첩을 말한다. 이쪽에서 길들여 쓰는 수도 있고, 그저 허위 정보를 주는 경우도 있다.

사간이란 이중간첩을 한층 더 복잡하게 쓰는 것으로, 배반할 염려가 있는 간첩에게 허위 정보를 주어 적에게 팔게

하는 방법이다. 물론 허위 정보임으로 그 간첩은 적의 손에 의하여 처형될 것이다. 그러므로 사간이라고 한다.

생간이란 상대국의 정보를 탐지한 후 살아서 돌아와, 그 정보를 자세하게 보고하는 것을 목적으로 하는 간첩이다.

| 해설 | 향간이란 상대국 가까이에 거주하는 사람이나 출입하는 하청업자·납품업자, 기타 여러 상인 등을 통하여 정보를 얻는 방법이다. 내간이란 상대의 내부에서 일을 하는 사람을 쓰는 것이다. 매수 등에 의한 내통과 연고 관계 등을 활용하게 될 것이다. 기밀을 필요로 하는 사항은 적당한 상부 임원을 수중에 넣어야 한다.

반간은 '역데마'라는 것과 '이중간첩'의 두 종류가 있다. 역데마는 정보를 입수한다기보다는 일종의 변형된 전투 행위에 속하는데, 용간의 대응책으로는 상당히 유익한 역할을 한다. 사간은 출입 상인 등을 조종하여 상대국으로 파고들어 가 그럴듯한 정보를 흘리게 하는 방법이다. 물론 그 상인은 출입을 금지당한다. 이것을 '사(死)'라고 해석하면 생각할 수 없는 방법도 아닌 것 같다.

〔예화-줄거리〕 진(晉)나라 예주(豫州)의 자사(刺史) 조적(祖逖)은 옹구(雍邱)를 진압할 때 널리 촌민을 사랑하고, 선비에게는 저자세를 취하고, 별로 친하지 않은 자나 신분이 천한 자라도 차별을 두지 않고 공손히 대함으로써 민심을 얻었다. 오직 하상보(河上堡)라는 촌만은 이민족 사이에서 살고 있는 전임자의 영향이

〔예화〕 **일반 민중을 협력자로 만든다.**
향간은 고을 사람에 의하여 쓴다〔鄕間者 因其鄕人而用之〕.

강하여 그 귀추가 뚜렷하지 않았다.

그래서 조적은 유군(遊軍)을 파견하여 거짓으로 하상보를 약탈하게 하였다. 어느 쪽을 편드는지 확실하게 알고 싶어서였다. 촌장들은 이미 조적에게 순종하고 있었으나 이민족 중에는 다른 생각을 가진 자도 있어서 거짓으로 군의 움직임에 따라 반대하는 태도를 보였다. 조적에게 순종하는 촌장들이 은밀히 이 사실을 알려오자 조적은 이들 반역자들을 체포할 수가 있었다. 이렇게 하여 조적은 옹구 진압에 성공하였는데, 촌민을 협력자로 전향시켜서 쓴 좋은 실례이다.

[예화] **적의 내부에 협력자를 만들라.**
내간은 관인에 의하여 쓴다
[內間者 因其官人而用之].

[예화-줄거리] 익주(益州)의 목(牧) 나상(羅尙)은 장수 괴백(隗伯)을 파견하여 비성(郫城)에 있는 촉(蜀)의 적 이웅(李雄)을 공격하였다. 승패가 결정되자, 이웅은 무도(武都) 사람인 박태(朴泰)를 불러서 피가 흐르도록 매질을 하였다. 그것으로 나상을 속여서 이웅은 박태의 원수라고 믿게 해놓고, 은밀히 박태에게 내응을 시키게 한 것이다. 내응은 불로써 신호를 한다는 것을 미리 정해 놓았다.

과연 나상은 이것을 믿고 정예병을 총동원하여 괴백을 장수로 삼아 다시 이웅을 공격시켰다. 박태가 이에 종군한 것은 말할 나위도 없다. 괴백의 군사가 진격하여 성을 구축하였다고 하자, 이웅의 장수인 이양은 길에 복병을 배치하는 한편, 박태는 긴 사다리를 성 위에 걸치고 불을 질렀다. 불길이 오르는 것을 보고 괴백의 군사는 앞을 다투어 사다리에 올랐고, 박태는 밧줄로 나상의 군사 100여 명을 끌어올려 모조리 죽였다. 그때 이웅은 군사를 풀어서 내외에 호응하여 이를 격파시키고 나상의 군을 섬멸하였다.

〔예화-줄거리〕 진평(陳平)은 처음에 한(漢)나라 왕의 호군중위(護軍中尉)였다. 초나라 왕 항우가 한의 왕을 영양(榮陽)에서 포위하였다. 오래 지나도 포위가 풀리지 않으므로 한의 왕은 걱정한 나머지 영양 땅을 내주기로 하고 화목을 청하였다. 그러나 항우는 듣지 않았다. 그때 진평이 건의하였다.

"생각건대 초나라에는 교란시킬 틈이 있습니다. 항우에게 강직한 신하란 아부(亞父)·종리매(鍾離昧)·용저(龍且)·주은(周殷) 등 몇 사람밖에 없습니다. 왕께서 수만 근의 금을 뿌려서 반간을 행하여 군신의 사이를 끊고, 서로 의심을 품게 하면 질투심이 강하고 참언을 잘 믿는 항우의 인품으로 보아 반드시 내부에서 죽일 것입니다. 그때를 틈타 공격하면 어렵지 않게 초나라를 격파할 수가 있을 것입니다."

한의 왕은 그럴듯하다고 생각하여 황금 4만 근을 진평에게 주어 마음대로 쓰게 하였다. 진평은 금을 뿌려서 반간을 초의 군에게 잠복시킨 다음 소문을 퍼뜨렸다.

"종리매 등 여러 장수는 항우의 부장으로서 공적이 큰데 땅을 떼어주어 제후로 삼으려고 하지 않는다. 그들은 한과 손을 잡고 항우를 멸망시킨 다음 그 땅을 나누어 제후가 되려고 한다."

예상대로 항우는 의심을 품고 종리매를 믿지 않게 되었다.

얼마 후, 항우는 사신을 한나라로 보냈다. 한의 왕은 성대한 잔치를 베풀어 놓고, 초의 사신을 보자 놀라는 기색을 보였다.

〔예화〕 적의 간첩을 역이용하라.
반간은 적의 첩자에 의하여 쓴다〔反間者 因其敵問而用之〕.

"아부의 사신인가 하였더니 항우의 사신이 아닌가."

초의 사신은 귀국하자 그 사실을 상세히 항우에게 보고하였다. 항우는 역시 아부를 매우 의심하여 영양성을 급습하자는 아부의 말에 귀도 기울이지 않았다. 아부는 항우가 의심하고 있다는 말을 듣고 크게 노하여 종기가 악화되어 죽고 말았다. 한의 왕은 진평의 계략으로 겨우 영양성을 탈출하여 마침내 초나라를 멸망시키게 되었다.

〔예화〕 **협력자는 살려서 쓰라.**
생간은 돌아와 보고한다〔生間者 反報也〕.

〔예화-줄거리〕 송(宋)나라 문공 16년 가을 9월에 초 장왕이 송나라를 포위하였다. 초의 장군 자반(子反)은 성 밖에 누각을 쌓고, 그 안에서 싸움을 지휘하였다. 이듬해 여름 5월이 되어도 송의 군은 항복하려고 하지 않았다. 송의 군의 완강함에 애를 태우던 장왕은 포위를 풀고 퇴각하려고 하니, 초의 대신 신숙시(申叔時)가 진언하였다.

"송나라가 항복을 하지 않는 것은 우리 군이 오래 있지 않을 것으로 생각하고 있기 때문입니다. 만약 아군에게 집을 짓고 농사를 시켜 언제까지라도 버티고 있겠다는 기색을 보이면 송나라는 겁을 내고 항복할 것입니다."

장왕은 곧 그 계략을 받아들여 성 밖의 민가를 부수고 대와 나무를 잘라 집을 짓는 광경을 보임과 동시에 병사 10명씩 짝을 지어 5명은 성을 치게 하고 5명은 밭을 갈게 하였다.

송나라는 그 광경을 보고 겁을 먹어 밤에 화원(華元)을 초의 군대 속으로 잠입시켰다. 화원은 누각으로 올라가 자반의 침실로 잠입하여 슬며시 자반을 깨웠다. 자반이 눈을 뜨고 일어나려고 할 때는 이미 화원이 덮친 후였다. 화원의 손에는 단검이 빛나고 있었다.

"주명(主命)에 의하여 일부러 밤중에 화친을 청하러 왔다. 장군이 들어주면 다행이고, 만약 들어주지 않으면 장군의 목숨은 나와 함께 오늘 밤에 없어질 것이다."

자반이 당황하여 그 조건을 묻자, 화원은 말하였다.

"우리 주군은 나에게 송나라의 괴로움을 말하였다. 우리나라는 지금 서로 어린애를 교환하여 잡아먹고, 송장의 뼈를 잘라서 삶고 있는 형편이다. 그러나 성하의 맹세는, 온 나라 사람들이 남김없이 죽는 한이 있더라도 받아들일 수 없다. 부디 귀국의 군사는 30리 밖으로 후퇴하라. 그러면 말을 듣겠다."

자반은 그 청을 수락하였다. 화원과 굳게 약속할 수밖에 없었다. 화원은 곧 돌아와 송 문공에게 보고하였고, 자반도 날이 새자 장왕에게 어젯밤 일을 보고하고 후퇴하기를 청하였다. 이에 장왕은 즉시 군을 30리 밖으로 퇴각시켰다.

이와 같이 생간은 현재지모(賢材知謀), 강건경용(强健剄勇), 동정을 잘 살피고, 그 계이(計異)가 미치는 곳을 알아낸 후 곧 돌아와 보고한다.

5

그러므로 삼군의 일은 간첩보다 친함이 없고, 상은 간첩보다 후함이 없으며, 일은 간첩보다 긴밀한 것이 없다. 성지가 아니면 간첩을 쓰지 못하고, 인의가 아니면 간첩을 쓰지

5// 故로 三軍之事는 親莫親於間이고 賞莫厚於間이면 事莫密於間이라 非聖知不能用間이고

非仁義不能使間이며 非
微妙不能得間之實이라

못하며, 미묘하지 않으면 간첩의 실을 얻을 수 없다.

| 풀이 | 삼군을 지휘하는 장군의 일 중에서도 간첩과 장군 사이만큼 긴밀을 요하는 것은 없다. 양자의 호흡이 일치하지 않으면 잘 되지 않는다. 따라서 주어진 은상 등도 다른 경우와는 비교가 되지 않을 만큼 후한 것이 보통이다.

모든 것은 무엇보다도 극비리에 운영되며, 최고 지휘관의 직속사항으로 취급된다. 의견을 모아 그것에 여러 사람이 검토할 수가 없는 일인만큼 장군된 자는 성지(聖知)라고 평해도 좋을 만큼 주도면밀함과 날카로운 지혜가 필요하다. 그렇지 않으면 간첩을 쓴다는 것은 불가능하다.

이토록 어려운 일인만큼 상당히 인덕이 있는 사람이라야 원활하게 운용할 수 있다. 섬세하고 치밀하지 않으면 용간의 실체를 잡을 수가 없는 것이다.

| 해설 | 사업 경영에는 조사라는 일을 중요시하지 않는 경우가 많은 것 같다. 조사부장에 임명되면 어딘지 한직 같은 느낌을 갖는 수가 많으나 이것은 큰 잘못이다. 조사라는 일의 중요성을 진정으로 인식하고 있다면 손자의 역설을 기다릴 필요도 없이 이러한 생각은 없어지고 조사부란 제1선 이상으로 취급받게 될 것이다. 만약 정보 입수에 간첩 전술도 가미된다면, 조사부장에는 경험이 풍부한 인재가 기용되지 않으면 안 된다.

6

미묘하고 미묘하다. 간첩을 쓰지 않는 곳은 없다. 간첩의 일로 아직 발한 적이 없고, 먼저 새어버리면 간첩이라 고하는 자는 모두 죽는다.

6// 微哉微哉라 無所不用間也라 間事未發而先聞者는 間與所告者皆死라

| 풀이 | 미묘한 그것, 놀랄 만한 위력을 발휘하는 것도 세심한 간첩을 쓰는 법이고, 쓰는 법 여하에 따라서는 어떠한 곳에도 유효할 수가 있다. 만약 이러한 간첩전에서 사전에 계획이 폭로되는 일이 있으면 정체가 밝혀진 간첩은 물론 그것을 들어 알고 있는 사람은 누구나 하나 남기지 말고 모조리 없애야 한다. 그만큼 은밀하고 세심한 것이 생명이다.

| 해설 | 정보를 탐지할 때나 정보를 탐지당할 염려가 있는 측에서도 기밀이 누설된다는 점에 지나칠 만큼 경계를 해야 한다. 실전이 되면 죽여 버리면 그것으로 끝이 나지만, 오늘날의 사회에서는 그와 같은 방법은 용서되지 않는다. 따라서 그렇게 되기 전에 경계에 만전을 기해야 한다.

7

무릇 치고자 하는 군대, 공격하고자 하는 성, 죽이고자 하는 사람에 대해서는 반드시 그 수장·측근·연락병·문지기·사인의 이름을 알아야 한다. 아군의 간첩을 시켜 반드시 탐지해 내야 한다.

7// 凡軍之所欲擊 城之所欲攻 人之所欲殺은 必知其守將左右謁者門者舍人之姓名이라 吾間必索知之라

사인(舍人):잡무에 종사하는 사용인.

| 풀이 | 싸우지 않으면 안 될 상대에 대해서는 중점적으로 습격해야 할 곳을 조사하는 것은 당연한 일이다. 만약 사람을 치려고 할 때는 호위군의 대장, 측근이나 막료는 물론 연락병에서 문지기, 잡역부에 이르기까지 그 이름을 알아둘 필요가 있다. 이것을 알려면 간첩을 보내어 탐지하는 수밖에 없다.

| 해설 | 상대를 안다는 것은 사람을 아는 것이 제일이다. 무엇보다 인적 구성을 먼저 알아야 한다. 표면적인 사원 인명부에 의한 조사로는 불충분하다. 문지기, 식당 종업원, 운전기사에 이르기까지 모든 사람을 조사해 두도록 노력하여 그 사람을 알아야 할 것이다.

만약 이것이 자가 제품의 소비층에 대한 조사일 때는 수요자층의 남녀 성별·연령별·직업별, 가능하다면 학력·교양이나 수입액까지 알 필요가 있다. 가족 구성이나 지역적인 특성, 기타 취미·기호 등등 조사해 두어야 할 항목이 많을 것이다. 이러한 조사의 수고를 하지 않은 채 수요의 움직임을 알려고 한다면 그야말로 탁상공론에 그치고 만다.

8

8// 必索敵間之來間我者하여 因而利之하고 導而舍之라 故反間可得而使也라 因是而知之이

반드시 적간으로 와서 우리를 탐색하는 자를 찾아 이를 이롭게 하고, 이끌어서 머무르게 한다. 그러므로 반간을 얻어 써야 한다. 이로 인하여 알게 되므로 향간·내간을 얻어

써야 한다. 이로 인하여 알게 되므로 사간이 거짓 일을 하게 하여 적에게 알려야 한다. 이로 인하여 알게 되므로 생간을 기약하듯 써야 한다.

| 풀이 | 이번에는 반간에 대해서이다. 적의 간첩이 잠입해 오면 만전의 수사망을 펴서 걸려들게 한다. 이미 걸려들었으면 여러 면에서 편의를 제공하든가 매수를 하여 교묘하게 이쪽으로 기울게 만든다.

그리고 반간을 되도록 이쪽 목적에 맞게 역이용하여 점차 적의 사정을 알아내는 것이다. 적정을 손아귀에 넣듯 알게 되면 향간·내간과 연락이 닿아 더 자세하게 알게 된다. 다음에는 사간의 방법으로 헛소문을 유포시킬 수도 있으니, 결국 생간이 무사히 정보를 가지고 올 수 있게 된다.

| 해설 | 완전한 조사에 의하여 수요층의 실체를 잡고, 정확하게 과녁을 쏘는 선전이라면 비용도 아깝지 않게 된다. 한 항목에 대한 조사가 끝나면 그것을 발판으로 깊이 있는 조사가 행해질 수 있다는 것은 손자가 지적한 바와 같다.

므로 故鄕間內間可得而使也라 因是而知之이므로 故死間爲誑事하여 可使告敵이라 因是而知之이므로 故生間可使如期라

9

5간의 일은 반드시 임금이 알아야 한다. 이를 아는 것은 반드시 반간에 있다. 그러므로 반간은 후대하지 않으면 안 된다. 옛날 은나라가 일어나자 이지가 하나라에 있었고, 주

9// 五間之事는 主必知之라 知之必在於反間이라 故로 反間不可不厚也라 昔殷之興也하자

伊摯在夏하고 周之興也하자 呂牙在殷이라 故로 惟明君賢將이 能以上智爲間者면 必成大功이라 此兵之要로서 三軍之所恃而動也라

나라가 일어나자 여아가 은나라에 있었다. 그러므로 오직 명군·현명한 장수만이 능히 상지로써 간첩을 삼으면 반드시 큰 공을 이룬다. 이것은 군사의 요체로서 삼군이 믿고 움직이는 바이다.

이지(伊摯): 은(殷)나라의 어진 재상으로서 이윤(伊尹)으로 더 잘 알려져 있다. 이윤은 은의 인접국 하(夏)나라에서 농군 노릇을 하던 사람이었으나, 탕왕이 그의 명성을 듣고 세 번 초빙하였으므로, 그 지우(知遇)에 감격하여 탕왕을 도와 고국의 왕 폭군 걸(桀)을 토벌하여 천하를 평정하고 탕왕으로 하여금 천하의 왕이 되게 하였다.

여아(呂牙): 강태공 여상(呂尙)으로, 자는 자아(子牙). 주(周)나라 무왕을 도와 은나라 주왕(紂王)을 공략하고 천하통일을 이룬 정치가이자 군략가.

상지(上智): 일류 수완가 또는 지능자.

〔예화〕 **역간은 후대해야 한다.**
반간은 후대하지 않으면 안 된다(反間不可不厚也).

| 풀이 | 거물을 손에 넣은 명군·지장이라야만 반간의 술책으로 건국의 위업이라는 큰 일을 해낼 수 있을 것이다. 그것이야말로 병을 움직이는 요결로서 이 정도의 명지, 명략이 있어야만 삼군은 안심하고 움직일 수 있다는 뜻이다.

| 해설 | 이 문장의 인용 예는 이윤이나 여상 등을 상지의 간자로 해석하고 있으므로 손자가 이들 간자의 실력을 얼마나 높이 평가하고 있는가를 알 만하다. 앞서 말한 조사나 통계라는 임무가 중시되지 않으면 안 된다는 것을 뜻한다. 즉 상지로써 해야 할 일이라는 것을 암시하고 있다. 조사 숫자가 군사의 요체요, 기업의 중심이므로 그것에 의하여 모든 것이 운영된다는 것이 이 편의 결어다.

〔예화 – 줄거리〕 전국시대 때 소진(蘇秦)은 연(燕)나라 왕을 위하여 제(齊)나라 왕을 설득하였다.

"굶주린 자도 독물을 먹지 않으려고 하는 것은, 그것으로 다소간의 주림을 면할 수 있어도 독사와 같은 결과를 초래하기 때문입니다. 연나라는 약소하지만 그래도 진(秦)나라 왕의 사위입니다. 다행이도 대왕께서는 연나라의 10개 성을 얻으셨지만, 그로

인하여 다시 강한 진나라와 대적하시게 된 것입니다. 이것은 마치 독물을 먹은 것과 같지 않습니까?"

"그럼 어떻게 하면 좋겠는가?"

"예로부터 일을 잘 처리하는 자는 재앙을 바꾸어 복으로 하고 실패를 발판으로 공을 세운다고 하였습니다. 대왕께서 진정 소신의 계략을 들으시겠다면, 곧 연나라 10개 성을 되돌려 주십시오. 연나라에서는 까닭 없이 10개 성을 되찾는 데 대하여 기뻐할 것입니다. 또 진의 왕은 자기 위엄으로 연나라에 10개 성이 반환되었다는 것을 알면 역시 기뻐할 것입니다. 그것이야말로 원수를 버리고 굳은 교제를 얻는 것이 아니겠습니까. 연과 진이 다 같이 제나라를 섬기게 된다면, 대왕의 호령을 받지 않는 자는 천하에 하나도 없을 것입니다. 즉 실속이 없는 말로 진나라를 우리 편으로 하고 10개 성으로써 천하를 취하는 것이 패왕의 업입니다."

제의 왕이 그의 말을 받아들여 연나라에 10개 성을 반환하자, 소진을 중상하는 자가 나타났다.

"소진은 어디서나 나라를 판다. 배반을 잘하는 신하다. 이제 곧 혼란이 일어날 것이다."

소진은 벌을 받을까 겁이 나서 연으로 돌아왔으나 연에서도 복직을 시키지 않자, 측근의 한 신하가 왕에게 말하였다.

"이런 이야기가 있습니다. 한 사나이가 타향에서 임관을 하여 오랫동안 집을 비웠기 때문에 그의 처는 다른 남자와 정을 통했습니다. 그런데 남편이 돌아오게 되어 간부(姦夫)가 겁을 먹자, 남편과의 정이 식어버린 처는 미리 독주를 준비해 놓으니 걱정 말라고 하였습니다. 며칠 후 남편이 돌아왔고 잔치 자리에서 처는 첩에게 독주를 권하라고 하였습니다. 첩은 독주라는 것을 알리려고 하였으나, 그렇게 하면 본처에게 미움을 사서 내쫓길 것이고, 잠자코 있으면 주인을 죽이게 될 것이므로 일부러 넘어져 독주를 쏟음으로써 주인의 목숨을 구하고 본처의 신상도 지켜주었습니다. 그러나 자기가 맞는 것을 면할 수는 없었습니다. 소진의 죄 역시 불행하게도 이와 비슷한 것이 아니겠습니까."

결국 연의 왕은 소진을 복직시키고 더욱더 후대하게 되었다. 후에 소진은 연나라 왕의 어머니와 간통을 하였으나, 연의 왕은 그것을 알면서도 소진을 후대하였다. 소진은 혹시 이것이 살해될 전조가 아닌가 싶어서 연의 왕에게 말하였다.

"제가 연나라에 있어서는 연의 위신을 높일 수 없습니다. 그러나 제나라에 있으면 연나라는 반드시 천하에서 중시되는 나라가 될 것입니다."

"하시고 싶은 대로 하시오."

그래서 소진은 연나라에서 죄를 지었다고 헛소문을 낸 다음 제나라로 도망쳐 갔다. 제 선왕은 그를 특별 대신으로 맞이하였다. 선왕이 죽고 민왕이 즉위하자, 소진은 민왕을 설득하여 선왕을 후히 장사지내 효도를 밝히라고 권하였다. 동시에 궁전을 높이 쌓고 정원을 크게 하여 득의의 마음을 밝히라고 하였다. 제나라를 피폐시켜서 연나라의 이익을 도모할 작정이었다.

불측한 면이 많은데다 권모술책에 능하여 반간이란 딱지가 붙은 채 천하의 웃음소리가 되었으나, 소진도 확실히 연나라를 위하여 노력한 셈이다. 연나라로서는 소진을 적대시하는 것보다는 후대함으로써 그 효용을 크게 본 것인지도 모른다.

동양 고전으로 미래를 읽는다 004
손자병법

초판 발행_2007년 2월 28일
중판 발행_2018년 8월 20일

역해자_노태준
펴낸이_지윤환
펴낸곳_홍신문화사

출판 등록_1972년 12월 5일(제6-0620호)
주소_서울시 동대문구 안암로50-1(용두동) 730-4(4층)
대표 전화_(02) 953-0476
팩스_(02) 953-0605

ISBN 978-89-7055-754-0 03710

ⓒ Hong Shin Publishing Co. Printed in Korea
*값은 뒤표지에 있습니다.
*잘못 만들어진 책은 바꾸어 드립니다.